# 中国の産学連携

関 満博 編

新評論

## は　じ　め　に

　今から15年ほど前の1991年12月末、私は中国の住宅建材関係の調査団の一員として雪の北京に滞在していた。連日、中央の建設部、建材局との意見交換を重ねていた。建設関係の専門家が多い中で、私の仕事は中国サイドの企業分析というものであった。この調査自体、非常に興味深いものであったが、当時、私にはもう一つ気になることがあった。91年の夏の頃から、日本国内で「北京にシリコンバレーが形成されつつある」という噂が流れていたのであった。
　だが、日本には系統的な報告は全く届いていなかった。私の面倒を見てくれていた建材局の幹部に、北京シリコンバレーのことを尋ねると「知らない」との答えが返ってきた。中国ではよくあることである。中国の人びとは自分の系統以外の情報を持ち合わせていない。その彼に「科学技術委員会など、他で確認してみてくれないか」と頼むと、数日後に「あります」との報告を受けた。彼に全体が見通せるような計画を立ててもらい、幸いなことに、暮れの１日を北京シリコンバレーの現地調査にあてることができた。
　場所は私自身もよく訪れていた北京郊外の海淀区であり、北京大学、清華大学、中国科学院などが立地しているあたりの約100km$^2$のエリアであった。「北京新技術産業開発試験区（現、中関村科技園区）」という名称であり、国家の科学技術委員会がその一帯の研究学園ゾーンに特殊な網をかけていた。郊外に建設される経済開発区とは異なり、既成市街地に網をかけたものであり、事情を知らなければ、そこが北京シリコンバレーと理解することはできないかも知れない。そうした実験が実は88年にスタートしたとされていた。
　おそらく、ここが北京シリコンバレーとトータルに理解して踏み込んだ外国人は、私が初めてかもしれない。そこでは、ここで詳細に述べる余裕はないが、「ハイテク企業」の優遇、「大学」における産業界との連携、北京の秋葉原と言われる「電子街」の三つの要素が中心になり、興味深いことが始まっていたのであった。すでに、当時、ハイテク企業の認定を受けている企業は2000社、特に、聯想、四通などの企業が目立っていた。また、清華大学は副学長が総経理

を兼務する清華大学科技開発総公司を設立（1988年）し、外国からの受託、教員の独立創業などを促していた。この開発公司はその後、中国を代表するハイテク企業の一つである清華紫光に発展していく。さらに中関村電子街は数キロの長さで店舗を連ね、不思議な熱気を発散していた。新しく何かが起こる予感がしたものであった。

　そして、この北京の実験は成功したとされ、早くも91年春には「高新技術産業開発区（ハイテク産業開発区）」という仕組みが正式にスタートし、北京の成果を受け、全国27都市で同様の実験が開始されていた。「ハイテク企業」「大学」「電子街」の三点セットが基本になり、中国型の展開が開始されていた。91年末、科学技術委員会の幹部に質したところ、「日本のテクノポリス構想に刺激され研究を始めた」、「世界のハイテク・パーク等を調査した。台湾の新竹科学工業園区が一番参考になった」と語っていた。

　以来、この「高新技術産業開発区」は中国の科学技術の産業化の象徴的な存在になり、各地で興味深い取り組みを重ねていく。私自身、90年代の中頃まで、各地の高新技術産業開発区を訪れ、全開発区を踏査することを試みていたのだが、そのうち当初の27カ所が53カ所に増加し、力及ばず、完全踏査は将来の課題とせざるをえなくなった。

　そして、長年の観察により、この実験の最大の成果は「大学」にあることを痛感させられていく。中国の各地の理工系大学は産学連携の推進、大学発ベンチャーの育成に果敢に踏み込んでいく。世界の有力企業との合弁合作、大学発ベンチャーの育成を果敢に進め、現在では、少なくとも東アジアで最も活発なものとなっていくのであった。北京の清華大学による清華科技園、瀋陽の東北大学によるNeusoft Parkの形成は見事なものであり、さらに、清華大学による清華紫光、北京大学による北大方正、東北大学による東軟集団などの大学発企業が中国のハイテク企業全体の牽引役となっていくのであった。

　このような中国の動きに対し、わが日本の産学連携は遅々として進まない。世界の潮流である科学技術の産業化、産学連携、大学発ベンチャーなどの必要性が叫ばれても、いっこうに事態は進展していかない。おそらく、日本はこのようなテーマに関して、主要国の中で最も遅れてしまったのではないかと残念

でならない。これに対し、中国の大学は世界の中でも先端に身を置いているのではないかと思う。むしろ、中国の果敢な動きと成果に刺激され、日本の大学も産業界との真の連携をめざす新たな取り組みを重ねていくことを願う。

　ところで、私自身、中国の有力大学には91年から定期的に訪れているが、この15年間に劇的に変ってきたことを痛感させられている。校舎、設備は大幅に改善され、カリキュラム等も斬新なものになり、学生は希望に燃えて学習に励んでいる。また、教員も若い海外留学組が増え、全体の研究能力も飛躍的に改善されている。実に熱心に、研究、教育、そして社会との新たな関係の形成が追求されている。象牙の塔と化し、身動きのとれなくなっている日本の大学とは大きく異なったものになってきたように見える。

　もちろん、社会の仕組みの異なる日本と中国の大学を比較することは難しい。日本の大学は国公立、私立にかかわらず文部科学省の枠の中にあり、社会との接点は乏しく、さらに産業界とは切り離された存在として歩んできた。

　これに対し、中国の大学は国家教育部傘下ではなく、各単位（各部、各省、各市、各国有企業など）に所属していたものが多く、その単位の中の人材育成、研究開発を担うものとして位置づけられてきた。日本の大学に比べて、社会、あるいは「現場」との接点の多い組織として歩んできた。こうした経験が産学連携、大学発ベンチャーを無理なく進められる要因の一つになっているのではないかと思う。

　このような歴史的な背景の違い、社会の仕組みの違いが横たわっているのは事実だが、私たち日本の大学、産業界が学ぶ点も少なくない。日本の産学連携、大学発ベンチャーなどの可能性を考える際の「鏡」として、中国の大学の取り組みと現状を研究していく必要がありそうである。

　以上のような視点に立ち、本書では中国の産学連携、大学発ベンチャーの主要な動きを、北京、瀋陽、大連、上海、広東に求めていく。中国の大学は1700とも2000とも言われ、その全体を把握することは容易ではない。そうした全体的な分析は将来に委ね、本書では代表的なケースを追いかけていくことにした。中国側の研究でも「科学技術の産業化の横断的分析」「個別の大学発ベンチャー物語」などは目につくが、「産学連携」「大学発ベンチャー」の系統的な

研究はなされているようではない。本書が初のやや系統的な研究となりそうである。本書を契機に新たな取り組みが重ねられていくことを願う。

なお、このテーマは最初に北京シリコンバレーを訪問した91年の末から意識していた。すでに15年以上を経過するが、なかなか糸口がつかめないでいた。この間、このテーマを意識しての訪中はかなりの数にのぼる。特に、99年8月の北京、2000年6月の瀋陽は、このテーマをまとめるつもりでいたのだが、いまもって実現できないでいる。それらのトータルな分析はさらに将来の課題と考えている。

そうした意味で、今回は関連する日中の専門家を糾合し、北京、瀋陽、大連、上海、広東の動きを試論的にとりまとめたものである。今後、さらに踏み込み、内容を深めていければと考えている。本書に関連する現場調査は、2004年3月の広州、7月の上海、8〜9月の大連、2005年1月の広州、5月の大連、7月の北京、10月の大連、2006年1月の大連、3月の広州、6〜7月の広州、仏山、8〜9月の瀋陽、大連、2007年1月の上海と重ねた。

なお、これだけの現地調査を実施するにあたり、実に多くの方々にお世話になった。特に、大連市対外貿易経済合作局副局長の于濤さん、大連ソフトウェア・パークの三上吉彦氏、東軟集団の細谷竜一氏、大連東軟情報学院の江口朋行氏、仏山市南海区投資促進局副局長の伍慧英さん、広州市花都区長の王中丙氏、花都汽車城有限公司副総経理の楊美華さんには、私たちの無理なお願いを受け入れていただき、訪問がスムーズに行われたことに感謝申し上げたい。

なお、本研究を進めるにあたっては、独立行政法人中小企業基盤整備機構の一橋大学大学院商学研究科への寄付講義の研究資金に多くを依存している。深く感謝を申し上げたい。また、いつものように編集の労をとっていただいた株式会社新評論の山田洋氏、吉住亜矢さんに改めてお礼を申し上げたい。まことに有り難うございました。

2007年2月

編者　関　満博

# 目　　次

はじめに……………………………………………………………………1

## 序　章　中国の産学連携の意義………………………………………11
1．中国の産学連携……………………………………………………12
2．本書の構成…………………………………………………………18

## 第1章　中国の産学連携の経緯と現在…………………………………24
1．中国の産学連携の経緯とその政策………………………………24
　（1）中国の産学連携の経緯
　　　――大学経費不足による産学連携の発達――　24
　（2）中国の産学連携の沿革と関連政策　31
2．中国の科学技術発展戦略におけるハイテク政策と産学連携……34
　（1）「863計画」　36
　（2）「火炬計画」と産学連携　38
3．中国の産学連携の現状……………………………………………45
　（1）業種、業態、管理体制の特徴　45
　（2）科学技術型企業の成長　48
　（3）地域格差の存在　49

## 第2章　北京における産学連携…………………………………………53
1．中関村科技園区の展開……………………………………………53
　（1）中関村科技園区発展の経緯と輪郭　53
　（2）各園の特徴　60
　（3）大学科技園と帰国留学生　65
　（4）今後の成長に向けた課題　69

2．校弁企業の展開………………………………………………72
　　（1）校弁企業発展の経緯　72
　　（2）校弁企業の現況　74
　3．清華大学の産学連携…………………………………………76
　　（1）産学連携の歩み　77
　　（2）清華大学の企業群　83
　4．北京大学の産学連携…………………………………………87
　5．北京航空航天大学の産学連携………………………………91
　6．北京における産学連携の行方………………………………94

# 第3章　瀋陽／東北大学と東軟集団 ……………………97

　1．東北大学の産学連携…………………………………………98
　　（1）東北大学の輪郭　98
　　（2）東軟集団の形成　104
　　（3）東軟集団の輪郭と東軟情報学院　112
　2．大学に関連する企業群 ……………………………………116
　　（1）東芝に限定した東軟集団の事業部（東軟集団商用軟件事業部）　116
　　（2）カーオーディオ、カーナビのソフト開発（東軟軟件股份有限公司）　120
　　（3）日本留学の大学教員が起業（新華通大科技）　121
　　（4）東北大学と日本企業の合弁企業（東洋異型管）　125
　　（5）東北大学の施設を借りてスタート（きもと）　129
　　（6）日本と瀋陽工業大学との合弁（ローレルバンクマシン）　132
　3．次に向かう東北大学 ………………………………………136

# 第4章　大連／ソフトパークと東軟情報学院 …………141

　1．大連ソフトパークの建設 …………………………………141
　　（1）億達総公司と東軟集団　142
　　（2）大連ソフトパークの意義と現状　146
　2．東軟情報学院の設立 ………………………………………152

（1）東軟情報学院の輪郭　153
　　（2）教育理念と教育体系　155
　　（3）大学生創業センターと個別企業クラス　158
　3．大連ソフトパークの企業 ……………………………………161
　　（1）進出企業のサポート（大連ソフトパークIT事業部）　162
　　（2）大連分園の管理とBPO（東軟軟件大連分公司）　165
　　（3）対日アウトソーシングとアジア拠点の形成（GENPACT）　170
　　（4）新たな開発拠点の形成（沖データ）　174
　　（5）人材を求めた進出（住友電装）　178
　　（6）中小企業の進出（メタテクノ）　181

## 第5章　大連理工大学の展開 ……………………………185

　1．大連理工大学の産学連携 ……………………………………185
　　（1）大連理工大学の輪郭　185
　　（2）産学連携の4段階の発展　190
　2．産学連携を支える組織・制度 ………………………………194
　　（1）大連理工大学の組織　194
　　（2）大学と企業の人材交流　198
　3．大連理工大学の企業 …………………………………………199
　　（1）工程管理のソフトウェア開発（大連華鉄海興科技有限公司）　199
　　（2）PDP用素材の独占的企業（遼寧中大超導材料有限公司）　201
　　（3）制御システムの開発（大連理工計算機控制工程有限公司）　204
　　（4）熱エネルギー関係の設計と技術サポート（大連理工漚能熱力工程有限公司）　209
　　（5）クレーンの設計と技術サポート（大連益利亜工程機械有限公司）　211

## 第6章　上海における産学連携 …………………………216

　1．上海の大学における研究開発と産学連携 …………………216
　　（1）上海の大学の概況と研究開発の現状　216

（2）　大学における産学連携の動向　219
　2．上海交通大学の取り組み……………………………………225
　　（1）　上海交通大学の歩みと輪郭　225
　　（2）　産学連携の展開と現状　231
　　（3）　大学発ベンチャー企業　237
　3．溶接工程研究所の取り組み……………………………………240
　　（1）　溶接工程研究所の概況　240
　　（2）　産学連携の展開　241
　　（3）　産学連携の特徴と仕組み　244

# 第7章　中国の産学連携のマーケティング……………………247

　1．中国産業界の技術戦略の特徴……………………………………248
　　（1）　中国の技術開発力を評価する　249
　　（2）　イノベーションの分類を考える　253
　　（3）　リスク分散化の社会的な仕組み　257
　　（4）　中国の産学連携の選択領域　259
　2．ローリスクでハイリターンを生み出す……………………261
　　（1）　優れているだけでは成功しない　261
　　（2）　ローリスク・ハイリターンが可能になる条件　266
　3．産学連携の課題………………………………………………274
　　（1）　組織として知識を生み出す　275
　　（2）　コミュニケーションの前提条件の整備　276
　　（3）　利益を超えた哲学が連携を生み出す　278
　　（4）　産学連携というコトづくり　282

# 第8章　産学連携の日中比較
　　　　──サイエンスパークとベンチャーファンド──……284

　1．かながわサイエンスパーク………………………………………285
　2．清華大学科技園…………………………………………………291

3．海外から帰国した留学生起業家 …………………………297
　　4．日本の大学への示唆 …………………………………………301

## 終　章　中国の産学連携と日本 …………………………………305
　　1．中国の産学連携の注目すべき点 ……………………………305
　　2．今後の課題と日本が考えるべきこと ………………………310

## 補論Ⅰ　東軟集団総裁／劉積仁氏の証言 ………………………314

## 補論Ⅱ　東北大学長／赫冀成氏の証言 …………………………319

## 補論Ⅲ　南海東軟情報学院 …………………………………………329

## 補論Ⅳ　東京の東軟集団／Neusoft Japan ………………………334

## 補論Ⅴ　華南理工大学と広州汽車学院 …………………………339
　　1．華南理工大学の輪郭と特徴 …………………………………339
　　2．広州汽車学院の輪郭と特徴 …………………………………343

## 序章　中国の産学連携の意義

　科学技術の産業化、大学の社会への貢献という意味から、1980年代の中頃以降、「産学連携」は世界の潮流になっている。特に、アメリカのスタンフォード大学によるシリコンバレーの形成と成功が世界を刺激し、各国で興味深い取り組みが重ねられてきた。

　この点、わが国においては、80年代初めのテクノポリス構想[1]の前後から、大学の役割への期待が高まっているものの、いま一つ十分な高まりをみせていない。大学発ベンチャー1000社構想なども、数的には達成されたとの報告がなされているが、諸外国の成果からすると依然として初歩的な段階にとどまっている。そして、日本の中に身を置いている限り、「産学連携」はこの程度のものだとの諦めに似た認識が底流に形成されていくように見える。

　本書では、日本の問題を直接的に指摘することは控えるが、一つだけ指摘するならば、日本の大学は保護されすぎており、危機感に乏しいという点があげられる。各国の場合は、80年代に入ってからの冷戦の終焉、中央の財政悪化などの中で、大学の予算が大幅に削減され、大学が自立的に活動していくことが不可欠なものになった。特に、アメリカの場合は、軍事予算の削減による研究費の減少、中国の場合は中央の財政悪化による大学予算の大幅削減が大きな影響を与えるものであった。また、ノルウェー、シンガポール、台湾などの規模の小さな国・地域では、大学の「知」の蓄積を活かして、戦略的に企業を育成していったことも興味深い。

　この点、日本の場合は、近年、国立大学法人の予算の段階的削減が行われているが、それほど大きなものではなく、大学側に危機感を植え付けるほどのものになっていない。企業の研究開発の世界に「3〜5％のコストダウンでは意味がない。開発担当者には50％のコストダウンを通告すべき」という言い方がある。3〜5％のコストダウンならば、開発担当者は材料の節減等でお茶を濁

して終わりになる。50％のコストダウンとなれば、そのような小手先の対応は不可能であり、仕組みそのものを変えていかなくてはならない。そのようにして、物事は進化していくのであろう。

　この点、80年代末の中国の大学では、いくつかの有力校が実験的な対象となり、「人件費以外の予算は全て削減。必要な研究費、教育費等は、自分で稼ぐ」ことになっていった。ほぼ50％の予算削減になったと言われている。ここから中国の大学はブレークし、興味深い発展の道をたどっていくのであった。現在の中国の大学は、少なくとも東アジアの中で、産学連携の新しい可能性に果敢に向かっているものとして注目されるであろう。

　本書は、以上のような流れを切り開いている中国の大学に注目し、その現状と構造的な意味を明らかにし、さらに、日本の「産学連携」「大学発ベンチャー」に刺激を与えることを目的としていく。なお、本書全体の序章となる本章では、中国の「産学連携」の意味するところを概観し、以下の議論の伏線としておくことにしたい。

## 1. 中国の産学連携

　中国の産学連携を論じていく場合、大きく二つの論点があるように思う。一つは、70年代末まで鎖国的状況にあった中国が国際社会に復帰してきたという点に関連する。当時、冷戦は崩壊し、科学技術の産業化が世界の潮流になっていた。軍事技術には優れたものがあった中国の場合、その民生化が遅れていた。国内事情としての軍民転換（軍転民）、ハイテク産業の育成という意味からも、大学の役割が期待されていった[2]。

　二つ目に、人材育成（教育）に傾斜していた中国の大学の改革が強く意識されていった点が指摘される。大学の役割としては「教育」「研究」「社会貢献」の三つがあげられるが、従来、中国の大学の多くは中央の各部などに所属し、その枠の中での「人材育成」が最大の使命とされていた。そのため、研究水準は低く、社会貢献も乏しいものであった。この点を突破し、中国の大学を世界水準に高めていくことが目指された。それも、国家の保護によってではなく、

競争的、かつ自立的に進むことが目指された。

　このような世界的な環境変化、そして、国内の大学の改革を視野に入れ、その後、中国の大学は興味深い取り組みを重ねていくのであった。

### 日本のテクノポリス構想に刺激されてスタート

　詳細は第１章で扱うが、中国は1980年代の末に国家科学技術委員会が「火炬（たいまつ）計画」という日本「科学技術大綱」とよく似たハイテク産業育成のための基本的な計画を策定、その後、果敢に興味深い取り組みを重ねていく。その初期の最も象徴的な取り組みが「北京新技術産業開発試験区」であった[3]。そのような動きを促したのは、先に指摘したように、一つは冷戦崩壊後の世界の潮流である「科学技術の産業化」の動きであり、中国の国内事情である「軍事産業の民需産業への転換」であった。

　そして、中国のこのような動きに直接的に影響を与えたのが、83年からスタートした日本のテクノポリス構想であったとされている。それを契機に中国はアメリカのシリコンバレーなどの世界の先進事例を調査し、特に、台湾の新竹科学工業園区に大きな影響を受け、88年から北京で実験的な取り組みを重ねていくのであった。

　実は、この北京の海淀区の清華大学、北京大学が立地する中関村のあたりでは、84年の頃から大学や研究所を辞めて独立創業するベンチャー企業が数十社生まれていたとされている。中国の90年前後をリードした中文ワープロの北京四通などはその典型的な企業であった[4]。私は91年末に北京四通を訪問したことがあるが、幹部は大学、研究所から馳せ参じた知的レベルの高いインテリたちで組織され、希望に燃えていたことに深い感銘を受けた覚えがある。

　この北京新技術産業開発試験区は、現在、中関村科技園区と名称を変えている[5]。その後の詳細は第２章で取り扱うが、ここでは、スタートしたばかりの91年末の頃の北京の事情を少し伝えておくことにしたい[6]。

### 北京の実験

　日本のテクノポリス構想に刺激され、台湾の新竹科学工業園区の影響を受け

序章　中国の産学連携の意義　13

た中国は、70年代末の経済改革・対外開放によりすでに動きの見えていた北京の中関村のあたりに注目していった。中国の場合、1949年の新中国成立以来、社会主義体制をとり、大都市の都市改造をかなり意欲的に進めてきた。全国の大都市では大学、研究所はほぼ一カ所に集められ、数十km²の研究学園ゾーンを形成していった。北京の場合には、郊外の中関村を中心にした海淀区（約100km²）がそのような役割を演じてきた。2005年現在、海淀区には北京大学、清華大学をはじめとする大学が39校、中国科学院を中心とする国家級の研究所が213機関も集積しているのである。

そして、80年代中頃に少し動きが見えてきた中関村を中心とした海淀区の既成市街地の約100km²に対し、国家科学技術委員会は88年には正式に「北京新技術産業開発試験区」という網をかけていくのであった。

また、これより先の79年7月には後に「経済特区」として世界の注目を浴びる国務院批准の「輸出特区」が広東省深圳、珠海、汕頭、福建省厦門でスタートし、さらに、84年から85年にかけて、中国沿海の主要都市に「経済技術開発区」を設置していった[7]。これら「経済特区」「経済技術開発区」は開放政策の中で外資の誘致に主眼を置くものであった。これらの開発区に進出する外資企業には、当時の企業所得税55％（現在では33％）を15％に減額し、さらに、利益が生じてから2年間免税、次の3年間は半免（2免3半）という優遇を与えたのであった。

これに対し、北京の「試験区」は、国内企業のハイテク化を目指すものであり、内資、外資の区別なく優遇が与えられているところに最大の特質がある。ハイテク企業の認定を受ければ、企業所得税は15％に減額される。さらに、認定された年から2年間免税、次の3年間は半免というものであった。2005年現在、北京で認定されているハイテク企業の数は1万4000社、うち外資企業は約1500社とされている。北京は中国最大のハイテクゾーンということになる。

そして、この北京の実験は成功とされ、91年3月には、全国の27カ所が「高新技術産業開発区」の名称の下で、北京の経験を基礎にハイテク産業化に向かうことになっていった。さらに、その後、「高新技術産業開発区」は拡大され、現在では全国の主要都市53カ所となり、中国ハイテク産業化の拠点となってい

るのである。

### 中国の大学

現在の中国の大学の数は1700とも、2000とも言われ、近年、急速に大衆化が進んでいる。80年代には同世代の大学進学率は1％台、90年代中頃でも3％程度と言われていたのだが、2000年代に入ると急速に拡大し、2005年には20％を超えたとされている。また、近年は私立大学の設立も広範に見られることも注目される。

このように、近年の中国の大学は大衆化を進めているのだが、元々のあり方は非常に興味深いものであった。

例えば、日本の場合、全国約750大学のうち、約200大学が東京を中心とする首都圏に立地し、地方の県では、国立大学、県立大学の2校のみという場合が少なくない。この点、中国の場合は1700～2000大学と言われる中で、首都北京は約70校、上海も約50校にすぎず、地方の省の省都というべき都市にはほぼ確実に20～30校ほどが設置されている。総合大学、理工系大学、医科大学、農業大学、財経大学、外語大学、師範大学、芸術大学、警察大学などが総合的に配置され、地域の人材育成を担ってきた。中国の社会は「省別フルセット主義」「諸侯経済」などとも言われるが、大学や研究所の配置もそのような原則に従うものであった。省の中で必要な人材は、ほぼ省内の大学でカバーするという構図になっていた。

これに関連するが、新中国成立後の1950年前後に学制改革が行われ、その後しばらくは国家の教育部所属の大学は30大学ほどであり（現在は70大学ほど）、その他は、国家の各部、全国の各省、各市、さらには有力国有企業に所属するものであった。いわば、それぞれの枠の中の人材育成が目指されていたのである。

例えば、本書で取り上げる瀋陽の東北大学の場合、現在は国家教育部所属の重点大学になっているが、少し前までは国家冶金部の所属であった。冶金部の傘下には、宝山鋼鉄、鞍山鋼鉄、武漢鋼鉄などの重要企業が編成され、それと同列に東北大学が位置づけられていた。東北大学の最大の使命は冶金部傘下の

企業に人材を供給することであった。さらに、冶金部の方針で新製品を開発していく場合の主要な担い手でもあった。中国の大学の多くは、このように中央の各部、あるいは各省、各市等の範囲で「人材供給」をしていく役割を演じていたのである。したがって、大学の卒業生の職業選択の自由はなく、必要なポストに「配分」されていったことは言うまでもない。

だが、このようなやり方は90年代の中頃には停止され、現在では卒業生の職業選択は基本的には自由化されている。

また、中国の大学は9月新学期であり、その年の6月に全国統一試験が実施される。受験生は事前にいくつかの志望校を列記し、統一試験の得点により、志望大学と個別に調整して進学先を決めていくことになる。この点は、国立大学、私立大学とも同じ仕組みである。授業料はかつては無料だったが、現在では、国立大学で年間授業料5000～6000元、私立大学では1万5000元前後とされている。

**大学の「起業」「大学発ベンチャー」**

以上のような枠組みの中で、80年代の末頃から大学改革が進められてきた。また、中国の場合には全ての大学を一気に変えていくのではなく、実験校を定め、段階的に進めていった。清華大学、東北大学などはかなり早い88年の頃から改革に踏み込んでいるが、上海の有力大学である上海交通大学あたりはやや遅く、90年代の末の頃から本格的に取り組んでいったことも興味深い。

詳細は後の章で検討することにして、清華大学、東北大学のケースをみると、90年前後には国家からの予算はほぼ半分に削減され、必要な資金は自ら稼ぎだすことを余儀なくされた。そのため、授業料の徴収、校内工場の外部からの受託生産などを行い、あるいは、大学が会社を設立し、外部からの受託、製品開発などに取り組んでいった。さらに、大学が出資するなどして教員に独立創業を促すなどの取り組みを重ねてきた。90年代の初めの頃には、日本のソフト技術者不足に着目、校内に人材派遣会社を設立し、日本に技術者を送り込むことまでしていた。当然、大学と外資との合弁合作も広範に行われていった。これらの取り組みは、国家による「必要な資金は自分で稼げ」という方針に沿うも

のであったように思う。

　また、中国の大学で注目すべきことの一つは、教員の処遇に関する点であろう。中国の大学の教員の場合、仮にベンチャー企業を起こし、あるいは海外の大学に長年勤めても、いつでも元の大学に復帰できるというセーフティネットが張りめぐらされている。この点は、歴史的な戸籍に関連する「単位」に基づいている[8]。中国の人びとは戸籍上、どこかの単位に所属してきた。その単位は大学、国有企業などであり、住宅、社会福祉厚生の全てを定年退職後もそこから与えられていた。いわば、単位は人びとの最後の拠り所ということかもしれない。こうした仕組みは徐々に変ってきているが、基本的には現在でも底流に流れている。毎年、いくばくかのお金を支払っておけば、自らのポジションは担保されていくのである。

　日本の場合には、いったん退職し、ベンチャー企業を始めた教員が、10年後に元の大学に戻れるなどは考えにくい。この点、中国の仕組みは教員が大学発ベンチャーを起こしていく場合、セーフティネットとして機能しているのである。こうした枠組みが、中国の大学発ベンチャーを活発化させる一つの要因になっていることも注目されるであろう。

　以上のように、日本の現状と比べると、中国の大学を中心とする「産学連携」は実に興味深い流れを形成し、また、劇的に変化していることが注目されよう。国の仕組みが違うことから、中国流のやり方を日本の大学がそのまま受け入れることは難しい。日本は日本なりのやり方を作り上げていかなくてはならない。中国のやり方を一つの「鏡」として、私たち自身が新たなあり方を求めていかなくてはならないのであろう。

**中国の若者の創造力を発揮する環境を作る**

　ところで、「大学の予算を半減させ、必要な資金は自分で稼げ」ということから出発した中国の「産学連携」の、その近年の姿はどのようなものであるのか。本節を終えるここで、その現在の姿を概観しておくことにしたい。

　15年前の中国の「産学連携」の基本的なメニューは、北京で実験されたように、一つは「大学」が起業する、二つに大学と関連しながら「ハイテクベン

チャー企業」を設立する、そして、もう一つ、中関村「電子街」のような猥雑なゾーンを形成するというものであった。この三つが基本であり、地域全体の雰囲気が盛り上がり、人びとに希望を与えていた。

　だが、その後、新たなメニューとして90年代後半には「留学生創業園」なるものが加わってきた。海外で多様な経験を重ねた若者を呼び戻し、全体に対して新たなインパクトを与えようとするものであった。現在の全国のいずれのサイエンスパークにもかなりの規模の「留学生創業園」が形成されている。

　さらに、もう一つ踏み込んだケースとしては、清華大学の清華科技園、東北大学のNeusoft Parkに見られるような、大学自らが「ハイテクパーク」を形成していくというものであろう。そこは、大学発ベンチャーの受け皿であり、また外国の有力企業と合弁合作を行っていく舞台にもなっているのである。このように、80年代末から開始された中国の「産学連携」はほぼ20年の経験を重ねながら、興味深い方向に進化しているのである。

　この点、Neusoft Parkを作り上げ、さらに東軟情報学院という興味深い大学を創設した東北大学副学長・東軟集団総裁の劉積仁氏は「アメリカを訪れた時、中国の若者たちが良い環境で創造力を発揮していました。私も中国でも同じ様に若者たちが創造力を発揮できる環境を作ろうと強く思いました」と語っている。この言葉が中国の「産学連携」「大学発ベンチャー」の現在を物語っているのではないかと思う。

　本書で扱う範囲は非常に限られたものだが、読者諸賢に中国の人びとの新たな世界に向かおうとする「思い」を感じ、自らをエンカレッジしていただければ、これに優る喜びはない。

## 2．本書の構成

　以上の枠組みを受けて、本書は、序章と八つの本章、終章、そして五つの補論から構成されていくことになる。ここでは、本書の各章、補論で述べられる基本的な方向を明示しておくことにしたい。

　まず、第1章の「中国の産学連携の経緯と現在」は、中国の「産学連携」の

全体を論じるものであり、1980年代中頃から推進されている「火炬計画」を出発点に、その後のハイテク政策の動き、そして、産学連携政策の流れを概観していく。さらに、中国全国の「産学連携」の現状を紹介し、本書全体の基礎を形成していくことにする。

### 北京、瀋陽、大連、上海の取り組み

第2章から第6章までの五つの章が、中国の代表的な「産学連携」の具体的ケースの検討となる。

第2章の「北京における産学連携」は、中国のハイテク政策、産学連携を切り開いた北京の実験を振り返り、それが全国に与えた影響、そして、北京の現状を報告していく。特に、北京には北京大学、清華大学、北京航空航天大学等の最有力大学や中国科学院などの有力研究機関が多く、また、それらを母体にして中国のハイテク産業化を牽引している企業も少なくない。北京は現在でも、全国の「産学連携」の先導的な役割を担っているのである。

第3章の「瀋陽／東北大学と東軟集団」は、中国の大学発ベンチャー企業として最も成功したとされる東軟集団と、それを生み出した東北大学に注目していく。東北大学は国家冶金部所属の金属系の大学であったのだが、次の時代は「情報」と見定め、日本のアルパインとの合弁を契機に興味深い発展を示してきた。その東軟集団は96年には中国のソフト企業として初めて上海証券市場に上場し、その後は瀋陽と大連に未来型のソフトウェア・パークである Neusoft Park を展開するなど、中国の「産学連携」の牽引的な役割を演じているのである。

第4章の「大連／ソフトパークと東軟情報学院」は、瀋陽の東北大学、東軟集団が370km南の沿海都市である大連に着地し、興味深いソフトパークと情報系の未来型大学を編成、中国の地域開発に新たな可能性をもたらしていることに注目する。特に、この章で取り上げる東軟情報学院は、世界にも例のない外国語を重視した情報系の未来型大学であり、その先進性が注目される。そして、この東軟学院とソフトパークが両輪になり、新たな「産学連携」の可能性が模索されているのである。

第5章の「大連理工大学の展開」は、東北大学の大連進出に刺激され、独自な取り組みに踏み出し始めた地元の有力大学であり、国家の重点大学でもある大連理工大学に注目する。特に、大連理工大学は化学系に特色があり、幅広く大学発ベンチャーを生み出している。さらに、日本の岩手大学と連携し、新たな「国際産学連携」に踏み出していることも興味深い。地元に乗り込んできた東北大学とのライバル意識も大きく、今後、興味深い展開となっていくことが期待される。

　第6章の「上海における産学連携」は、上海の有力理工系大学である上海交通大学に注目していく。上海交通大学は北京の清華大学と並ぶ中国の最有力理工系大学の一つであり、産学連携への取り組みも幅広い。それらの中で、本章では、溶接工程研究所の産学連携に注目していく。溶接工程研究所は極めて具体的な領域であり、産業、企業との付き合い方は興味深いものであろう。

### 日中の比較と大学のマーケティング

　第7章の「中国の産学連携とマーケティング」は、マーケティングの視点から中国の「産学連携」を切っていこうとするものである。日本でも大学は開発はできるが、売ることができないなどと言われている。この点、中国の大学はどのように取り組んでいるのか。そうした個々の問題に加え、中国の大学は大学の起業、大学発ベンチャーの推進、ハイテクパークの設立等を重ね合わせ、大学自身が進化していくための「仕掛け」を作っているところに注目すべき点がある。

　第8章の「産学連携の日中比較」は、中国の大学のハイテクパーク、サイエンスパークの代表選手である清華大学による「清華科技園」と、日本の都市型サイエンスパークの代表である「KSP（かながわサイエンスパーク）」に注目し、その比較研究を通じて、その相違と新たな可能性を追求していく。特に、清華科技園はKSPをモデルに設立されたとされているが、それがどのように進化しているのか、さらに、日本のKSPにどのような影響を与えうるのか、などが問われることになろう。

　終章の「中国の産学連携と日本」は、ここまでの各章を振り返り、中国の

「産学連携」の意味を明らかにし、そして、日本の大学、産業界へのインプリケーションというべきものを提示していくことにする。日本の「産学連携」は果敢な中国の取り組みを受け止め、新たな可能性を独自的に求めていかなくてはならないのである。

**五つの補論**

以上の本章に加え、本書では五つの補論を付けている。その意味するところは以下のようなものである。

補論Ⅰの「東軟集団総裁／劉積仁氏の証言」は、2006年8月28日（月）に行われた劉積仁氏へのインタビューを起こしたものである。東軟集団を設立し、さらに大連に興味深い情報系の未来型大学である東軟情報学院を設立した劉氏に、その考え方を聞いた。劉氏の考え方は、中国の産学連携の指導的なものとして注目されよう。

補論Ⅱの「東北大学長／赫冀成氏の証言」は、10年以上にわたって東北大学の学長の地位にあり、大学サイドから産学連携を推進してきた赫学長へのインタビューを起こしたものである。大学人と企業（東軟集団）の間に立ち続けてきた赫学長の証言からは、中国の産学連携の裏側がかいま見られるであろう。日本の大学人としても共感するところが少なくない。

補論Ⅲの「南海東軟情報学院」は、東北の遼寧省に拠点を置いている東軟集団が全国に展開している情報系の未来型大学である「東軟情報学院」の南海版である。東軟集団は大連の他に、広東省仏山市の南海、そして四川省成都にも、東軟情報学院を設置している。特に、この南海は発展の著しい広州市に隣接し、その周辺地域を形づくり、日系の自動車部品産業の進出が著しい。そうした動きへの人材供給機関として、新たな役割を演じようとしているのである。

補論Ⅳの「東京の東軟集団」は、日本からのアウトソーシング受託という仕事の多い東軟集団の日本拠点として、東京湾のお台場に設置されている東京現地法人の Neusoft Japan に注目するものである。近年、中国のソフト企業の日本への進出が目立ってきたが、その先駆的なものとして注目されよう。中国の大学企業の活動の範囲は世界レベルになってきたのである。

補論Ⅴの「華南理工大学と広州汽車学院」は、広州市花都区に形成されている花都汽車城（自動車タウン）の中に新たに設立された華南理工大学広州汽車学院に注目していく[9]。母体の華南理工大学は国家の重点大学であり、華南地域を代表する理工系大学として知られている。他方、花都区には日産自動車を焦点に日本の協力企業が大量に押しかけ、新たな人材が求められている。このような事態に対し、地元の資本をベースに華南理工大学のノウハウを組み合わせた新たな大学が登場してきた。それは、中国の「産学連携」に新たな可能性を付け加えるものであろう。

　以上のように、本書は中国の「産学連携」に関し、私たちが接触可能な範囲で具体的なケースを積み重ねてきたものである。中国には大学が1700とも、2000とも言われている。それらからすれば、私たちの取り組みはほんのわずかなものにしかすぎない。今後、できる限り新たなケースを掘り下げながら、中国の「産学連携」の議論を豊かなものにしていくことを願っている。
　それにしても、このわずかなケースから見えてくるものも少なくない。これらの動きを私たち自身の「鏡」として、日本の「産学連携」を豊かなものにしていくことができれば幸いである。


1)　日本のテクノポリス構想に関しては、通商産業省立地公害局工業再配置課監修『21世紀の産業立地ビジョン』通産資料調査会、1985年、伊東維年『テクノポリス政策の研究』日本評論社、1998年、が有益である。
2)　中国のこのような課題に関しては、関満博『フルセット型産業構造を超えて』中公新書、1993年、を参照されたい。
3)　北京のこのような取り組みに関しては、関満博『中国開放政策と日本企業』新評論、1993年、奥野志偉『中国の高新技術産業地域と企業』徳山大学総合研究所、1999年、橋田担『北京のシリコンバレー』白桃書房、2000年、を参照されたい。
4)　当時の北京シリコンバレーの企業の状況は、関、前掲『中国の開放政策と日本企業』第1章、第7章を参照されたい。
5)　この間の事情は、長崎利幸「中小企業の創業と立地をめぐる諸問題」（関満博編『現代中国の民営中小企業』新評論、2006年、第9章）を参照されたい。

6) 北京シリコンバレーの1991年末頃の事情は、関、前掲『中国の開放政策と日本企業』第1章、第2章、第7章を参照されたい。
7) 中国の経済特区、経済技術開発区の意義に関しては、関、前掲『中国の開放政策と日本企業』第2章を参照されたい。
8) このような戸籍等の問題は、関満博『「現場」学者中国を行く』日本経済新聞社、2003年、を参照されたい。
9) この華南理工大学と広州汽車学院、そして、その周辺の事情である花都汽車城（自動車タウン）の全体的な状況については、関満博編『中国自動車タウンの形成』新評論、2006年、を参照されたい。

# 第1章　中国の産学連携の経緯と現在

　1980年代初めの改革開放の開始の頃まで、中国の科学技術力のほとんどは一般企業ではなく、大学・研究機関に集中していた。そして、このような歴史的な背景があるため、大学は中国の科学技術体制、特にハイテク技術の発展にとり特別に重要な役割が期待されていくことになる。

　2006年2月、中国国務院は「中長期科学と技術の国家発展規画（2006～2020）」を公布した。その中で「技術の自主創新を全部科学技術活動の最重要な位置に置く」ことを明示し、2020年までに中国を「科学技術の創新型の国」にするという目標を確定させた。この目標を実現するために、「企業を主体とする産学研連携の技術創新体系を突破口にする…」と明記し、産学研連携は中国科学技術体制の中における位置をさらに強化されることになった。

　現在、産学連携は、中国の大学建設、経済発展及びハイテク産業の向上に大きな貢献をしている。本章では、中国産学連携の経緯とその政策、そして中国科学技術発展戦略におけるハイテク政策と大学の役割、さらに中国の産学連携の現状などを明らかにしていきたい[1]。

## 1. 中国の産学連携の経緯とその政策

### （1）　中国の産学連携の経緯
　　　――大学経費不足による産学連携の発達――

　振り返ってみると、中国の大学の通常の経費が極端に不足していたことが、産学連携が独特に発展してきた最大の原因と考えられる。

　1980年代の改革開放の開始以降、中国初の産学連携のケースは、80年、上海の華東師範大学が研究・授業の環境改善、大学教員の処遇向上などのために「学校基金」を設立したこととされている。その後、教育資金の不足に悩んで

いた中国教育部及び財政部は、華東師範大学の経験を総括し、全国に推し広めていくことになる2)。

現在に至るまで、中国の教育資金の不足問題は依然として深刻である。中国の大学はほとんど国立であるが、国からの財政資金が限られているため、通常の運営資金を自ら稼いでいかざるをえない。78年～88年の間に、中国の大学数は1.8倍、大学生の数は2倍の増加を示したが、教育資金はその伸びに対応するものではなかった。また、先進国はほぼ毎年、R&D費用の3分の1を大学の研究開発に投入しているのに対して、中国は99年度を例にとると、その金額はわずか10分の1、しかも政府の資金はその47％しか占めていなかった。

教育資金の不足と研究及び教養の規模拡大との矛盾はますます大きくなっている。図1―1で中国財政及びGDPにおける教育支出比率の推移を見ると、二つのことがわかる。まず、中国の財政支出総額は毎年大幅に増加しているにもかかわらず、そのうちの教育支出はわずかな伸びにすぎない。また、教育支

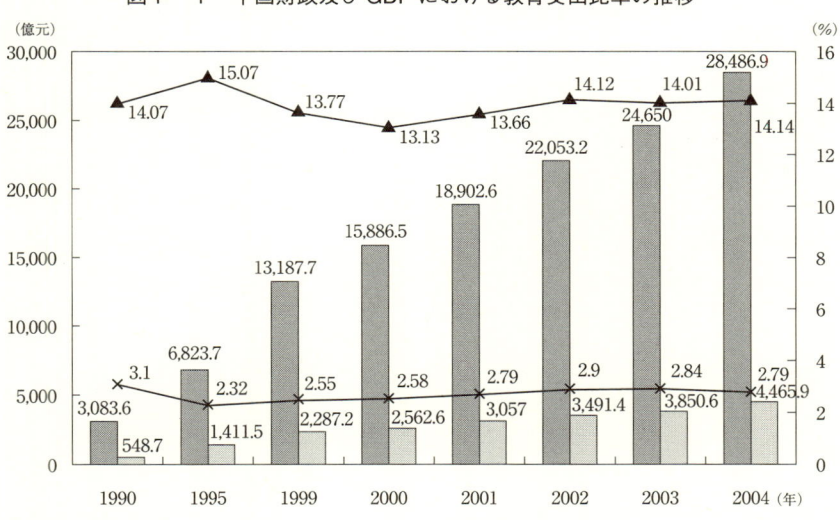

図1―1　中国財政及びGDPにおける教育支出比率の推移

資料：中国統計局。中国科学技術部編『中国科学技術統計年鑑2005』中国統計出版社、2005年、より作成。

出額の中国財政に占める比率はそれほど大きく低下したとはいえないが、2004年度は2002年度と2003年度のGDPに対する比率は2年連続下回った。

このような状況の中で、研究と教育資金の不足問題を解決するために、中国政府は産学連携を積極的に支持している。そのため、中国の大学はその研究開発成果を生かし、産業化させることによって、自らの稼ぎで研究及び教育経費の不足分を補っている。その結果、表1—1に示したように、2004年度の中国の大学における研究開発経費の中に占める政府資金以外の部分はすでに半分近くになっているのである。

**中国産学連携のプロセス概念図**

産学連携とは大学と企業との二つの技術革新主体要素が「利益を共に享受、リスクを共に分担、優位を互いに補充、共同発展」という原則に基づいて、共同で技術創新活動を展開し、次第に、研究開発——製品——マーケット——研究開発という好循環を実現することである。産業界と大学との連携は市場経済と知識経済との結合の産物であり、国家科学技術創新体系の重要な一部である[3]。

産学連携については中国だけでなく、世界各国の経済発展の中で重要な戦略的な位置づけがなされている。また国連は産学連携強化を重点プロジェクトとして推し進めている。93年に国連の国際連合教育科学文化機関（ユネスコ）はUNISPAP（University-Industry-Science Partnership）計画を設け、さらに大学と産業界との連携は発展途上国の工業化に貢献できると考えられるため、大学

表1—1　2004年度中国の大学における科学技術活動経費の内訳

（単位：万元）

| 区分 | 総額 | その内 | | | 政府資金の比率 |
|---|---|---|---|---|---|
| | | 政府資金 | 企業資金 | その他 | |
| 全国合計 | 3,916,254 | 2,106,019 | 1,486,215 | 324,020 | 53.78% |
| 東部地区 | 2,412,430 | 1,297,861 | 906,595 | 207,974 | 53.80% |
| 中部地区 | 861,284 | 458,745 | 333,153 | 69,386 | 53.26% |
| 西部地区 | 642,541 | 349,413 | 246,468 | 46,660 | 54.38% |

資料：中国統計局・中国科学技術部編『中国科学技術統計年鑑2005』中国統計出版社、2005年、により作成。

表1―2　2005年度までの中国大学における国内上場企業一覧

| 区分 | 企業名 | 所属する大学 |
|---|---|---|
| 1 | 濰坊北大青鳥華光科技 | 北京大学 |
| 2 | 方正科学集団 | 北京大学 |
| 3 | 北京天橋北大青鳥科技 | 北京大学 |
| 4 | 麦科特光電 | 北京大学 |
| 5 | 清華同方 | 清華大学 |
| 6 | 泰豪科技 | 清華大学 |
| 7 | 力合 | 清華大学 |
| 8 | 清華紫光古漢生物製薬 | 清華大学 |
| 9 | 清華紫光 | 清華大学 |
| 10 | 誠志 | 清華大学 |
| 11 | 上海交大昂立 | 上海交通大学 |
| 12 | 上海交大南洋 | 上海交通大学 |
| 13 | 上海復旦復華科技 | 上海復旦大学 |
| 14 | 上海同済科技実業 | 上海同済大学 |
| 15 | 浙江浙大網新科技 | 浙江大学 |
| 16 | 瀋陽東軟軟件 | 東北大学 |
| 17 | 哈爾濱工大高新技術産業開発 | 哈爾濱工業大学 |
| 18 | 哈工大首創科技 | 哈爾濱工業大学 |
| 19 | 中国高科集団 | 十数の大学共同 |
| 20 | 雲南科技 | 雲南大学 |
| 21 | 太原理工天成科技 | 太原理工大学 |
| 22 | 科大創新 | 中国科技大学 |
| 23 | 江中薬業 | 江西中医薬大学 |
| 24 | 交大昆機科技 | 西安交通大学 |
| 25 | 深圳中国農大科技 | 中国農業大学 |
| 26 | 天津広宇発展 | 天津南開大学 |
| 27 | 成都華神集団 | 成都中医薬大学 |
| 28 | 山東山大華特科技 | 山東大学 |
| 29 | 華工科技産業 | 華中科技大学 |
| 30 | 中山大学達安基因 | 中山大学 |

資料：筆者作成

を工業化の発展過程に参加させることを推し進めている。

　中国の産学連携は80年代の中ごろからスタートし、現在まで二十数年を重ねている。各大学・研究所の各学院・学部・研究室及び一部研究者の研究開発成果をベースに、国家・地方・学校の産学連携への科学技術支持策などによって大いに発展した。2005年末までに中国の大学と関連する産学連携企業の中国国内の証券市場への上場数は30社となっている（表1－2）。

　一般的に、大学の研究開発成果は次の二つのルートを通じて社会で応用されている。一つは技術の委託、譲度、サービス提供などの技術合作やコンサルタ

ントなどの伝統的な方式によって、大学の研究開発成果を社会の一般な企業に移転させるものである。これは現在、世界中のほとんどの大学が取り組んでいるやり方であろう。もう一つのルートはアメリカのシリコンバレー方式とも言われ、大学がリードする産学連携である。即ち、学校の教員または学生たちが自分が研究開発した成果を利用し、ベンチャー企業を起業、その研究開発成果を事業にまで転化させるものである（図1−2）。

　どのような国でも、産学連携企業を成功させるためには、優れた政策環境及び育成環境が必要である。中国では、中央政府から各レベルの地方政府、さらに大学がさまざまな支持政策を実施している。また、事業化しようとするベンチャー企業に多様な育成策を提供している。図1−3に示したように、中国の産学連携プロセスにおいて、大学側の研究開発成果を産業に発展させることを目指して多くの支持策が策定され、多方面にわたるサポートを提供している。

**大学がリードしている中国の産学連携**

　中国の大学がリードしている産学連携企業は、一般的に大学の中あるいはその周辺に設立され、大学の研究開発成果と関連がある生産、販売及びサービスなどの仕事に従事している。これらの企業では、まず大学となんらかの関係を

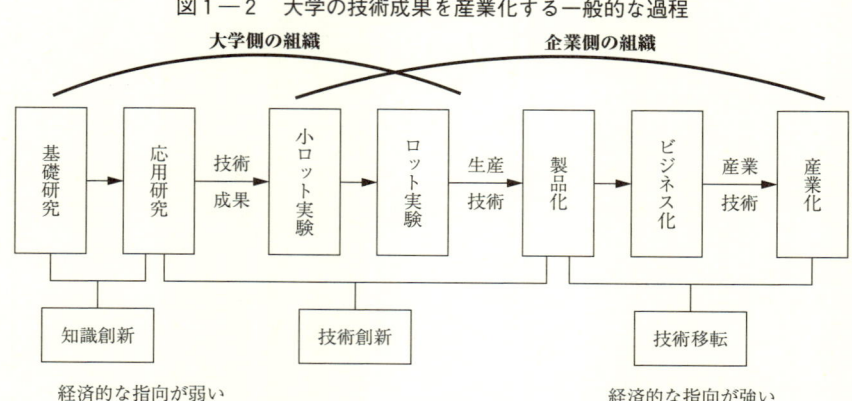

図1−2　大学の技術成果を産業化する一般的な過程

出所：章琰「大学技術移転的双重過程分析」（『科学与科学技術管理』2004年、第7期）

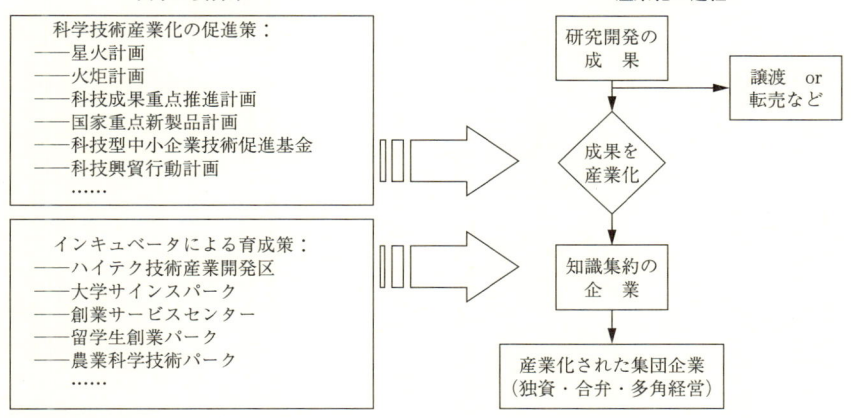

図1―3　中国の産学連携による研究開発成果の産業化プロセス概念図

資料：筆者作成

結んでいて、そして技術開発をしたキーマンは直接または間接的に企業の設立と運営に参加したり、大学での講義や研究を兼任したりもしている。

　産業界がリードする先進国の産学連携パターンとの最大の違いは、中国の産学連携は大学側がリードしているということであろう。これには中国独特の歴史的原因があると見られる。80年代からの全面的な改革開放時に、中国の科学技術力のほとんどは当時の大学・研究機関に集中していた。他方、技術革新の担い手であるべき一般企業はその研究開発力をまだ身に着けていなかった。そこで、中国の大学は自ら先頭に立って、当時の大学の科学技術の優位性を生かして、積極的に研究開発の成果を産業化させていったのであった。

　例えば、中国の名門大学である清華大学に所属する産学連携企業である清華同方の「大型コンテナ検査システム」の事例は、当時の中国の産学連携の事情を興味深く説明するであろう。

　清華大学が担当した中国第8次5カ年計画（1991〜95）における科学技術プロジェクトの一つであった「大型コンテナ検査システム」完成により、当時の中国はこの技術に関し、英国、フランス、ドイツに次いで世界で第4番目の保有国となった。この優れたプロジェクトを事業化させるための技術はたいへん

第1章　中国の産学連携の経緯と現在　29

図1—4　清華同方における研究開発成果の孵化モデル

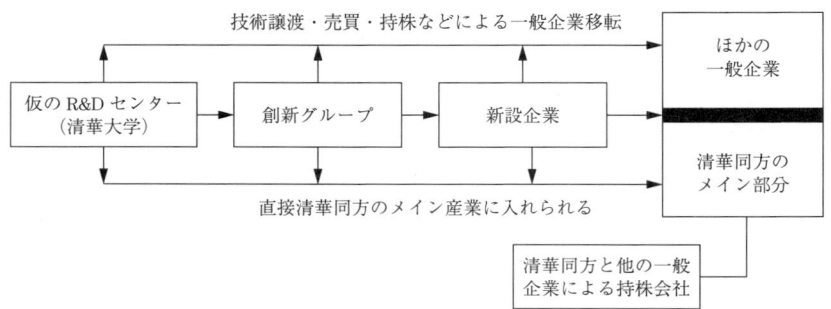

出所：陸致成など「知識経済時代的創新孵化器――清華同方的技術創新模式及び典型案例分析」
（『清華大学学報（哲学社会科学版）』2000年、第5期）

複雑であり、また大量の資金を投入しなければならない。そのため、当時の一般の中国企業にとってはとても困難なことであった。清華大学と清華同方は潜在的に大きなマーケットの将来性を予測して、このプロジェクトに創新グループを入れ、まず「企業内」で事業化するように促した[4]（図1—4）。その結果として、この研究開発の成果の孵化及びその後の産業化は大成功し、このプロジェクトを生かした「清華同方威視公司」は、現在年間数億元の売上額を達成するに至っている。

また、企業ガバナンスから中国の産学連携企業を見ると、次の五つの条件が注目されるであろう[5]。

第1に、産学連携企業の所有権の主要な部分を大学が所有し、あるいはその主要部分の一部を大学が所有していること。また大学はこの企業を事実上所有し、かつ大部分の所有権を持つこと。

第2に、大学は産学連携企業の法人代表者で、また企業の高級管理者の任免権を持つこと。

第3に、産学連携の企業は大学の指導及び監査を受けること。

第4に、産学連携企業のメイン部分は知識集約型の産業とすること。

第5に、産学連携企業の一部収益はさまざまなルート及び方式で大学に還元すべきこと。

上記の五つの条件をまとめると、中国の大学は人材、資金、経営、所有権（所属）などのあらゆる面において、産学連携企業と直接または間接的なつながりがあることになる。

### （２）　中国の産学連携の沿革と関連政策
　中国の産学連携は1970年代の改革開放から現在までの二十数年間で、ゼロから巨大な産業規模となったことにより、世界的に注目されている。この二十数年の大発展は四つの段階に分けられる（表１－３）。
　中国最初の産学連携のケースは、80年に中国上海にある華東師範大学が研究・授業環境の改善及び大学教員の処遇を高めるために「学校基金」を設立したことであった。この大学側の自主的な行動に対して、教育資金の不足に悩んでいた当時の中国教育部及び国家財政部は華東師範大学を批判せず、逆にその経験を総括し、全国の大学に推し広めた。
　その後もう一つの大きな変化があった。82年から、中国政府が科学技術に従事する人の兼職による収入を容認し始めたことである。この時期は中国産学連携の第１段階の黎明期と考えられ、大学側の研究開発成果を産業化させる形はまだ「４技」、即ち「技術の譲渡」「技術コンサルティング」「技術開発」及び「技術サービス」という四つの技術移転パターンだけに止まっていた。

#### 1985～91年＝本格的発展期
　85年から91年まで、中国の産学連携は本格的に発展していくことになる。この時期は第２段階と考えられ、まさに現在、世界中で活躍している中国の新たな科学技術企業の創業発展期と言える。その代表的な企業は中国科学院に関連した四通集団と聯想集団、及び北京大学の四つの支柱企業であった北大方正集団、青鳥集団、未名集団、資源集団である。
　まだ計画経済を中心としていた85年に中国共産党中央委員会による「科学技術体制改革の決定について」の公布は、中国の産学連携が大きく発展するきっかけとなった。この政策は次のように明記している。「中国科学院、大学、各部署及び地方に所属する研究開発に従事している研究機関は、自由意識かつ双

表1—3　中国産学連携の発展段階

| 発展段階 | 産学連携に関する主な政策・会議 | 特徴 | 代表的な大学または企業 |
|---|---|---|---|
| 第1段階<br>黎明期<br>（1978～84年） | 教育部と財政部は華東師範大学の「学校基金」の経験を総括し、全国まで推し広めた。<br>科学技術者の兼職の容認。 | 産学連携の形は技術の譲渡、コンサルティング、開発、サービスという「4技」に止まっていた。 | 華東師範大学 |
| 第2段階<br>創業発展期<br>（1985～91年） | 1985年中共中央「科学技術体制改革の決定」と同時に「教育体制改革の決定」、1987年国務院「更に科技体制改革の決定」、1987年国家科学技術委員会「科技人員兼職の若干問題に関する意見」、1988年国務院「深化科技体制改革の若干問題の決定」、1989年国務院「国家教育委員会などの手配により改革を深化奨励、教育衛生部門による社会サービス増加に関する通知への批准」、1991年国家教育部と科技部「高等学校の科学技術工作の強化意見」 | 科学技術者の兼職が国家政策として採られた。<br>産学連携企業に優遇政策を実施すると同時に、大学に対して、科技企業の設立を奨励。 | 四通集団と聯想集団、及び北京大学の四つの柱企業である北大方正集団、青鳥集団、未名集団と資源集団。 |
| 第3段階<br>高度拡張期<br>（1992～2001年） | 1994年国家教育委員会と科技委員会及び体制改革委員会「高校学校が科技産業を発展させることについての若干意見」、1997年中共中央15回大会、1999年国家教育部「21世紀に向けた教育振興行動計画」、1999年全国科技創新大会、1999年科技部と教育部により大学科技パーク発展戦略検討会 | 大学の産学連携を「科技興国」として正式に提出。 | 全国初の23カ所の大学サイエンスパークを設立。<br>北大方正、北大青鳥、清華同方、清華紫光、東大アルパイン。<br>また1992年復旦大学の復華実業が初の大学上場企業として誕生。 |
| 第4段階<br>整理統合期<br>（2002～現在） | 2001年末国務院より「北京大学、清華大学の学校企業への管理体制実験の指導意見」、2003年国務院より「北京大学、清華大学が北大資産経営有限公司と清華持株有限責任公司設立することに対する同意」、国務院により「国家中長期科学と技術の発展規画（2006～20）」 | 現代企業制度を導入させ、産学連携企業での制度改革及び産業と資産リストラを開始。 | 北京大学の北大資産経営有限公司、清華大学の清華持株有限責任公司。 |

資料：筆者作成

方有利の原則に基づいて、企業・設計機関と何らかの形で連携し、その中の一部は徐々に経済実体にまでなる。また一部は連携の上に合併させ、企業が研究機関に入る、または研究機関を企業に入れる。一部の研究機関は科学技術タイプの生産型企業に発展、或いは中小型の連合的な技術開発機関となる」。

80年代中頃、中国の科学技術力のほとんどは一般企業ではなく、当時の大学・研究機関に集中していた。そこで、中国の大学は自ら先頭に立って、国家の支持政策を利用し、自らの科学技術上の優位性を生かして、積極的に研究開発の成果を事業化していったのであった。

また、産学連携を担当する中国科学技術者の意欲を引き出すために、上記の同決定の中で、本業以外の兼職への容認については中央政府の政策として明確にした。科学技術者の兼職に関する詳細な規定について、87年12月国務院の批准において、当時の国家科学技術委員会は「科技人員が兼職することについての若干の問題に関する意見」を公布した。この政策では、兼職する科学技術者とその所属機関及び兼職機関の双方での仕事及び権益の関係や、兼職の実施方法・ルートとその管理・兼職への成績評価などを明記している。

### 1992～2001年＝高度拡張期

92年の鄧小平の南巡講話以来、中国はさらに発展を遂げていった。その後の92年から2001年までの十年間、中国の産学連携も第3段階の高度拡張期に向かっていった。この時期の代表的な企業は北京大学に所属する北大方正と北大青鳥、清華大学に所属する清華同方、清華紫光、東北大学に所属する東大アルパインであった。また92年に、復旦大学の復華実業が初の大学上場企業として誕生した。さらに当時の江沢民主席の指示の下で、初めて23カ所の大学科技園（サイエンスパーク）が設立された。

この時期の最大の特徴は、大学の産学連携が「科技興国」として正式に提出されたことである。もともと、研究と教育資金の不足問題を解決するために、中国政府は積極的に産学連携を支持していたが、93年末に当時の国家教育委員会と国家科技委員会及び国家体制改革委員会が共同で開催した全国大学の科技産業大会において、産学連携が「科技興国」の一つの手段として、大学の教養、

研究に次ぐ第三の機能として考えられ、大学に対する評価基準の一つに位置づけられた。

それ以来、大学がリードする産学連携は中国のハイテク技術への研究開発としても期待され、育成策としての国家支持政策も一層明確に実施された。また、99年に国家教育部が策定した「21世紀に向ける教育振興行動計画」の中で、「大学のハイテク技術産業化プロジェクト」がこの計画のいくつかの重要なプロジェクトの一つとして明記されたため、ハイテクを中心とする各レベルの大学の産学連携がさらに促進された。

#### 2002～現在＝整理統合期

2002年から現在までは第4段階の整理統合期と考えられる。高度拡張期に中国の産学連携企業にもたらされた大学と企業の関係や、企業の経営権と所有権の関係などたくさんの問題にもかかわらず、産学連携の中国の大学ないし中国経済における重要度はすでに確立され、中国政府も継続的に強化していった。2001年末に国務院は「北京大学、清華大学の学校企業への管理体制実験の指導意見」を公布、その後2003年に「北京大学、清華大学の北大資産経営有限公司と清華持株有限責任公司の設立への同意」と言う公告を発表した。これをきっかけにして、各大学の産学連携企業への現代企業制度の導入、制度改革が始まっている。

中国はハイテク技術の発展を促進するため、中央から各レベルの部署及び政府まで、大学の産学連携企業に財政、金融、場所などのいろいろな優遇政策を提供している。また、2006年11月までに、全国に60カ所の国家レベルの大学サイエンスパークが認可されている。

## 2. 中国の科学技術発展戦略におけるハイテク政策と産学連携

1980年代初めの改革開放の頃まで、中国の科学技術力のほとんどは一般企業ではなく、当時の大学・研究機関に集中していたという歴史的な背景があるため、大学は中国の科学技術体制、特にハイテク技術の発展にとり非常に重要な

位置づけがなされてきた。

　現在まで、中国は比較的総合的な科学技術体制を確立してきた。各業種に従事する技術者は1700万人を超え、独立的な科学技術研究機関が5000以上、企業の研究開発機関が8000以上、200以上の国家重点実験室、53カ所の高新技術産業開発区（ハイテク産業開発区）、60の国家レベルの大学科技園区（サイエンスパーク）などがある。

　中国第7次5カ年計画（1986～90）は中国の科学技術発展戦略を二つの部分、三つの方面の内容を明確化した初の全体的な戦略と考えられる。第1の部分とは、現在実行すべきこと、即ち当面の経済発展を主要な科技活動にすること。第2の部分とは、中長期にすべきこと、即ち20世紀の末及び21世紀の初めまでに、中国経済発展のための科学技術活動であること。

　また三つの方面とは、科学技術の三つの発展段階と言われる。第1の段階とは、伝統的な産業に技術革新を引き起こし、従来工業、農業を技術進歩の軌道に乗せること。そのために、「科学技術難関を攻める計画」「星火計画」「豊作計画」「技術改造と技術導入計画」などのプロジェクトを開始した。第2の段階とは、ハイテク技術産業を育成し、将来の中国はハイテク領域に席を獲得すること。そのために、「ハイテク技術の研究発展計画（863計画とも言う）」「火炬計画」、そして全国に国家レベルの27カ所のハイテク産業開発区の設立などのプロジェクトを始めた。第3の段階は、基礎研究を強化すること。そのために、75カ所の「国家重点実験室」の新設、基礎研究への投入の強化、「重点基礎研究計画」の実施などが始まった。

　中国第7次5カ年計画以降の中長期的な科学技術発展戦略について、中国は91年12月に「国家中長期科学技術発展綱要」及び「中国科学技術発展十年規画と第8次5カ年計画（1991～95）綱要」を、2006年2月に「国家中長期科学と技術の発展規画（2006～20）」をそれぞれ公布したことがある。そうした中で、第7次5カ年計画は中国科学技術発展戦略の出発点とも言え、特にそのハイテク技術発展戦略を内容とする「ハイテク技術の研究発展計画（863計画）」「火炬計画」「ハイテク産業開発区」などは、現在も中国の科学技術方針に重要な影響を及ぼしている。

(1)「863計画」[6)]

「863計画」は国家主導に基づいて、明確な目標に沿ったハイテク技術発展計画である。

80年代以後、情報技術、バイオ技術、新素材技術などのハイテク技術が革命的に全世界に影響を与えていた。21世紀の世界競争戦略として、83年にアメリカ政府は「戦略防衛構想（SDI）」を提起、その後EUも「ユーレカ計画」を提出した。改革開放直後の中国は人口、食糧、エネルギー、環境など多くの問題を抱え、ハイテク技術の開発を生かして社会全体の発展、特に農業現代化、工業・企業の技術レベルアップを実現したかった。

「世界でも先進的なレベルを追跡し、中国のハイテク技術を発展させる」という目的で、86年3月、中国科学界の著名な4人の科学者は共同で中央政府に提案書を提出した。鄧小平はこれを受け取ってすぐに実行を指示した。その後、全国の200人以上の専門家を集め、3回の検討を経て、半年をかけ「ハイテク技術研究発展計画」が作られた。この計画は86年3月に提出され、同じく3月に鄧小平が受け取ったため、「863計画」とも言われる。

最初の「863計画」では、研究開発の重点がバイオ技術、宇宙航空技術、情報技術、レーザー技術、自動化技術と新材料技術の七つの領域の15のテーマに集中していた（表1-4に示したように、現在、八つの領域に20のテーマ、及び一つの特別プロジェクトがある）。

他の国のハイテク技術発展計画と比べると、「863計画」には次の三つの特徴がある。まず、発展途上国のハイテク技術発展改革のため、経済の発展及び国民生活レベルの向上を中心としている。そして、ハイテク技術が遅れているため、世界中の先進的な技術及び経験を学習し、ハイテク技術の研究開発における国際交流及び連携を進めている。さらに、「863計画」は政府の主導に基づいて、企業の参加を促進している。

「863計画」は四つのレベルのシステムによって、コントロールされている。まず、第1レベルのシステムはリードシステムである。これは国家科学技術リードグループ、国家科学技術委員会、各領域の専門家委員会及び各テーマプ

ロジェクトの専門家グループにより構成される。そのうち、国家科学技術リードグループは「863計画」の最高司令部と言われ、大きな方針と政策の審議、中長期的な計画の策定、実行内容の中央政府への報告などを担当する。

第2レベルは、調整管理システムと言われ、国家科学技術リードグループオフィス、国家科学技術委員会におけるハイテク計画連合オフィス、各領域のオフィス、各領域の専門家委員会オフィス、及び各テーマプロジェクトの専門家

表1−4 「863計画」の領域とテーマプロジェクト

| 8つの領域 | 20のテーマプロジェクト |
|---|---|
| 1．バイオ技術 | ＊53 質がよい、生産性が高い動物・植物の新品種<br>＊55 遺伝子薬物、ワクチンと遺伝子治療<br>＊56 蛋白質プロジェクト |
| 2．宇宙航空技術<br>（二つのテーマを含む） | ＊宇宙航空技術の性能が高い大型ロケット、中国の宇宙航空発射の商業サービス能力向上、及び平和利用目的の宇宙空間技術の研究開発 |
| 3．情報技術 | ＊57 知能コンピューターシステム<br>＊58 光電子部品と光電子、微電子システムの集積技術<br>＊59 情報の取得と処理技術<br>＊60 通信技術 |
| 4．レーザー技術<br>（三つのテーマを含む） | ＊性能が高く・質がよいレーザー技術、成果を生産に応用でき、パルスパワー技術・プラズマ技術・新材料及びレーザースペクトルなどの発展を促進できる技術 |
| 5．自動化技術 | ＊コンピューター集積製造システム<br>＊知能ロボット |
| 6．エネルギー技術 | ＊石炭磁流体発電技術<br>＊原子炉技術 |
| 7．新材料技術 | ＊ハイテク新材料と現代科学技術 |
| 8．海洋技術 | ＊海洋測定と監視技術<br>＊海洋生物技術<br>＊海洋資源開発技術 |
| 9．特別プロジェクト | ＊水稲遺伝子図鑑<br>＊航空リモート・センシング即座発信システム<br>＊HJD-04E型の大型デジタルプログラム制御交換台のネック技術<br>＊超伝導体技術<br>＊ハイテク技術新概念と新構想の探索 |

資料：中国国家高技術研究発展計画ホームページ
　　　（http://www.863.org.cn/863_105/index.html）により作成。

グループオフィスにより構成される。

第3のシステムは、評価監督システムと言われ、国家科学技術委員会、いくつかの部署の責任者及び各領域の専門家委員会またはグループの首席科学者により構成される。

第4レベルのシステムは情報交流サービスシステムと言われ、媒体業界、科学技術情報業界、『高技術通訊』と言う雑誌及び各領域または各テーマプロジェクトの速報、短信、科学報告などを利用することによって、情報交流や互いにサービスを提供でき、そしてハイテク技術の研究成果を全国に普及させる。

中国は「863計画」の実施を通じて、大きな成果をあげてきた。「863計画」によって中国の科学技術力を増強させ、全体の研究開発レベルを向上できた。これまで、全国15の「ハイテク研究開発センター」に七つの小ロット実験室及び小ロット生産ライン設立された。そして、「863計画」の実施によって、全国的な技術ネットワークが形成でき、新しい世代のハイテク研究開発部隊が育成され、中国ハイテク技術の継続的な発展のための人材を蓄積できた。さらに、「863計画」は段階的な研究成果の産業化を推し進め、従来産業の技術レベルアップ、新しい産業の育成などに貢献している。

（2）「火炬計画[7]」と産学連携

「火炬計画（たいまつ）」は中国ハイテク技術の産業化、特に「863計画」などの研究成果を産業化させるための政府指導性の計画であり、88年8月から中国科学技術部を中心に実施されている。

「火炬計画」は非常に内容豊富、かつ複雑な国家プロジェクトであり、全部で七つの部分の内容により構成される。

① ハイテク産業の発展に適切な環境を構築すること。
② ハイテク創業サービスセンター。
③ ハイテク産業開発区。
④ 「火炬計画」、そのうち
　a）重点的な「火炬計画」を認定すること。
　b）重点的なハイテク企業（集団）を認定すること。

c）「国家ソフト産業基地」を設立すること。
⑤　科技型の中小企業技術創新基金。
⑥　ハイテク産業の国際化。
⑦　人材育成。
次に、上記「火炬計画」の内容を重点的に紹介していきたい。

　**ハイテク創業サービスセンター**
　ハイテク創業サービスセンターは、科学技術企業の孵化器とも言い、1950年代の新技術産業革命に伴い、アメリカで初めて誕生したものである。ハイテク創業サービスセンターは、ハイテク技術発展の促進やハイテク中小企業の育成など、また地域経済の振興や新たな経済成長ポイントになるなどの方面でたいへん重要な役割を発揮できるため、世界中で重要視されている。
　87年からスタートした中国のハイテク創業サービスセンターのほとんどが、国家科学技術部、地方政府及びハイテク産業開発区の下に設立された企業の形で公益性があるサービス機関となっている。主に研究開発成果の事業への転化の促進、及びハイテク企業と企業家の育成を目的としている。2002年には、全国の334カ所のハイテク創業サービスセンターは孵化総面積541.2万 $m^2$、１万8658社の孵化企業を育成していた。累計卒業企業は5849社を数えている。

　**ハイテク産業開発区**
　ハイテク産業開発区の設立目的とは、優れた投資環境を設けることである。即ち、税金免除などの優遇政策及び良いサービスを提供することを通じて、ハイテク産業の集積優位が用意され、多くの人材、技術、資金が集められ、その上、研究成果を産業化させることになる。
　91年にハイテク産業開発区がスタートして以来、急成長を遂げ、これまでに53カ所の国家レベルの開発区が設立され、中国の科学技術発展に大きな貢献をしている。2002年にハイテク産業開発区の技工貿（技術・工業・貿易）総売上額、工業総生産額、工業総増加額、輸出額はそれぞれ１兆5326.4億人民元、１兆2937.1億人民元、3286.1億人民元、329.2億ドルであり、いずれも設立開始

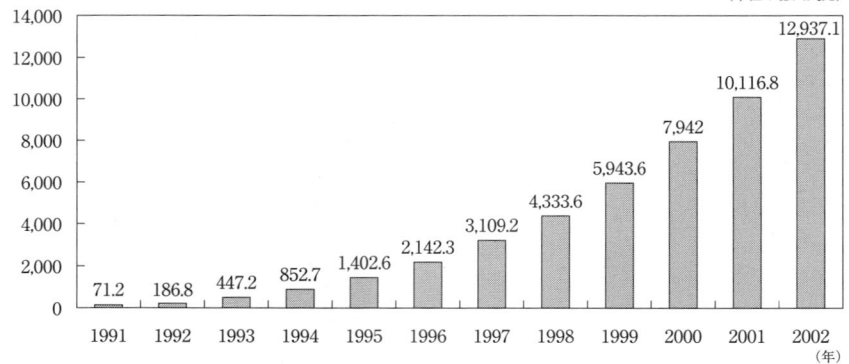

図1—5　中国ハイテク産業開発区の成長

(単位：億人民元)

| 年 | 売上高 |
|---|---|
| 1991 | 71.2 |
| 1992 | 186.8 |
| 1993 | 447.2 |
| 1994 | 852.7 |
| 1995 | 1,402.6 |
| 1996 | 2,142.3 |
| 1997 | 3,109.2 |
| 1998 | 4,333.6 |
| 1999 | 5,943.6 |
| 2000 | 7,942 |
| 2001 | 10,116.8 |
| 2002 | 12,937.1 |

出所：中国科学技術部火炬ハイテク産業開発センターホームページ
（http://www.chinatorch.gov.cn/）

の91年の150倍となっている（図1—5）。

現在ハイテク産業開発区の中には次の四つの現象が現れている。①多くの人材、資金及び技術、特にハイテク技術などの科学技術資源が蓄積されている。②一部の技術創新能力を持つ、競争力ある企業は大きくなっている。③一部の将来性ある新たな産業が出来ている、④インキュベーション基地と産業化基地が形成されている。

現在、中国のハイテク産業開発区はすでに第2の発展段階に入ったと考えられる。2006年11月に国家科学技術部火炬ハイテク産業開発センターと中関村科技園区などは今後の発展目標として、国家自主創新システムの構築を中心に、第11次5カ年規画（2006〜10）[8]が終了する2010年まで、2〜3カ所のハイテク産業開発区を世界トップレベルに達する行動計画を共同で発表した。その具体的な目標は次の通りである。①一部の新たな産業を将来のパークにおける新しい経済成長ポイントにし、世界的に知名度が高い自主ブランドを持つこと。②大型多国籍企業を持ち、その内1000億人民元以上の売上額がある企業は4〜5社に達すること。③一部の成長性が高い、収益性がよい企業及び「小巨人」企業を育成すること。④毎年の新設企業数の増加率は全体の15％以上を超えること。

この計画で、中関村科技園区、張江高科技園（上海）、深圳高新技術産業園、西安高新技術産業園、武漢東湖高新技術産業園、成都高新技術産業園などが重点育成のハイテク産業開発区として取り上げられた。

### 大学サイエンスパーク[9]
　大学サイエンスパークは、一つの大学または幾つの大学群に基づいて、大学の人材、技術、情報、実験設備、図書資料などの知的な資源をうまく社会の資源と結合させて、知識創造、技術革新、研究成果の産業化、ハイテク企業及び人材の育成、さらに地域経済の発展などのために、よりよいサービスを提供できる経済的及び社会的な組織である。特に、産学連携により起業するハイテク企業に対して、企業孵化器として育成サービスを提供する創業サービス機関であり、産学連携企業の実験場所でもあり、中国ハイテク技術の産業化の過程に重要な位置づけがなされている。

　99年から、国家科学技術部と国家教育部は共同で大学サイエンスパークの発展を促進し始めた。その後の「国家大学サイエンスパーク第10次5カ年計画発展綱要（2001〜05）」で三つの明確な発展目標を提出した。

① 　各地方政府の指導と支持の下で、全国に合計100カ所の大学サイエンスパークを設立する。その内モデルとする国家レベルの大学サイエンスパークが50カ所、国内一流が20カ所、世界にも影響があるいくつかの国家大学サイエンスパークを育成する。

② 　国家レベルの大学サイエンスパークで孵化する企業の数は5000社以上に達する。情報、バイオ、新材料などの重要なハイテク技術領域に、独自な知的財産権を持ち、国際競争力があるハイテク企業または企業集団を50社ほど育成する。

③ 　一部の科学技術型の企業家及び創新型の人材を育成する。

　現在、この計画は終了したが、具体的な統計がないため実績へのトータル評価が出来ないものの、この計画は大学サイエンスパークを産学連携の孵化基地、そして技術創新の集積地という重要な位置にまで引き上げ、大きな社会的意義があったと考えられる。また、現実に各大学のサイエンスパークに立地してい

図1－6　2005年までハイテク産業開発区と大学サイエンスパークに進出した産学連携企業の数

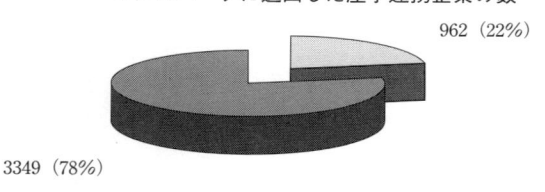

962（22％）
3349（78％）

■進出した企業　■パーク以外に立地する企業

資料：中国教育部科技発展中心・中国高校校辦産業協会編『2005年度中国高等学校校辦産業統計報告』（西南交通大学出版社、2006年）に基づいて作成。

図1－7　2005年度ハイテク産業開発区と大学サイエンスパークに進出した産学連携企業の売上額

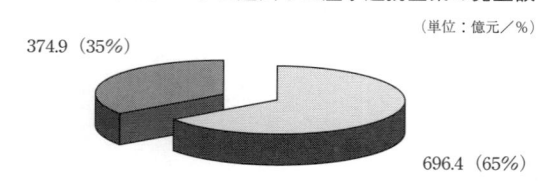

（単位：億元／％）

374.9（35％）
696.4（65％）

■進出した企業　■パーク以外に立地する企業

資料：図1—6と同じ。

る産学連携企業は多様な優遇政策に恵まれ、急速な成長を遂げている。図1—6と図1—7を比較して分析すれば明確であるが、2005年までにハイテク産業開発区と大学サイエンスパークに進出した産学連携企業の合計は962社にすぎず、全国4311社の22％しか占めていなかったが、逆にその2005年の売上額は696.4億人民元と、全体売上額の1071.34億人民元の半分以上、65％を占めた。

　国家科学技術部と国家教育部が共同で作成した「国家大学サイエンスパーク管理試行方法」によって、第10次5カ年計画が終了した2005年までに、認可された国家レベルの大学サイエンスパークは50カ所あった。また2010年までに、さらに新しい30カ所を追加し、合計80カ所の国家レベルの大学サイエンスパー

クを設立するという計画が発表された。さらに、2006年11月に国家科学技術部と国家教育部は計12カ所の国家大学サイエンスパークを新たに認定した。このまま行くと、2010年までの80カ所の計画を超えるのではないかと予測される。

なお、大学サイエンスパークに関する具体的な例については、本書第2～6章を参照されたい。

留学生創業パーク

海外で活躍している中国留学生を母国に戻し、創業を支持することは中国のハイテク技術を産業に転化させる過程において、重要な位置を占めている。留学生創業パークは「海帰（留学生を指す）」創業の加速器とも言われ、海外留学生を帰国させて、起業するハイテク企業に対して、企業孵化器として育成、サービスを提供する創業サービス機関である。

95年から、中央政府の科学技術部は人事部、教育部、国家外国人専門家サービス局などの部署と共同で、ハイテク産業開発区とハイテク創業サービスセンターを生かして、積極的に留学生創業パークの設立及びその発展を推し進めてきている。同時に各地方政府も資金、政策などの投資環境に大きな支持を与えている。その結果、留学生創業パークは大きな成長を遂げ、現在全国に60カ所以上の留学生創業パークがあり、そのうちの44カ所では2002年までに合計4872人の留学生を受け入れ、2335社の企業を孵化させていた。

「火炬計画」

「火炬計画」に認定される企業はハイテク企業と認められ、さらに「火炬計画重点ハイテク企業」に認定されれば、中国有力のハイテク企業になるとも言われるため、とても名誉なこととされている。「火炬計画」の実施を通じて、中国は国家から地方までの多様な科学技術資源を集め、「863計画」などのハイテク政策をベースにして、多くの研究開発成果を事業化させた。これまで、一部の独自の知的財産権を持つブランドが「火炬計画」の実施により誕生した。特に著名なのは北京方正集団の印刷システム、聯想集団のノートパソコン、中興集団の域内容量大きいデジタルプログラム制御交換台、長春長生公司のα

混信物質と遺伝子薬などである。それ以外にも、巨竜集団、華為集団、大唐集団などの一部有力なハイテク企業を育成できた。ハイテク産業は中国経済の新たな成長ポイントになっており、一部の地域でハイテク産業の集積地も形成されている。2002年までの累計で「火炬計画」の立案プロジェクトは2万4514件、その内「火炬計画重点ハイテク企業」は1049社とされている。

「国家ソフト産業基地」

「国家ソフト産業基地」は正式には「国家火炬計画軟件産業基地」と言い、上記に紹介した「火炬計画」のもう一つの重要な内容である。中国のソフト産業の発展を強化するために、95年国家科学技術部は各地方政府の協力に基づいて、各地方のハイテク産業開発区における政策上の優位性を生かして、「国家ソフト産業基地」の設立をスタートさせた。

「国家ソフト産業基地」の設立によって、中国の優秀なソフト開発人材を集め、一部ソフト企業を孵化し、中国のソフト産業の発展を促進している。政策面では、国家科学技術部は「863計画」「火炬計画」「科技興貿計画」及び「科技型の中小企業技術創新基金」などの国家プロジェクトによって、ソフト産業基地及び基地に立地する企業を支持している。

2003年に立案した「火炬計画ソフトプロジェクト」の申請件数は157件があり、全「火炬計画」の10.2％を占めた。「科技興貿計画」は毎年全部予算の4分の1をソフト産業基地の輸出企業及び基地の輸出建設に投入している。また「科技型の中小企業技術創新基金」は2003年に1億人民元を投じて、全体780件の融資案件の19.6％をソフト企業に提供し、その内60％の案件はソフト産業基

表1－5　中国「国家ソフト産業基地」の一覧

| 1. 東大(瀋陽) | 9. 福州 | 17. 厦門 | 25. 無錫 |
| 2. 斉魯 | 10. 江西金炉 | 18. 合肥 | 26. 蘇州 |
| 3. 西部 | 11. 西安 | 19. 雲南 | 27. 常州 |
| 4. 長沙 | 12. 大連 | 20. 深圳 | 28. 寧波国際 |
| 5. 北京 | 13. 広州 | 21. 蘭州 | 29. 河北 |
| 6. 天津華苑 | 14. 上海 | 22. 青島 | |
| 7. 湖北 | 15. 南京 | 23. 吉林 | |
| 8. 杭州 | 16. 長春 | 24. 中部 | |

出所：図1－5と同じ。

地にある企業である。さらに2002～2003年に「火炬計画特別項目」より2000万人民元を全国の21カ所のソフト基地と23の基地でのサービス建設に投入した。それに合わせ、地方政府とソフト基地自身も1.79億人民元を集めた。

　2002年、全国22カ所の「国家ソフト産業基地」の総売上額は886.86億人民元、その内の91.2％はソフト産業である。また当時、全国22カ所のソフト基地に、5777社のソフト企業があり、合計18.5万人がおり、さらに総売上額は全国の73.5％にも達した。

## 3．中国の産学連携の現状

　2005年度までに、中国の大学における産学連携企業は4311社あり、そのうち、科学技術型の企業は2429社、全体の56.34％を占めた（図1－8）。これらの産学連携企業はそれぞれ全国の31の省、自治区、直轄市及び新疆建設兵団の合計569の大学に所属している。その売上額合計は1071.34億人民元あり、2004年の969.30億人民元より10.53％増加し、科学技術型の企業の売上額は全体額の84.91％にまで達した。売上額が5000万人民元を超えた企業は143社に達した。また2005年度に産学連携企業は3412件の特許及び2156件の専用技術を取得した。現在、産学連携は、中国の大学建設、経済発展及びハイテク産業の向上に大きな貢献をしている。

　中国の産学連携は大学がリードするものであるため、この節では中国の大学における産学連携を巡って論じていきたい。以下では、大学における産学連携の三つの特徴についてまとめている。

### （1）　業種、業態、管理体制の特徴

　第1の特徴は、産学連携企業の経営業種と業態、管理体制などにおいて、独特な特徴を持っているということである。

　産学連携企業の経営業種から見ると、製造業が一番多く、全体の42％を占め、第2位の貿易業（商社的な存在をいう）の9％を遥かに上回っている（図1－9）。経営業態では、大学における産学連携企業が独資経営を中心とし、全体

の66％を占めた。そのほかに、国内合弁が第2位、33％を占め、外国資本との合弁はわずか1％だけであった（図1―10）。

また、45％の中国産学連携企業の出身校は工業大学であり、その次は総合大学、師範大学、農業・林業大学である（図1―11）。中国の場合、大学は重点大学、一般大学、高等専門大学（日本の短期大学に類似）に分けられるが、重点大学は総合力があるため、産学連携企業全体の72％も占めている（図1―12）。

さらに、もともとの管理体制から見ると、ほとんどの産学連携企業が大学側

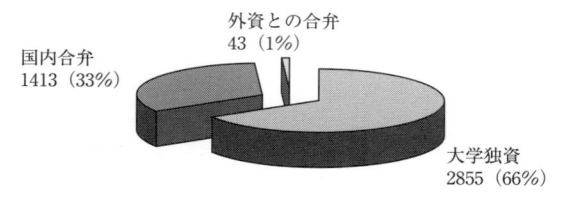

図1―8　2005年中国の大学における産学連携企業数

その他
1882（44％）

科学技術型
2429（56％）

出所：図1―6と同じ。以下、単位は社（％）。

図1―9　2005年中国の大学における産学連携企業の業種別

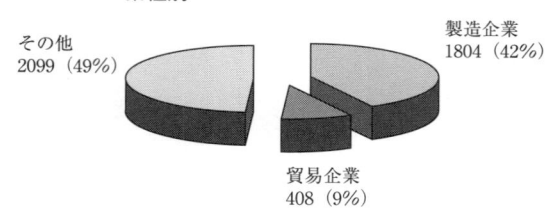

その他
2099（49％）

製造企業
1804（42％）

貿易企業
408（9％）

出所：図1―6と同じ。

図1―10　2005年中国の大学における産学連携企業の業態別

外資との合弁
43（1％）

国内合弁
1413（33％）

大学独資
2855（66％）

出所：図1―6と同じ。

図1-11　2005年中国の大学における産学連携企業の専門別

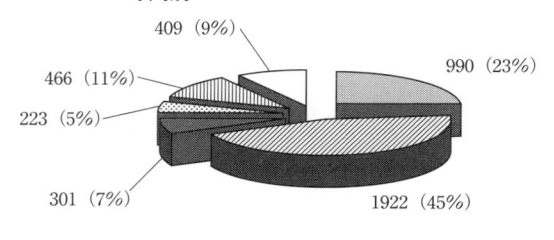

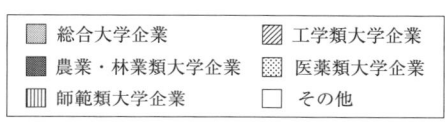

- 990（23%）
- 1922（45%）
- 301（7%）
- 223（5%）
- 466（11%）
- 409（9%）

凡例：
- 総合大学企業
- 工学類大学企業
- 農業・林業類大学企業
- 医薬類大学企業
- 師範類大学企業
- その他

出所：図1-6と同じ。

図1-12　2005年中国の大学における産学連携企業の類別

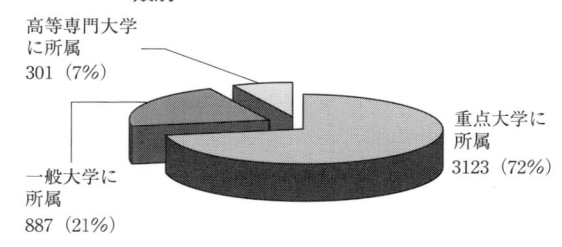

- 高等専門大学に所属　301（7%）
- 一般大学に所属　887（21%）
- 重点大学に所属　3123（72%）

出所：図1-6と同じ。

図1-13　2005年中国の大学における産学連携企業の管理体制

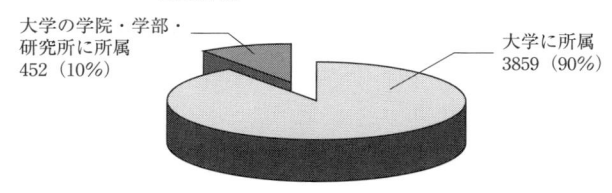

- 大学の学院・学部・研究所に所属　452（10%）
- 大学に所属　3859（90%）

出所：図1-6と同じ。

第1章　中国の産学連携の経緯と現在　47

に直接所属しているが、大学の中の学院、学部及び研究所に所属している企業はわずか10%だけである（図1―13）。

### （2） 科学技術型企業の成長

第2の特徴は、産学連携企業、特にその中でも科学技術型が急成長していることである。

2001～2005年度の間に、中国の産学連携企業の全体数が減少したにもかかわらず、その業績は急速に成長してきた。その中でも、特に科学技術型の産学連

表1―6　2001～2005大学における中国産学連携企業の実績

| 全体　（単位：社、億人民元、%） | | | | | |
|---|---|---|---|---|---|
| 区分 | 企業数 | 売上額 | 売上増加率 | 大学への還元額 | 還元額増加率 |
| 2001 | 5039 | 602.98 |  | 18.32 |  |
| 2002 | 5047 | 720.08 | 119.42 | 17.24 | 94.10 |
| 2003 | 4839 | 826.67 | 114.80 | 18.00 | 104.41 |
| 2004 | 4563 | 969.30 | 117.25 | 17.53 | 97.39 |
| 2005 | 4311 | 1071.34 | 110.53 | 21.01 | 119.85 |
| 上記のうち科学技術型の企業 | | | | | |
| 区分 | 企業数 | 売上 | 売上増加率 | 大学への還元額 | 還元額増加率 |
| 2001 | 1993 | 447.75 |  | 7.78 |  |
| 2002 | 2216 | 539.08 | 120.40 | 7.61 | 97.81 |
| 2003 | 2447 | 668.07 | 123.93 | 7.74 | 101.71 |
| 2004 | 2355 | 806.78 | 120.76 | 8.25 | 106.59 |
| 2005 | 2429 | 909.69 | 112.76 | 10.20 | 123.64 |

出所：図1―6と同じ。

図1―14　2005年度産学連携企業における平均従業員の数

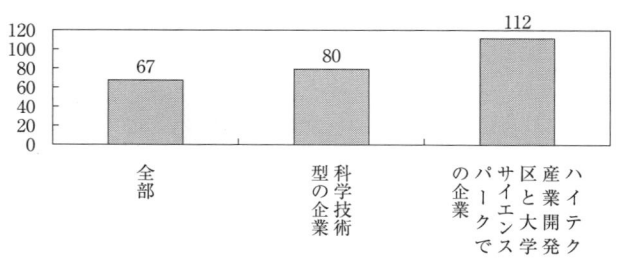

| 全部 | 科学技術型の企業 | ハイテク産業開発区とサイエンスパークでの企業 |
|---|---|---|
| 67 | 80 | 112 |

出所：図1―6と同じ。

携が伸びている。表1—6に示したように、産学連携企業全体の売上額は5年間連続10％以上の増加率で成長していたが、科学技術型の方はそれ以上の20％以上で増加していた（2005年度を除く）。また、2005年度に科学技術型企業の売上額は全体額の84.91％にまで達した。それと同時に、大学への還元額の前年比についても、科学技術型の企業が連続伸びていた。図1—14の平均従業員数による科学技術型の企業と全体企業との比較からも、科学技術型の産学連携企業は全体の平均レベルより進んでいたことがわかる。

　92年に復旦大学の復華実業が初の大学上場企業として誕生してから、現在合計30社の大学と関連する産学連携企業が国内株式市場に上場している（表1—2）。そのうちの方正科学集団、清華同方、清華紫光、瀋陽東軟軟件などの企業はすでに独自なブランドを構築し、国内はもとより世界的にも有名になっている。

（3）　地域格差の存在

　第3の特徴として、中国の大学における産学連携企業の地域分布の格差が大きい。

　2005年度に、中国の大学における産学連携企業の総売上は1071.34億人民元であったが、中国沿岸部に立地している企業がその内のほとんどを占めた。また、沿岸部でも地域分布のアンバランスが目立っている。図1—15で示した中国産学連携の売上額実績から見ると、北京、上海、浙江省、江蘇省、遼寧省の

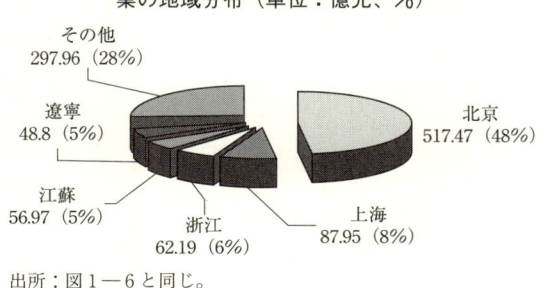

図1—15　2005年中国大学における度中国産学連携企業の地域分布（単位：億元、％）

その他　297.96（28％）
遼寧　48.8（5％）
江蘇　56.97（5％）
浙江　62.19（6％）
上海　87.95（8％）
北京　517.47（48％）

出所：図1—6と同じ。

5カ所で全国の72.19%を占めた。また、この中でも、北京だけで全国半分近くの48.3%を占め、第2位の上海は8.21%で、第1位の北京と大きな差がある。

また、2005年に売上額10億人民元を超えた大学は全国に13校ある。図1―16に産学連携企業の大学所属別で見ると、中国石油大学（華東）、武漢大学、哈爾濱工業大学、西安交通大学、華中科技大学の五つの大学は中国の中部にあり、それ以外のほとんどは中国で大学が集中している北京エリアと上海エリアにあ

図1―16　2005年度中国産学連携企業が所属する大学上位13位の売上額（億元）

| 大学 | 売上額 |
|---|---|
| 北京大学 | 268.55 |
| 清華大学 | 198.32 |
| 浙江大学 | 57.27 |
| 東北大学 | 35.33 |
| 石油大学・華東 | 30.09 |
| 武漢大学 | 22.75 |
| 復旦大学 | 22.73 |
| 同済大学 | 22.39 |
| ハルピン工業 | 20.2 |
| 西安交通大学 | 18.11 |
| 上海交通大学 | 15.71 |
| 華中科技大学 | 12.33 |
| 中山大学 | 10.63 |

出所：図1―6と同じ。

表1―7　2005年度中国科学技術型の産学連携企業売上額上位11位

| 区分 | 企業名 | 所属する大学 | 売上額（億元） |
|---|---|---|---|
| 1 | 北大方正集団 | 北京大学 | 258.8 |
| 2 | 清華同方 | 清華大学 | 97.8 |
| 3 | 浙江浙大網新科技 | 浙江大学 | 48.5 |
| 4 | 清華紫光 | 清華大学 | 34.1 |
| 5 | 東軟集団 | 東北大学 | 28.3 |
| 6 | 山東石大科技集団 | 山東大学 | 21.6 |
| 7 | 武漢凱迪電力 | 武漢水力電力大学 | 18.9 |
| 8 | 西安交通大学産業 | 西安交通大学 | 14.5 |
| 9 | 誠\u24535　志 | 清華大学 | 14.1 |
| 10 | 武漢華中科技 | 華中科技大学 | 11.7 |
| 11 | 上海同済科技実業 | 上海同済大学 | 11.4 |

出所：図1―6と同じ。

る。その中でも、北京エリアでの北京大学と清華大学が一番目立っており、これら2大学だけで売上額が465.87億人民元と、全国合計の1071.34億人民元に対して、半分近くの43.48％を占めている。

さらに、表1－7で科学技術型の産学連携企業別から見ると、2005年度に10億人民元の売上額を超えた企業は全国で11社あるが、その中でも、北京に立地する企業が4社もあり、やはり北京以外の産学連携企業を大幅に超えている。上海エリアの企業としては浙江大学に所属する浙江浙大網新科技、上海同済大学に所属する上海同済科技実業の2社がある。

ここまで見たように、80年代の中頃から開始された中国の産学連携は、実に興味深い方向に向かっている。改革・開放以前は、中国の科学技術の担い手は企業ではなく、大学であったこと、また、国家財政が逼迫化している状況の中で、大学の必要とする資金は自ら稼ぎ出さねばならなかったこと、このような事情を背景に、中国の産学連携は独特の色合いを帯びてきたのである。

そして、他の諸国によく見られる大学のシーズを企業が利用するというだけでなく、大学自らが果敢に事業化に踏み出し、新たなハイテク技術の産業化の担い手として活躍していることが興味深い。中国の産業社会において、大学は極めて重要な役割を演じているのである。そして、その具体的な姿は、第2章から第6章までの各章で詳細に論じられることになる。

1) 中国の大学の産学連携に関する文献は、中国教育部科技発展中心・中国高校校辨産業協会編『2005年度中国高等学校校辨産業統計報告』西南交通大学出版社2006年、李志強編『中国高校科技企業可持続発展研究』清華大学出版社、2006年、謝科苑等『高科技企業創業管理』経済管理出版社、2006年、郝遠『高校科技産業発展的制度選択』高等教育出版社、2005年、王小蘭・趙弘編『提高民営科技企業創新力』中国社会科学文献出版社、2005年、呉寿仁編『上海高新技術成果転化成功案例』上海科学技術文献出版社、2005年、唐五湘等『中国科技産業化環境研究』経済科学出版社、2005年、方興東・蒋勝藍『中関村失落』中国海関出版社、2004年、隋映輝『科技産業転型』人民出版社、2002年、などがある。
2) 李編、前掲書を参照。

3) 李志強・李凌己「国内産学研結合発展的新趨勢」(『清華大学教育研究』2005年、第4期) を参照。
4) 「創新グループ」とは技術、マーケット、経営管理などの専門家がある特定な創新プロジェクトを巡って形成され、かつ十分な運営権限を持つ組織である。大学の研究者はこの創新グループに入ってから、「新設企業」の中で企業の経営者のような身分で創新活動を行っている。
5) 楊継瑞・徐孝民『高校産業安全的理論与実践』中国経済出版社、2004年、を参照。
6) 中国国家高技術研究発展規画ホームページ (http://www.863.org.cn/863_105/index.html) を参照。
7) 中国科学技術部火炬高新産業開発センターホームページ (http://www.chinatorch.gov.cn/) を参照。
8) 中国政府は第11次5カ年規画 (2006〜10) から従来に使われていた「計画」を「規画」に変更した。
9) 中国教育部科学技術司編『高度学校科技工作文献匯編 (第6輯) ——国家大学科技園優遇政策専輯』高等教育出版社、2003年、を参照。

# 第2章　北京における産学連携

　中国における産学連携の実態を知る上で、首都北京の産学連携の状況を見ることは極めて重要である。北京には、北京大学、清華大学、中国科学院をはじめとする全国有数の大学・研究機関が集結しており、中国における科学技術、研究開発の一大拠点となっている。データ（2005年）でみても、北京市における科学技術資金額は、全国の科学技術資金総額の14.0％を占めるほか、研究・開発（R&D）支出では全国の15.6％を、科学技術人材数では全国の9.2％を占めている。このように、科学技術資源に恵まれた北京市は中関村科技園区を中心に、中国の研究開発（R&D）拠点としての役割を強めつつあり、企業と大学・研究機関との間の連携の動きも活発化しつつある。

　本章では、北京における産学連携の実態と今後の方向について展望したい。

## 1.　中関村科技園区の展開

### （1）　中関村科技園区発展の経緯と輪郭

　中関村は、「中国のシリコンバレー」と呼ばれるなど、中国を代表する研究開発拠点、IT産業の集積地として脚光を浴びている。

　中関村の起源は、80年代初期に遡る。中国科学院物理研究所の陳春先研究員が1980年、米国を訪問、シリコンバレーやルート128を視察後、中関村に「技術拡散区」を設立すべく尽力し、帰国後の同10月には、中関村の倉庫の一室にて、最初の民営科学技術機関「先進技術発展服務部」を設立したのが始まりとされる。

　同部は、「科学者が、研究所の外で、自主資金と自身が開発した科学技術を用いて、自主的に経営を行う」ことをうたっており、いわばベンチャー企業の原型のような組織であった。83年には、中国科学院が、陳研究員の助言に基づ

き、北京市海淀区政府との連携の上、科学技術研究成果の産業化を目的とする「科学技術発展センター」を設立した。現在の中関村科技園区の原点ともいえる。

こうした科学技術研究成果の産業化に向けた動きは、中関村域内の各地に広がった。80年代半ばには、中国科学院などの研究機関からスピンオフした形でのハイテク型の民営企業が相次いで設立された。例えば、「科海」（1983）、「京海」（1983）、「四通」（1984）、「信通」（1984）等などの企業である（カッコ内は設立年）。86年末までに、中関村における民営ハイテク企業数は100社近くに達し、さらに、電子製品を扱う企業群が集積する「中関村電子街」が次第に形成されていった。

こうした中で、ハイテク産業の集積地域をサポートする機運が高まったこともあり、88年5月、中国政府は「北京市新技術産業開発試験区暫定条例」を公布、中国初の国家レベルのハイテク産業開発区が中関村に誕生した。国家レベルでの中関村に対するサポートに加え、92年における鄧小平による南巡講話を通じ、中国の改革開放に向けた足取りが加速化したこともあり、中関村に立地する企業数は、90年代初頭から大きく増加した。

図2—1　中関村科技園区に立地するハイテク企業数

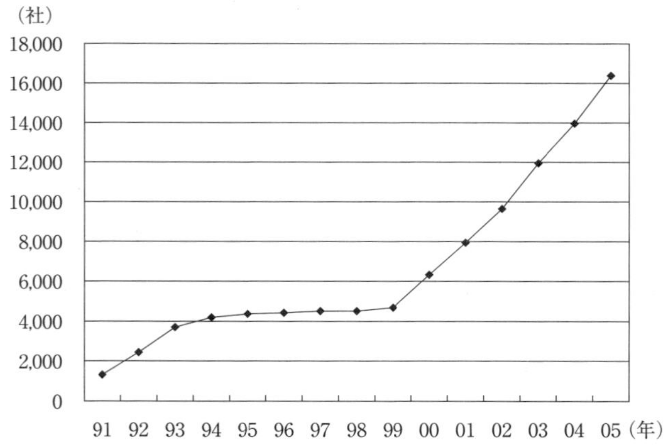

資料：中関村科技園区管理委員会

97年11月には、試験区を管理する主体として、「北京市新技術産業開発試験区管理委員会」が設立された。
　その後、北京市政府は97年10月、「民営ハイテク企業発展奨励に関する若干の規定」を発表、民営ハイテク企業の発展に向けて、研究開発、生産面での設備投資に絡む固定資産投資方向調節税を免除したほか、新製品、新技術開発に要した費用を課税対象額から控除するなどとした。続いて北京市は99年4月、「北京市のハイテク産業発展のさらなる促進に関する若干の政策」を発表した。同政策のポイントは、ハイテク企業、ハイテク技術の成果の産業化プロジェクトに必要な北京市外の専門的な人材に対し、北京市民としての待遇を付与するとともに、3年間継続して業務に携わった場合には北京市戸籍を取得可能とするなど、ハイテク人材の北京での定住を促進する内容となっていた。
　中国政府も99年6月、科学技術部および北京市政府による「科学教育立国戦略の実施、中関村科技園区建設の加速に関する提案」に対する回答の中で、中関村科技園区の建設について原則的に同意するとともに、「中国の特色ある中関村科技園区を創設し、全国のハイテク産業の発展に対し、模範的な役割を果たす」よう求めた。

写真2—1　中関村科技園区管理委員会の看板

これを受け、北京市を中心に中関村科技園区設立に向けた動きが加速、同8月には、従来園区を管轄していた「北京市新技術産業開発試験区管理委員会」が「中関村科技園区管理委員会」へと名称を変更し、現在の中関村科技園区体制が正式にスタートした。
　さらに、2001年1月には北京市政府による「中関村科技園区条例」が施行された。同条例は園区内での企業の発展を法律的な面から保証するものであり、園区における最も重要な法規となった。同条例の第7条には「法規にて禁止されていない活動に従事することができる」と、園区内での企業の自由な活動を保証する内容となっており、園区内での企業活動の自由を政策面からもサポートしている。
　このように、中関村科技園区の体制や園区内での投資環境の整備が進んだこともあり、園区内に進出する企業数は、2000年以降飛躍的に増加し、現在でもその勢いが続いている。

### 中関村発展の現状

　88年の設立後、18年間の発展を通じて、中関村科技園区は大きな発展を遂げ、北京市内において「科学技術、知力、人材、情報資源が最も集積している地域」（中関村科技園区管理委員会）となっている。現在園区内には、北京大学、清華大学をはじめとする大学が39校あり、在校生は約40万人にのぼる。また中国科学院などの各種研究機関は213カ所、そのうち国家レベルの研究センターが75カ所、国家レベルの重点試験室が71カ所あるなど、国家レベルの研究開発拠点が園区内に集中している。また2005年現在、中関村に設立された企業数は1万6452社、従業員数は69万1000人に達している。
　園区における企業の形態別の内訳としては、最も多い形態が有限責任公司の形態であり、全体の49.2％を占めている。第2位の私営企業の形態（29.9％）を合わせると、80％近くの企業形態が民営形態である。
　なお外資系企業の比率は全体の10.5％を占めている。特に同園区内では、多国籍企業が設立したR&Dセンターは112社あり、うち65社は国際的な大企業が設置したR&Dセンターとなっている。一方で、国有企業の比率は3.1％と

写真2—2　朝の通勤時間の中関村

極めて低い。

　人材面では、69万1000人の従業員のうち、短大以上の学歴を有している人の割合は3分の2に達している。また研究開発に携わる人材は14万4000人と、全体の従業員数の20.8％を占める。

　2005年における園区の工業総生産額は、前年比39.1％増の2609億2000万元と大きく増加した。また企業による総収入額も、同32.1％増の4876億8000万元となっている。2005年における収入額を企業規模別でみると、うち1億元以上の収入のあった企業数は556社、10億元以上の企業数は79社であった。また100億元以上の収入を記録した企業は、諾基亜（NOKIA）首信通信有限公司（492億9000万元）、聯想（北京）有限公司（LENOVO）（196億9000万元）、北京神州数碼有限公司（119億4000万元）の3社である。

　既に園区内の上場企業数は80社を数え、うちアメリカのNASDAQ市場にも15社が上場している。また中関村科技園区管理委員会の説明によれば、国外のベンチャーキャピタルによる対中国投資の半分は中関村への投資となっている。

　園区の企業総収入に占める各園の比率をみると、中関村の発祥地である海淀園の比率が51.0％と引き続き50％以上を占めている。次いで、亦庄科技園が20.5％、第3位は豊台園の12.3％となっている。

図2—2　中関村の総収入額に占める各園の比率

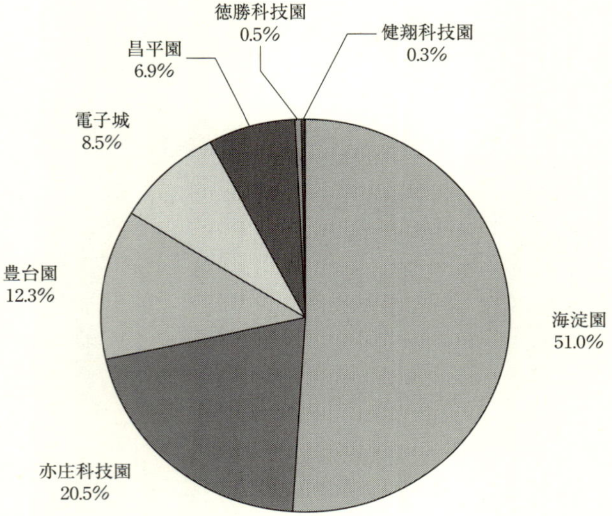

- 徳勝科技園 0.5%
- 健翔科技園 0.3%
- 昌平園 6.9%
- 電子城 8.5%
- 豊台園 12.3%
- 亦庄科技園 20.5%
- 海淀園 51.0%

出所：『2005年中関村科技園区経済発展総述』

　18年におよぶ発展を通じて、園区では、ソフトウェア、集積回路、パソコン、ネットワーク、通信などを軸とする産業集積が形成されつつある。園区管理委員会の報告によれば、中関村で生産される製品について、デスクトップ型PCの生産は中国全体のシェアの40％以上を占めるほか、ノートブックPCの生産シェアの25％以上、ソフトウェア輸出の2分の1以上を占めている。

　また全国に53カ所設置されている国家レベルの高新技術産業開発区（ハイテク産業開発区）における中関村科技園区の位置づけをみても、園区内におけるハイテク企業数は開発区全体のハイテク企業総数の38.9％を占めるほか、企業による販売収入額は同じく53カ所の開発区全体の企業販売収入総額の14.1％を占めるなど、園区は、中国随一の科学技術の集積地域としての地位を年々強化している。

### 園区の範囲が拡大

　そもそも「中関村」とは、北京市北西部の一角を称するにすぎない地名で

写真2-3　再開発された中関村電子街

写真2-4　中関村電子街のデジタル広場

あったのだが、99年の「中関村科技園区」への名称変更、また同園区自体の拡大に伴い、「中関村」という名称は単なる地名から、同園区の優遇政策を享受できる地域の総称としての位置づけにシフトしている。2000年初頭の段階では、

中関村科技園区が包括する範囲は、5園（海淀園、昌平園、豊台園、電子城、亦庄園）であった。その後2002年には新たに徳勝園が、2003年には健翔園が設立され、1区7園体制にまで拡大した。

その後、中国全体の開発区の整理・統合の流れの中で、中関村科技園区についても、その面積・範囲について国家レベルでの調整が行われた。その結果、国家発展・改革委員会の2006年第3号公告（2006年1月17日付）に基づき、中関村科技園区の範囲等について中央政府より新たな基準が加えられた。これに基づき、2006年には新たに「石景山園」「通州園」「雍和園」「大興生物医薬基地」が科技園区の範囲に含められる形となった。

現在では、中関村科技園区が包括する範囲は、1区11園、総面積は232.5km²にまで拡大することになり、中関村型発展モデルは、北京市内のみならず、北京市の郊外においても実践され始めている。

### （2） 各園の特徴

1区11園体制にまで拡大した中関村科技園区であるが、それぞれの園区の特徴を簡単に述べたい。

「海淀園」は中関村発祥の地域である。計画面積は133km²と、科技園区の面積全体の57.2％を占めており、引き続き園区の中心として発展を遂げている。科技園区全体を統括する「中関村科技園区管理委員会」も同園に所在している。

「昌平園」は、北京市北西部に位置する昌平区に位置する。91年に「北京市新技術産業開発試験区昌平園」として設立された。主な業種としては、バイオ医薬、オプティカル、IT、環境保護産業、新素材の開発の5大産業を柱としている。

「豊台園」は北京市南西部の豊台区に位置し、電子情報、バイオ医薬、先端製造業、新素材の4産業を柱としている。技術レベルの高い多国籍企業の地域本部、ハイテク企業の本部、北京以外に所在する国内企業の管理本部、生産本部、その他高付加価値型企業の誘致を行う。

「電子城」は北京市東部の酒仙橋、望京地区に位置し、通信、PC、ソフトウェア、ディスプレー、ブラウン管、デジタルメディアなど、ハイテク産業群

表2—1　中関村科技園区の概況

| 名称 | 審査後の確定面積 [km²] | | 主要産業 |
| --- | --- | --- | --- |
| | 総面積 | うち集中新建区面積 | |
| 中関村科技園区 | 232.5 | 100.7 | |
| 海淀園 | | | 電子情報、オプトエレクトロニクス一体化、新素材 |
| 徳勝園 | 133.1 | 20.8 | 電子情報、新素材、オプトエレクトロニクス一体化 |
| 昌平園 | | | 新エネルギー・高効率省エネ、電子情報、新素材 |
| 豊台園 | 8.6 | | オプトエレクトロニクス一体化、電子情報、新素材 |
| 電子城 | | | 電子情報、オプトエレクトロニクス一体化、新素材 |
| 亦庄園 | 11.5 | 11.5 | 電子情報、オプトエレクトロニクス一体化、バイオ医薬、医療器械 |
| 石景山園 | | | 電子情報、新エネルギ・高効率省エネ、オプトエレクトロニクス一体化 |
| 大興生物医薬基地 | 8.2 | 8.2 | バイオ医薬、医療器械 |

注：①徳勝園の面積には、雍和園の面積3 km²を含む
　　②電子城の面積には、健翔園の面積4.04km²を含む
　　③亦庄園の面積には、通州オプトエレクトロニクス一体化園区の面積7.5平方キロ、通州環境保護園区の面積7 km²を含む
　　④亦庄園の面積には、北京経済技術開発区として、既に公告された面積26.78km²を含む
　　⑤「集中新建区」とは、ハイテク産業開発区において、企業の進出対象地域であり、開発区管理委員会は、企業が進出する上で良好な投資環境を提供するべく、開発を進める地域である。一方で、「政策区」と呼ばれる地域は、既に都市部における開発が進んでおり、新規開発を行わない地域である。
出所：国家発展改革委員会ウェッブサイト

が形成されている。北京市としては、今後は通信ネットワーク設備、オプトエレクトロニクスディスプレー、ソフトウェア、ネットワーク情報サービス、自動化電力設備などの発展を目指していく。

　「亦庄園」は国家（北京）通信産業園の所在地であり、ハイテク産業の大規模生産製造を中心的に担っている。同園内には、中関村科技園区内で最大の収入額を誇る諾基亜（NOKIA）首信通信有限公司が携帯電話の生産を行ってい

写真2—5　海淀園／上地情報基地

写真2—5　豊台園

る。北京市としてはネットワーク通信、集積回路、オプトエレクトロニクスディスプレー、バイオ医薬、機械設備を今後の発展の中心として位置づけている。

　「徳勝園」は2002年に設立された。情報コンサルティングサービス、工業設計など、サービス分野の発展を主に担っている。

写真2—7　電子城のソニーエリクソン

「健翔園」は2003年に設立された。各種展示会、国際会議などを実施するための会議・展示センターなどの施設が充実しているのが特徴である。その他、電子情報産業、生命産業などが、同園区の主な産業として掲げられている。

「石景山園」は2006年8月に、中関村科技園区に組み込まれた。同区には中国を代表する鉄鋼企業「首鋼」があるが、北京オリンピックなどの環境問題により、現在河北省・唐山市沖の小島「草妃甸」地域への移転作業が続いている。そのため同区では、首鋼移転後の産業の空洞化を懸念する声が強まった。こうした中、中関村科技園区では石景山園の発展産業として、国家のデジタルメディア産業基地、デジタル娯楽産業模範基地としての役割を付与した。現在同園では動画漫画の制作センター、オンラインゲーム制作センター、モバイルゲーム制作センターなど八つのセンターの建設が進んでいる。

「大興生物医薬基地」は2006年1月に中関村科技園区入りした地域である。その名のとおり、バイオ医薬産業を中心産業としており、製造、検査　国内外の大型バイオ企業の同基地内での受入を目指している。

「通州園」は2006年5月に中関村科技園区入りした。通州園は、オプトエレクトロニクス一体化産業基地と通州環境保護産業園から成り立っており、環境保護産業、自動車電子を中心産業として位置づけている。

図2―3　中関村科技園区計画見取り図

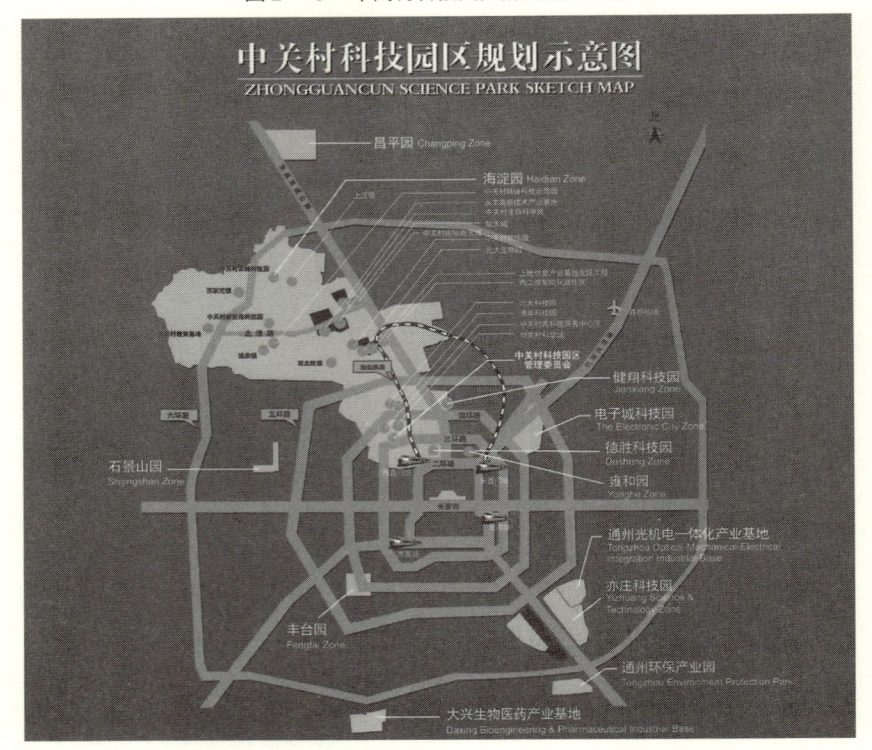

出所：図2―1と同じ。

「雍和園」は2006年9月に設立、中関村科技園区の中では唯一、市中心部に位置する二環路以内に位置する園区である。同園区は、「国家オンラインゲーム動画漫画産業（北京）発展基地」として位置づけられており、石景山園と並んでコンテンツ産業の発展を担うことになっている。

11園内には、この他中関村国家軟件産業基地、永豊ハイテク産業基地、中関村環境保護科技模範園、中関村創新園、中関村生命科学園など、「基地」と呼ばれる拠点も数多く設置されており、中関村科技園区は、「1区多園多基地」モデルの下で、今後引き続き発展を続けていくことになる。

なお、科技園区内では、様々な優遇措置が施行されている。

表2—2　中関村科技園優遇政策概要

| 項目 | 優遇政策 |
|---|---|
| 会社登録 | ①法律や法規により、特に審査が必要な経営項目を除き、工廠行政管理部門が企業の登記を受理する際は、経営項目を特定することはせず、企業は自主的に経営項目を選択し、事業活動を行うことができる。<br>②ハイテク技術の成果を資本として、会社を設立する場合、登録資本・株式に占めるハイテク技術成果資本の割合に特段の制限はない。 |
| 税制面 | ①ハイテク企業として認定された企業は、所得税を15％に減免。輸出比率が40％以上に達した場合はさらに10％に減免。<br>②ハイテク企業は、設立後3年間は所得税免税、4～6年目は、所得税率を半減。<br>③ハイテク企業が、当該年に支出した技術開発費が、前年比で10％以上増加した場合、実際に要した技術開発費の50％を、同年の課税対象所得額から控除可能。<br>④ハイテク企業が譲渡方式で土地を取得する場合には、固定資産投資方向調節税を免除するとともに、譲渡価格も通常の75％とする。都市インフラ施設「四源費」と市政費は半額を徴収。<br>⑤ソフトウェア、半導体産業の増値税の3％を超える部分については、納税即還付の政策を実施。 |
| 融資面 | ①ハイテク企業は、政府による技術革新資金、リスク投資資金、担保資金の支援を優先的に享受。<br>②リスク投資機関は有限パートナー制を取る事が可能。<br>③中小ハイテク企業のプロジェクトに関し、1000万元を限度として、企業側負担：北京市側負担＝1：1以内の割合で支援。<br>④中小企業の技術革新に関わる借入金利息の50％を補助。<br>⑤帰国留学生が起業した企業に対し、100万元内の少額貸付担保を実施。<br>⑥創業して3年以内のハイテクベンチャー企業に対し、最高200万元を投資。 |
| 財務面 | ①新技術並びに新技術製品開発に使用する機器、設備については、「高速減価償却」を実施可能。 |

資料：日本貿易振興機構（JETRO）北京センター『北京市概況』2005／2006年、などより作成。

（3）　大学科技園と帰国留学生

　中関村科技園区の特徴の一つとしてあげられるのは、園区内に、大学が設立した科技園（サイエンスパーク）が集積していることである。2005年末現在、園区内には11の大学科技園[1]が所在している。加えて、中関村園区外に科技園

の本部があるものの、園区内にもその支部を設けている科技園を含めると、園区内には14カ所の大学科技園[1]が所在している。2005年末時点で、これら14カ所の科技園に投入された建設資金は約78億元、うち政府資金は3億5000万元にすぎず、資金の95.5％は、大学あるいは社会から集めたものである。大学科技園の累計建設面積は205万$m^2$、入園企業数は1368社、2005年における販売収入総額は202億8300万元に達している[2]。

大学科技園は園区内のインキュベーションの拠点となっている。各科技園の状況をみると、清華大学科技園の建築面積は、55万9000$m^2$と、全国の国家レベルの大学科技園の建築総面積（500万4911$m^2$）の10％以上を占める大規模な施設を有している。

加えて、例えば清華大学や北京航空航天大学の科技園では、100社以上の企業が、インキュベータに入居している。インキュベータ入居企業による収入総額をみても、北京科技大学科技園は11億元に達するなど、科技園を通じたインキュベーション活動は、大きな経済的な付加価値も生み出しつつある。またインキュベータから卒業した企業数では、国家レベルの大学科技園の中で、北京理工大学科技園、清華大学科技園より卒業した企業数が1位、2位を占めている。

### 帰国留学生が活躍

中関村の活力を支えているのは、多くの中小企業であるが、現在中関村科技園区内には、ハイテク型の企業を育成するためのインキュベーション施設が40カ所以上設置されている。

中でも中関村の発展を支えているのは、海外からの帰国留学生である。中関村科技園区管理委員会の紹介によると、中関村内で創業した留学生は8400人、留学生が創業した企業数は3300社に達しており、同園区内のハイテク企業の5社に1社は留学生が設立した企業である。加えて、帰国した留学生の40％は博士号を、40％は修士号を取得しているなど、帰国留学生の多くは技術力を有するハイレベルの人材である。

現在、園区内には留学生の起業を促進するためのインキュベーション施設が

表2―3 北京市内の国家レベル大学科技園における概況
（インキュベータ入居企業数順）

| 科技園名 | インキュベータ基金総額（千元） | 建築面積（m²） | インキュベータ入居企業数（社） | インキュベータ入居企業における雇用者数（人） | インキュベータ入居企業収入総額（千元） | インキュベータより卒業した企業数（社） |
|---|---|---|---|---|---|---|
| 清華大学科技園 | 0 | 559,000 | 170 | 4,444 | 403,140 | 70 |
| 北京航空航天大学科技園 | 0 | 26,666 | 104 | 2,037 | 203,540 | 39 |
| 北京科技大学科技園 | 6,746 | 70,200 | 95 | 3,200 | 1,100,000 | 42 |
| 北京大学科技園 | 0 | 15,000 | 79 | 734 | 11,642 | 9 |
| 北京理工大学科技園 | 3,000 | 105,000 | 76 | 823 | 650,000 | 76 |
| 北師大―北中医大学科技園 | 0 | 51,000 | 61 | 682 | 123,410 | 3 |
| 北京郵電大学科技園 | 3,000 | 60,000 | 43 | 639 | 542,100 | 12 |
| 北京化工大学科技園 | 230 | 57,500 | 41 | 980 | 150,000 | 10 |
| 北京工業大学科技園 | 1,900 | 108,740 | 23 | 370 | 149,500 | 25 |

出所：科学技術部火炬高技術産業開発中心ウェッブサイト

20ヵ所以上設置されている。主な施設としては、海淀留学人員創業園、中関村国際孵化園、北京大学留学人員創業園、清華大学留学生創業園、北京航空航天大学留学人員創業園、北京科学大学留学生創業パーク、中関村ソフトウェア国際インキュベータ、北京望京留学生創業園などがある。

このうち、海淀留学人員創業園、北京望京留学人員創業園は、中国の国家レベルの留学人員創業園として指定されている。そのうち海淀留学人員創業園は、97年10月に設立した北京で第1号の帰国留学生を専門に対応するインキュベーション施設である。園内のインキュベーション施設の面積は8万 m²となっており、また入居時の家賃も、60m²以内の面積であれば、入居1年目は20％、2年目は40％、入居起源の最終年度にあたる3年目は60％徴収と、家賃の軽減

写真2—8　電子城の望京留学人員創業園

写真2—9　望京留学人員創業園のオフィス

も受けられる仕組みとなっている。

　一般にインキュベーション施設における入居期間は3年であり、3年間を終了すると、発展区など他地域に移転していく。2003年には、園内に「バイオ医薬園」を新設し、バイオ医薬分野における留学生による起業を促進する体制作りを進めている。

中関村科技園区管理委員会では、海外の優秀な留学生を呼び込み、園区内での創業を促すべく、海外に事務所を開設している。現在開設されている事務所は、シリコンバレー、東京、ロンドン、トロント、メリーランドの5カ所となっている。
　加えて、帰国留学生の起業を支援するべく、中関村科技園区管理委員会の中に、2000年7月、留学生創業サービス本部が設置された。サービス本部は科技園区において、留学生が帰国創業する際のコンサルティング、調整、苦情処理などを担当している。

**園区内の各種資源を有効活用**
　中関村科技園区の優位性としてあげられるのが、園区内に多数所在する大学、研究機関の存在である。近年、こうした大学や研究所の実験施設などを、園区内に進出している企業に積極的に活用してもらう動きが広がりつつある。これまでも、園区内に設置されている大学の科技園内では、科技園内に進出した企業に対し、大学の実験室等を利用できるよう便宜を図る動きが出ていたが、園区管理委員会では中関村の枠組みの中で、実験施設などの共有化を図る方針を示している。
　これに関連し、2007年1月1日からは「中関村開放実験室実施試行弁法」が施行され、園区内の企業に対し、指定された実験室を開放するとともに、政府からも、実験室の提供主体、実験室を利用する企業に対する資金面での支持を提供することになった。そして、第1号として八つの大学・研究所の実験室が開放型実験室として指定された。加えて、第2次の開放型実験室として今後新たに26の実験室が指定される予定となっている。
　実験室など園区内の施設の共用化に向けた動きは、中関村における新たな産学連携のモデルとして今後の展開が注目される。

**（4）　今後の成長に向けた課題**
　88年の設立以来、18年にわたる発展を遂げてきた中関村科技園区は、これまで多くのハイテク企業を誕生させてきた。園区内では、毎日平均8社のハイテ

表2—4 中関村の開放型実験室第1号リスト

| 実験室名 | 所在地 |
|---|---|
| 北京大学身処理器・システム研究開放実験 | 北京大学内 |
| 北京大学細胞分化・細胞工程実験室 | 北京大学内 |
| 清華大学環境模擬・汚染コントロール国家重点連合実験室 | 清華大学内 |
| 清華大学分析中心 | 清華大学内 |
| 北京市腐蝕磨耗・表面技術重点実験室 | 北京科技大学 |
| 教育部金属電子信息材料工程研究中心 | 北京科技大学 |
| 国家専用集積回路設計工程技術研究中心 | 中国科学院自動化研究所 |
| 蛋白質・ペプチド薬物実験室 | |

出所:表2—3と同じ。

ク企業が誕生していると言われている。しかし、その一方で、毎日平均で4～5社の企業が消滅すると言われるほど、同園区の事業競争環境面では厳しい側面もある[3]。特に園区内のハイテク企業が直面する大きな課題として、規模拡大に向けた資金調達の問題があげられる。

中関村科技園区では、早期から中小ハイテク企業の融資難の問題に取り組んできた。99年には、科技園区管理委員会の主導で「北京中関村科技担保有限公司」が設立された。主に成長力のあるハイテク中小企業に対する融資担保を提供してきた。

また各企業の信用度合を明確化するべく、2003年には「中関村企業信用促進会」を設立、信用評価機関による評価(格付け)が一定基準以上の会社には、同会の会員となる資格を与えるとともに、担保会社や銀行に対し、会員が資金を必要とした場合の働きかけをする役割を担っている。

また、ベンチャーキャピタルの設立にあたっても、投資総額に占めるハイテク技術の成果に関するプロジェクトへの投資金額が70%以上に達する場合は、企業所得税の50%を北京市の財政から補填してもらえるなどの優遇措置が取られている。

こうした努力にもかかわらず、園区内のハイテク企業の資金不足は深刻な状態が続いている。2005年に北京民営科技実業家協会、北京市社会科学院中関村発展研究中心が中関村のハイテク企業に対しアンケート調査(回収企業数、1012社)[4]したところ、中関村のハイテク企業の存続期間が極めて短いことが

明らかとなった。アンケートによれば、設立より3年未満の企業が全体の26.3％、3～5年の企業が50.5％と、回答のあった企業のうち76.8％の企業が、設立登録後5年未満の新しい会社である。一方で、設立登録後10年以上経過している会社はわずか7.2％にすぎない。中関村におけるハイテク企業は、設立はしたものの、長期的な発展が難しい状況にある。

同様のアンケートで、企業の発展を制約する主要な要因について問うたところ、49.5％の企業が「資金」をあげており、資金の問題が企業を発展させる上でのボトルネックとなっている状況にある。

こうしたハイテク企業の資金調達の手段に関する質問（複数回答）について、964社の回答企業のうち、733社が内部蓄積を通じた資金調達をあげた。一方で、銀行・信用社からの借り入れ、政策金融を通じた借り入れをあげた企業はそれぞれ406社、137社、資本市場からの調達をあげたのは148社となっている。その他、171社の企業は、「民間借り入れ」（地縁、血縁等を通じた資金融通）をあげるなど、園区内に所在するハイテク企業の資金調達手段が未だ確立していない実態が明らかとなった。

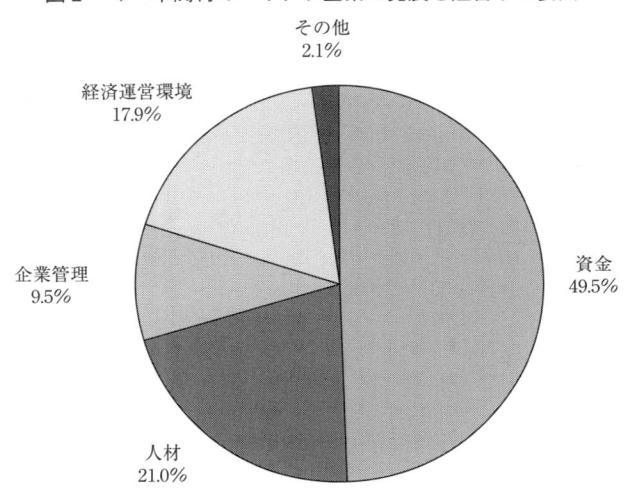

図2－4　中関村のハイテク企業の発展を阻害する要因

その他 2.1％
経済運営環境 17.9％
企業管理 9.5％
人材 21.0％
資金 49.5％

出所：図2－2と同じ。

一方で、園区側が音頭を取って実施している各ハイテク企業の格付認定事業について、こうした活動に参加していない企業は657社と、回答企業総数の71.6％に達している。園区内の各企業は誕生間もない企業も多く、加えて金融面での専門の人材も不足していることから、資金調達に向けた情報収集、様々な資金調達ツールの活用などの面で対応が十分でない点も指摘される。

　今後ハイテク企業の融資難の解消に向けて、政府サイドとしてもハイテク企業に対する資金調達情報伝達の充実化、融資手段の多様化、充実化によりいっそう取り組んでいく必要があろう。

## 2. 校弁企業の展開

### （1）　校弁企業発展の経緯

　中国では、改革開放以降、大学発のビジネスがにわかに勃興した。大学発ビジネスが急拡大した背景には、中国政府が財政の不足を補うべく、大学や研究機関に対し企業を設立することを認可したことがあげられる。一般に大学が設立した企業は「校弁企業」と呼ばれており、90年代に入ると大学の名前を冠した有名企業が数多く誕生、上海や深圳の証券市場に上場を果たす企業も出始めた。中国の大学発ビジネスの展開は、一躍世界の注目を集めることになった。特に中国では大学・研究所に、科学技術の研究成果が蓄積されているケースが多いため、大学による企業の設立は科学技術の成果を商品化・産業化するための早道とみなされていた。

　他方で、そもそも研究・教育機関としての役割を果たすべき大学が、ビジネスの世界に関与したことによる弊害も出始めている。特に指摘されている問題としては、①校弁企業における所有権の不明確性、②企業の経営リスクの大学経営への影響、③大学側の企業に対する過度な干渉、などがあげられる。

　所有権の問題においては、特に校弁企業においては、科学技術開発の成果を株式に転換したケースも多いなど、企業の資産を、大学と大学以外の資産に分離する上で、難しい問題をはらんでいる。また学校が設立した企業が無限責任会社である場合、企業の経営上の責任が全て大学に帰せられることになり、本

来教育と研究の拠点である大学が、自らが設立した企業の経営上の問題により、倒産してしまう恐れも指摘されていた。その他、大学の教職員が、校弁企業の経営者を兼任するケースが多く、このことは校弁企業のガバナンスにも大きな問題を投げかけていた。

こうした状況を踏まえ、中国政府も校弁企業の改革に本格的に乗り出した。2001年11月には、中国政府は「北京大学および清華大学の校弁企業管理体制の試験的ルール化に関する指導意見」を発表した。同意見では、特に北京大学と清華大学をテストケースとして、校弁企業の改革に向けた指針、その具体策が示されている。

この後、北京大学、清華大学においては、有限責任会社の形で、資産経営会社を設立（北京大学では「北大資産経営有限公司」、清華大学では「清華控股有限公司」）し、校弁企業をその傘下に置いたほか、人事面でも大学の教職と企業との兼職を原則禁止するなど、様々な方面から校弁企業の改革が進められた。

その後2005年11月には、教育部より「高校科技産業の積極的な発展、規範管理に関する指導意見」が発表された。同意見では、北京大学、清華大学における校弁企業改革の経験を踏まえ、中国全体で校弁企業の改革を進めるべく、その指針を示している。同意見では各大学に資産経営会社を設立するとともに、

表2—5　北京大学および清華大学の校弁企業管理体制の試験的ルール化に関する指導意見のポイント

| |
|---|
| ①大学は、管理する国有資産について、資産の価値を保持する責任を有し、経営性国有資産に対して出資者としての権限を行使するが、企業の正常な経営活動には関与しない。 |
| ②大学は法に基づき、資産経営会社を設立、大学を代表して、校弁企業や学校の対外投資における株式権を保有し、経営に責任を持ち、監督・管理を行う。 |
| ③資産経営会社設立後は、大学と企業との関係を厳格にルール化し、大学は直接対外投資や、経営活動にタッチしない。大学は国有資産の管理者としての役割のみを果たす。 |
| ④大学は、資産査定の基礎の下、現在の校弁企業の資産を無償で、資産経営会社に譲渡する。 |
| ⑤資産経営会社以外、大学の各学部やその他機関は、いかなる形であっても投資経営活動を行ってはならない。 |
| ⑥資産管理会社以外には、今後校弁企業の名称に、学校名を付けてはならない。既に学校名をつけている場合でも、これを整理しなければならない。 |
| ⑦大学側から企業に移転する人員については、原則的には大学における身分を残さず、労働人事関係も、企業側に属することとなる。 |

資料：筆者作成

同会社に学校の全ての経営性資産を移管し、2006年中に校弁企業の改革に目処をつけるよう求めている。

（2） 校弁企業の現況

『2005年度中国高等学校校弁産業統計報告』によると、全国の校弁企業数は整理統合が行われたこともあり、ここ数年減少の一途をたどっている。2005年時点での校弁企業数は4311社にまで減少した。

一方で、企業収入は年々増加しており、2005年の収入総額は1071億元と初めて1000億元の大台を突破した。

地域別でみると、北京の収入総額が517億5000万元と全体のシェアの48.7％を占め、2位の上海を引き離し、第1位となっている。大学別でみると、北京大学、清華大学の収入が群を抜いている。

また各企業別（科学技術関連企業）上位をみると、北大方正集団が258億8093万元と第1位であり、第2位には清華同方股份有限公司が98億8000万元、

表2―6　中国の校弁企業の経営状況の推移

| 区分 | 企業数（社） | 収入総額（億元） | 利益総額（億元） | 純利益（億元） | 税金納付額（億元） | 学校側への還元額（億元） |
|---|---|---|---|---|---|---|
| 2001年 | 5,039 | 603.0 | 48.2 | 35.3 | 28.4 | 18.3 |
| 2002年 | 5,047 | 720.1 | 45.9 | 35.3 | 36.3 | 17.2 |
| 2003年 | 4,839 | 826.7 | 43.0 | 28.0 | 38.7 | 18.0 |
| 2004年 | 4,563 | 969.3 | 49.9 | 29.5 | 48.7 | 17.5 |
| 2005年 | 4,311 | 1,071.3 | 55.6 | 37.0 | 48.1 | 21.0 |

出所：『2005年度中国高等学校校弁産業統計報告』

表2―7　校弁産業の収入総額（地域別）

| 地域 | 収入額 | シェア |
|---|---|---|
| 北京市 | 517.5 | 48.3 |
| 上海市 | 88.0 | 8.2 |
| 浙江省 | 62.2 | 5.8 |
| 江蘇省 | 57.0 | 5.3 |
| 遼寧省 | 48.8 | 4.6 |
| 全国 | 1071.3 | 100.0 |

出所：表2―5と同じ。

第3位は浙江浙大網新信息控股有限公司が48億5000万元となっている。上位10位をみると、さらに清華大学関連企業が4位と9位にランクインしており、北京大学、清華大学が上位を占めていることがわかる。

　利潤総額をみると、収入総額では上位を占めてこなかった北大資産経営有限公司や清華控股有限公司が上位に名を連ねる形となる。これらは、いずれもそれぞれ北京大学と清華大学の校弁企業を取りまとめるホールディング・カンパニーの役割を果たしていることから、傘下の企業における利益が、これら両者に還元されているものと考えられる。

表2—8　校弁企業の収入総額（2005年：大学別上位10位）

（億元）

| 大学 | 収入総額 | うち科学技術関連企業の収入額 | 収入総額／科学技術企業収入額 | 利潤総額 | 科学技術型企業の利潤総額 |
|---|---|---|---|---|---|
| 北京大学 | 267.6 | 264.5 | 98.9 | 6.7 | 7.2 |
| 清華大学 | 198.3 | 189.9 | 95.8 | 4.3 | 3.4 |
| 浙江大学 | 57.3 | 52.3 | 91.3 | 0.8 | 0.8 |
| 東北大学 | 35.3 | 34.9 | 98.7 | 1.7 | 1.7 |
| 中国石油大学（華東） | 30.1 | 28.7 | 95.4 | 0.3 | 0.3 |
| 武漢大学 | 22.8 | 22.7 | 99.7 | 1.1 | 1.1 |
| 復旦大学 | 22.7 | 19.1 | 83.9 | 2.2 | 1.7 |
| 同済大学 | 22.4 | 21.1 | 94.1 | 0.8 | 0.7 |
| ハルビン工業大学 | 20.2 | 19.5 | 96.3 | 0.6 | 0.6 |
| 西安交通大学 | 18.1 | 15.7 | 86.6 | 0.5 | 0.5 |

出所：表2—5と同じ。

表2—9　校弁企業の収入総額（企業別上位10位）

（億元）

| 大学 | 管轄大学 | 収入総額 |
|---|---|---|
| 北大方正集団有限公司 | 北京大学 | 258.8 |
| 清華同方股份有限公司 | 清華大学 | 98.8 |
| 浙江浙大網新信息控股有限公司 | 浙江大学 | 48.5 |
| 清華紫光股份有限公司 | 清華大学 | 34.1 |
| 東軟集団有限公司 | 東北大学 | 28.3 |
| 山東石大科技集団有限公司 | 石油大学（華東） | 21.6 |
| 武漢凱迪電力股份有限公司 | 武漢水利電力大学 | 18.9 |
| 西安交通大学産業（集団）総公司 | 西安交通大学 | 14.5 |
| 誠志股份有限公司 | 清華大学 | 14.1 |
| 武漢華中科技大産業集団有限公司 | 華中科技大学 | 11.7 |

出所：表2—5と同じ。

表2—10　校弁企業の利益総額上位10位（地域別）

| 大学 | 管轄大学 | 利益総額<br>(億元) | 純利益総額<br>(億元) |
|---|---|---|---|
| 北大方正集団有限公司 | 北京大学 | 8.50 | 4.27 |
| 北大資産経営有限公司 | 北京大学 | 3.18 | 3.18 |
| 清華同方股份有限公司 | 清華大学 | 2.27 | 1.05 |
| 東軟集団有限公司 | 東北大学 | 1.98 | 1.37 |
| 浙江浙大網新信息控股有限公司 | 浙江大学 | 1.61 | 0.34 |
| 武漢凱迪電力股份有限公司 | 武漢水利電力大学 | 1.24 | 1.03 |
| 石家庄永生華清液晶有限公司 | 清華大学 | 0.97 | 0.65 |
| 啓迪控股股份有限公司 | 清華大学 | 0.88 | 0.55 |
| 上海同済科技実業股份有限公司 | 同済大学 | 0.87 | 0.28 |
| 清華控股有限公司 | 清華大学 | 0.82 | 0.82 |

出所：表2—5と同じ。

## 3．清華大学の産学連携

　清華大学は、前身を清華学堂といい、1898年～1901年に発生した義和団の乱に際し、当時の清国政府が米国に支払った賠償金の一部を利用して建設された大学である。当時は米国留学の予備校としての役割を果たしていたが、1925年には大学学部が設置され、1928年には国立清華大学に改名された。日中戦争期間中は、戦火を逃れるため、湖南省・長沙や雲南省・昆明に移転し、北京大学、南開大学とともに、国立長沙臨時大学、国立西南聯合大学を設立した。戦争終了後の1946年にはキャンパスを現在地に戻した。

　新中国成立後、1952年における全国大学の学部調整により、清華大学は工業関連の学部を有する大学に調整され、主にエンジニアリング技術人材を養成する大学と位置づけられた。その後、78年の改革開放前までは理工系専門の大学であった。

　改革開放以降は、経済、管理、法学などの学科を再び設け、総合大学としての道を再び歩み始めた。2001年には医学院を開設、2004年には航天（宇宙）航空学院を設けるなど、多方面の学部展開を行っている。現在大学内には、13の

学院、54の学科が設けられるなど規模の拡大が続いている。在学生の数は、大学生、大学院生を併せて3万2000人、教員の8000人を合わせると約4万人の学生・教員数を有する。

現在の中国共産党の最高指導部（中央政治局常務委員）9人のうち、胡錦涛国家主席、呉邦国全国人民代表大会常務委員長、黄菊国務院副総理、呉官正中央紀律検査委員会書記の4人が清華大学の卒業生であるなど、清華大学は中国の国家指導者を輩出する大学としても知られている。

### （1） 産学連携の歩み

清華大学の産学連携への取り組みは、80年に全国の大学第1号の科学技術型企業である「清華技術服務公司」を設立したのが始まりである。88年には総合型の科学技術型企業として、現在の清華紫光集団の原型である「清華大学科技開発総公司」が設立された。その後90年代を通じ、清華大学の産学連携活動は活発化、94年8月には、「清華科技園発展中心」が設立され、以後、科技園（サイエンスパーク）の活動も本格化した。95年には「清華大学企業集団」が設立され、清華大学による直接管理方式から同企業集団を通じた間接管理方式へと調整が行われた。97年6月には、清華同方股份有限公司が上海証券取引所に、清華大学の校弁企業としては初めての上場を果たした。

#### 清華控股の設立

前述のとおり、95年8月に清華大学企業集団が設立され、大学と校弁企業の関係は、直接管理から同集団を通じた間接管理に変更された。しかし、清華大学企業集団は「全民所有制企業」であり、企業側に問題が生じた際に大学側は無限責任を負わなければならない状況にあった。また企業と大学との資産の分離問題も未解決であり、加えて大学教授が企業の経営管理者を兼ねる場合も多く、そうした教授陣が授業・研究に集中できないなどの弊害も多かった。

2001年以降、清華大学では「北京大学および清華大学の校弁企業管理体制の試験的ルール化に関する指導意見」に基づき、校弁企業の改革に乗り出した。改革を行う上で重視したのは、①財務面の分離、②人材面の分離、③地域面で

の分離（大学キャンパス内にある校弁企業の移転）、④企業が得た収益の大学への還元のルール化などである。

　こうした改革に加え、清華大学では校弁企業の資産を管理し、経営を統括する資産経営会社の設立準備も進め、2003年12月には「清華控股有限公司」を設立した。同社の登録資本金は20億元であり、株式の100％は清華大学が所有している。同社設立前には同社に属する資産とそれ以外の資産との資産の分離が行われ、うち大学の科学技術関連資産の多くは清華控股の資産とされた。2006年11月現在、清華控股が管理する資産額は260〜270億元に達している。

　清華控股の設立当初、同公司が管理する企業数は100社強あった。その中には清華大学自体が設立した校弁企業のほか、清華大学の各学部が設立した企業（系弁企業）も存在した。こうした企業について、清華大学、清華控股では「関停併転」の方針で改革に臨んだ。「関」とは経営状態が思わしくない会社を閉鎖すること、「停」とは経営状態が思わしくないが債務等の問題があり、閉鎖する状況にない企業の経営を停止すること、「併」は規模の拡大によって収益性が向上するとみられる企業同士を併合すること、「転」とは無限責任公司形態の企業を有限責任公司形態に変更することである。

　これにより、現在清華控股が管理する企業数は100社程度とやや減少したほか、これまで存在した系弁企業は皆無となった。また従来、清華大学のキャンパス内には数多くの校弁企業が所在していたが、現在ではキャンパス外に移転している。

　清華控股が統括する会社のうち、上場企業は「同方股份」（33.06％を出資）、「紫光股份」（32.54％を出資）、「誠志股份」（22.38％を出資）の3社となっている。加えて「同方股份」が出資する「泰豪科技」と、「紫光股份」が出資する「清華紫光古漢生物製薬」の2社が上場しており、関連会社としては5社の校弁企業が証券市場への上場を果たしている。その他、清華控股の出資企業が出資した企業が400社ほどあり、清華控股を頂点に清華大学の関連企業が幅広く形成されている。

　その他、従来であれば清華大学関連の企業名には、「清華」「清華大学」の名称を付け、大学のブランドを強調する手法が一般的であったが、指導意見によ

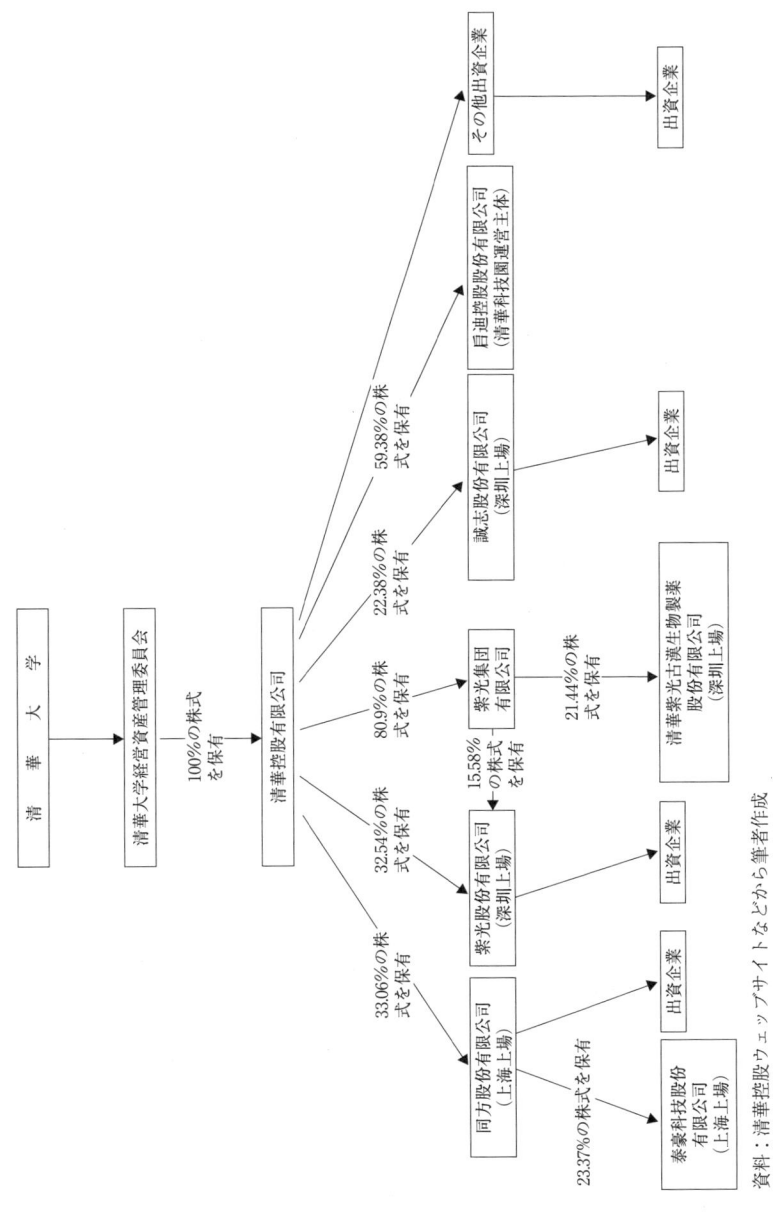

図2−5 清華大学校弁企業の構造図

清　華　大　学
↓
清華大学経営資産管理委員会
↓ 100%の株式を保有
清華控股有限公司
├─ 59.38%の株式を保有 → 啓迪控股股份有限公司（清華科技園運営主体）→ その他出資企業 → 出資企業
├─ 22.38%の株式を保有 → 誠志股份有限公司（深圳上場）→ 出資企業
├─ 80.9%の株式を保有 → 紫光集団有限公司
│           └─ 21.44%の株式を保有 → 清華誠志古漢生物製薬股份有限公司（深圳上場）
├─ 32.54%の株式を保有 → 紫光股份有限公司（深圳上場）→ 出資企業
│     （紫光集団から15.58%の株式を保有）
└─ 33.06%の株式を保有 → 同方股份有限公司（上海上場）→ 出資企業
            └─ 23.37%の株式を保有 → 泰豪科技股份有限公司（上海上場）

資料：清華控股ウェッブサイトなどから筆者作成

る要求、清華大学内部の方針もあり、清華控股設立以降は関連企業から清華の名前を取り外す動きが進んでいる。これは「清華」というブランドが本来は教育や科学技術研究の分野で用いられるブランドであるのに対し、産学連携の結果、産業界で用いられることにより、そうしたブランドイメージが変質する恐れを懸念したことによる。最終的に「清華」の名称を残すのは「清華控股有限公司」のほか、「清華科技園」など数機関を残すのみとなる模様である。

その他、清華大学内部では清華大学出版社、清華大学建築設計研究院、清華大学が深圳、河北省などに設けた研究院などが大学の資産として残されており、こうした資産に関わる改革はこれからである。清華大学ではこうした資産の改革を進めるべく、2006年3月、大学内に「清華大学経営性資産管理弁公室」を設置した。

**京都大学との連携**

清華控股では、2004年以降、京都大学との協力を推進している。2006年4月には清華控股内に京都大学のリエゾンオフィスが設置された。京都大学においては、桂キャンパスの国際イノベーション機構（IIO）および国際融合創造センター拠点である京都大学ローム記念館内に「清華大学京都拠点」が設置され、清華大学からの客員教員の受入れの準備を進めている。

また同4月には京都大学と清華控股側との連携の枠組みを活用し、日本の半導体メーカー「ローム」と清華大学との包括的な産学連携研究を進めることで合意に達している。

**清華大学における技術移転システム**

清華大学には、科学技術成果の移転に向けた三つの部門が設置されている。

一つは「科学技術開発部」である。同部は主に清華大学の科学技術成果を各地方や各企業に移転する役割を担っている。大学は全国の22省、60以上の市と協力関係を結んでいる。こうした協力関係を通じて、同部は各地の地方政府や企業との間で「産学研協力事務室」「科学技術開発センター」を設置し、清華大学の技術成果の各地域における産業化を推進している。その他の協力モデル

としては、清華大学と国外の大学、中国の地域と国外の地域の4者による協力モデル UURR（University・University Region・Region＝大学・大学と地域・地域の連携事業）がある。既に清華大学と日本の岩手大学、中国浙江省と日本の岩手県との間の協力モデルが成立し、中小企業間の技術協力などのプロジェクトが進展している。その他各地の地方政府との間で協力基金を設立し[5]、各地域のハイテク企業の発展資金として活用している。

　二つ目は、「清華大学・企業合作委員会」である。この組織は95年7月に設立され、主に清華大学と企業間の協力を通じた科学技術成果の産業化の促進、企業との連携を通じ、社会のニーズに合わせた大学の研究開発を目指している。現在、中国国内企業140社、海外企業36社が会員企業となっている。大学側は各会員に対し、清華大学における科学技術研究開発の現状などの資料を企業側に優先的に提供するなどして、企業と清華大学間の技術交流の促進、大学の研究成果の産業化促進などを進めている。

　三つ目は、「清華大学国際技術移転センター（ITTC）」である。同センターは83年に設置され、海外からの技術移転、海外技術の集積・現地化の推進、国際間の人材交流・育成、海外企業の中国進出におけるビジネス・技術的なコンサルティングを受けられるようにしたいとする狙いがあった。2001年11月には、ITTC は他の5大学[6]の国際技術移転センターに加え、国家経済貿易委員会、教育部により「国家技術移転センター」として指定された。具体的な技術移転プロジェクトの取り扱いはセンター本体ではなく、2002年に新たに設立された「科威国際技術移転有限公司」[7]が担っている。

図2―6　清華大学における技術移転システム

```
                    清華大学
                （技術移転システム）
        ┌───────────┼───────────┐
   企業合作委員会      科学技術開発部      国際技術移転中心
（大学と企業の協力の窓  （大学の技術的成果の中国  （国際先端技術の中国国内
口・プラットフォームと  各地域、各企業への移転を  への移転に際してのプラッ
しての役割）         所管）              トフォームとしての役割）
```

出所：清華大学ウェッブサイト

写真2—10　清華科技園の看板

**清華科技園の展開**

現在、国家レベルの大学の科技園は50カ所とされているが、清華科技園はその中でも中国を代表する科技園である。中国で唯一の国家Ａレベルの大学科技園に認定されており、大学発のサイエンスパークとしては最大規模を誇る。清華科技園はそのメインパークのほか、江西、陝西、河北、瀋陽、昆山、珠海、上海、威海、慧谷（北京）の９カ所にサブパークを設置している。

清華科技園の歴史は94年における「清華科技園発展中心」の設立に遡る。その後、清華科技園の建設が本格化、98年には第１期となる12万$m^2$の建屋が完成した。さらに、2000年には「清華科技園建設股份限公司」が設立され、同社が科技園全体を管理している。同社は2002年には「啓迪控股股份有限公司」に改名された。なお、啓迪控股股份は清華控股が59.38％を出資する清華控股の子会社である。一方、清華控股の入居する清華科技園内のビル「科技大厦」は子会社である啓迪控股股份の所有ビルであり、清華控股は同社から入居部分のフロアを購入し使用している。

清華科技園の収入源としては、同園区内に建設したビルに入居した企業から得られる不動産収入、科技園自身が投資した企業からのリターン、その他企業

などに対するサービス収入などから成り立っている。科技園として開発された面積は25ha、その上に69万m²の面積を誇る建屋が建設されている。現在園区内には400社以上の企業・機関が入居、GOOGLE、NEC、P&G、SUN、Schlnmbergerなど、世界の著名な企業も入居している。

また99年には、清華科技園内にインキュベーション施設「清華創業園」が設けられた。このインキュベーション施設は啓迪控股股份の子会社である「清華科技園孵化器有限公司」（2001年設立）が管理している。その後、2002年12月には、中関村科技園区管理委員会と連携して、帰国留学生を対象としたインキュベーション施設である「清華留学人員創業園」も設置された。その他バイオ関連のインキュベーション施設、ICやソフト関連のインキュベーション施設も新たに設けられた。現在創業園内には200社以上の企業が入居、うち留学人員創業園内には100社以上の企業が入居している。

科技園は産学連携のプラットフォームとしての機能も強めている。例えば、科技園内に入居している企業は、清華大学の計算機学院、情報学院など、各学部の共同実験室を使用できる。また、園区では清華大学分析センターと協力して、科技園分析テストのプラットフォームを設立、科技園内の企業が低コストで清華大学の分析テスト設備を活用できるなど、技術面でのサポートも提供している。

さらに、科技園は入園企業に対するベンチャー投資も行っている。これに関連し、清華科技園は2006年9月、2006～2011年に向けた「ダイヤモンド計画」なる計画をスタートさせた。この計画は2億元の創業投資基金を設け、その他投資機関とも連携の上、コア技術を有し、発展に向けた潜在力の高い科技園内の企業20社を重点的にサポートしていく計画である。科技園としてはこの計画を通じて、最終的には世界一流の技術、業界のリーダー的な地位を有する3～5社の「ダイヤモンド」企業を育成していく意向である。

（2） 清華大学の企業群

同方股份

同方股份有限公司は、方正集団とならび中国における2大校弁企業として知

写真2—11　清華科技園の模型

写真2—12　清華科技園の創業ビル

られている。同社は97年6月に「清華同方股份有限公司」として設立、翌々日の27日には上海証券市場に上場を果たした。その後同社は、設立当初「技術プラス資本」という戦略を掲げ、清華大学が所有する技術の使用許可権を取得し、当該技術の商品化、産業化を盛んに行ったほか、各地域の企業買収により新分野への参入も果たした。現在の同社の株主構成をみると、2003年12月に誕生した清華控股が全株式の50.4％を所有している。

同社の事業の柱は、①情報技術、②エネルギー・環境、③応用核電子技術、④バイオ医薬の4分野である。

　2005年における同社の販売収入額は97億7500万元である。そのうち情報産業分野の収入は76億2100万元と、収入全体の78.0％を占めている。中でもデスクトップPC、ノートブックPCなどPC分野の生産による売上額が全販売収入の45％を占めている。その他の分野では応用情報システム、デジタルテレビシステム領域の技術革新、製品開発を実施している。

　現在、同方はPC製品、産業の情報化、デジタル教育資源、デジタルテレビなどの分野において、中国国内で一定のシェアを有している。その他情報産業分野で大きく伸長しているのは、安全保護分野の製品である。当該分野で同社の開発した製品として特に名を馳せたのが、核技術を応用したコンテナ貨物検査システムである。同技術は元来は清華大学工程物理学部の原子力利用分野での研究による技術であり、それを製品化したものである。2005年には合計で16カ国との間で、40数件の大型設備供給契約を締結するなど、海外からの受注も増えている。2005年までに関連製品を供給した国は合計で37カ国にのぼっている。

　エネルギー・環境産業における収入は同32.4％増の21億0900万元と大きく伸

写真2―13　清華同方の看板

び、全売上額の22％を占めている。当該分野では中国各地の汚水処理施設の建設、煙脱硫装置、クリーン燃焼・廃棄物処理、チリの除去などの技術面で優れた結果を残している。

最近では対日展開にも力を入れており、2006年6月には川崎市のかながわサイエンスパーク（KSP）の中に「日本清華同方ソフトウェア」を設立、日本におけるソフトウェアのアウトソーシング業務の拡大を目指している。

なお清華同方は2006年9月、「同方股份」と名称を変更したが、清華同方のブランドは有効であり、企業名を「清華同方」から「同方」に変更した現在でも、同社は「清華同方」のブランドを使用している。

### 紫光股份

紫光股份の前身は88年に設立された清華大学科技開発総公司である。同公司は93年には清華紫光集団に改名され、現在の紫光股份の原型となった。99年には清華紫光集団を中心として、清華紫光股份有限公司が設立、同年11月には深圳証券市場への上場を果たした。

2005年の同社の売上額は、前年比9.9％増の33億9500万元と、清華大学関連企業の中では同方股份に次ぐ第2位の売上額を誇っている。

同社の事業展開は主にIT分野、通信分野、医療電子分野と広範である。同社生産の製品分野で最も有力なのがスキャナの生産である。2005年における紫光のスキャナの国内市場シェアは22.5％に達し、既に8年連続で中国のスキャナ市場におけるシェアトップを保持している。その他の製品分野としてはデスクトップ、ノートブックPC、MP3、MP4、USBなどのデジタル製品、DVD、CD-R、プリンターインキ、赤外線温度測定器など多岐に渡る製品の生産を行っている。また2005年には新しいブランドである「UNIS」ブランドを投入するなど、ブランド戦略も強化している。

2006年5月には、清華大学側の方針に従い会社名を従来の「清華紫光」から「紫光」に変更した。清華の名前は消えたものの、同社としてはあくまででも清華大学から誕生した企業として今後も歩んでいく方針である。

## 4. 北京大学の産学連携

　北京大学の誕生は清華大学より早く、1898年であった。中国最初の国立総合大学である。設立当時は「京師大学堂」と呼ばれ、中国の最高教育行政機関でもあった。1912年には現在の北京大学に名称を変更している。また1919年に発生した五四運動でも同大学は中心的な役割を果たしたほか、中華人民共和国を建国した毛沢東も、北京大学の図書館に勤務していた際にマルクス・レーニン主義に初めて触れたとされる。

　日中戦争中は湖南省・長沙、雲南省・昆明に校舎を移転し、清華大学、南開大学とともに国立長沙臨時大学、国立西南聯合大学を設立した。戦争終了後の1946年に北京で学校を再開した。1952年の大学の学部調整によって、北京大学は文理基礎教育・研究を中心とする総合大学として位置づけられた。改革開放後は、清華大学の動きと同様に北京大学も学部の新設、合併などを通じ、大規模化を目指した動きを示し始め、2000年には北京医科大学を合併するなど、医学分野にもウイングを広げる形となった。現在の在校生数は２万9600人、教職員は１万6000人、合計すると４万5000人以上になる大規模な大学である。

### 北京大学の校弁企業

　前述のとおり、北京大学は中国の中で校弁企業の展開規模では最大規模を誇る大学である。そのため、校弁企業改革においては清華大学と同様に、改革のテストケースに指定され、早くから改革の動きが本格化していた。

　2002年６月、北京大学は「北京北大資産経営有限公司」を設立、同公司が校弁企業・大学の対外投資の株式権を所有し、経営、監督、管理に責任を負うこととなった。これにより企業の経営上のリスクが直接大学に影響しないような体制作りを進めている。

### 北大方正

　北京大学の校弁企業設立に向けた取り組みは、清華大学に先駆けている。中

国科学院の研究員らによる民営ハイテク企業設立の動きに呼応して、北京大学においても大学の研究成果の商業化に向け、企業を設立する動きが出始めた。86年には、北京理科新技術公司を設立、現在の方正集団の基となった。その際、大学側からは創業資金として40万元が提供された。88年には北京理科新技術公司と北達科技服務部が合併して北京大学新技術公司が誕生、主にレーザー式写植機の生産を開始した。その後89年からは漢字カードの製造を開始、現在中国市場で聯想（LENOVO）に次いで第2位のシェアを誇るPC製造に参入したのは95年のことであった。92年には方正（香港）有限公司を香港に設立、95年には株式を上場した。また92年12月には、現在の方正集団の前身にあたる北大方正集団公司を北京で設立した。北京大学の基礎技術、特に中国語電子出版技術を核とし、地元資金の援助を得て過去10年の間に急成長を遂げた。

　2005年における収入は258億8000億元と、第2位の清華同方（98億8000万元）を大きく引き離して、第1位の地位を保っている。

　現在、北大方正集団は当初段階で取り組んでいた中国語電子出版部門に加え、PC関連機器製造・販売、ソフトウェアの開発など、中国のIT産業におけるトップ企業の一つにまで成長している。2003年には北京大学国際病院に32億元を出資、病院経営に乗り出したほか、西南合成製薬、重慶大新薬業、煙台中洲

写真2—14　方正集団のビル／上地情報基地

製薬などに資本参加することで医薬品業への本格的な参入を果たした。

また内外に5社の上場企業を抱えるほか、海外での法人企業は20社以上に達し、グループ内の従業員は2万人を超えるなど、校弁企業の中では他を寄せつけない規模の展開を図っている。

そのほか2002年には傘下に「北京方正軟件技術学院」を設置、ソフトウェア人材の育成にも積極的に取り組んでいる。

方正集団は96年、日本にも方正㈱を設立し、主に以下の業務を展開している。
① DTPソフトの開発・販売。
② データベースシステムの開発・販売。
③ 印刷、流通、出版、新聞社向けのシステムソリューションの提供。
④ RIP関連グラフィックアーツ・ソフトウェアの開発とシステムソリューションの提供。
⑤ 中国語フォントの販売。
⑥ 受託開発・中国オフショア開発。
⑦ 出版・印刷分野のビジネス・プロセス・アウトソーシング事業。

なお、この日本の方正㈱は、2002年には北京、2004年には武漢に現地法人を設立し、いわば日本から中国への「逆投資」を行うなどの動きもみせている。

### その他の校弁企業

北大方正以外にも北京大学には有力な校弁企業が存在する。北京大学の4大集団と呼ばれているのが、先述した方正集団のほか、北京未名生物工程集団、北大資源集団、北大青鳥集団である。

北大青鳥集団は94年に設立され、ソフトウェアなどIT関連企業として著名である。主にソフトウェア開発、SI、コンピューターセキュリティーなどを軸に業務を展開している。

北京未名生物工程集団は92年に設立され、主にバイオエンジニアリング、製薬業務を中心に実施しており、遺伝子　天然薬物、化学薬物、ワクチン、診断試薬、農業バイオエンジニアリングなどの技術研究、開発、生産を行っている。

北大資源集団は、92年に北京北大資源開発公司が成立したのが始まりである。

様々なビルの開発などを行っており、不動産開発が主な事業の内容となっている。その他にも北京大学には100社以上の中小の校弁企業が存在するとされており、引き続き、中国最大の校弁企業を有する大学である。

**北大科技園**

北大科技園は、国家レベルの大学サイエンスパークの一つである。前身は92

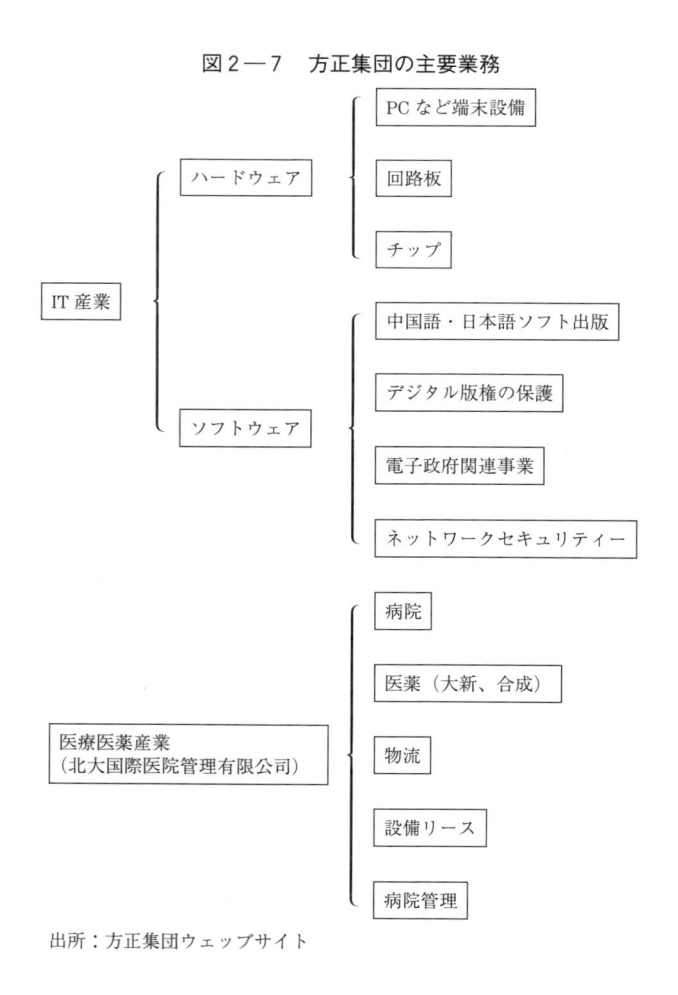

図2—7　方正集団の主要業務

```
                 ┌ ハードウェア ┬ PC など端末設備
                 │              ├ 回路板
                 │              └ チップ
IT産業 ─────────┤
                 │              ┌ 中国語・日本語ソフト出版
                 │              ├ デジタル版権の保護
                 └ ソフトウェア ┤
                                ├ 電子政府関連事業
                                └ ネットワークセキュリティー

                                ┌ 病院
                                ├ 医薬（大新、合成）
医療医薬産業                    ├ 物流
（北大国際医院管理有限公司）────┤
                                ├ 設備リース
                                └ 病院管理
```

出所：方正集団ウェッブサイト

年に設立した北大科学園であり、99年には科学技術部、教育部によって15カ所の国家レベルの大学科技園区の一つに指定された。2000年9月には北大科技園に名前を変更した。2001年1月には正式に国家レベルの大学科技園の称号を得た。2001年5月には北大科技園建設開発有限公司を設立、北大科技園の管理・運営を行っている。2003年11月には、第10次5カ年規画863計画成果産業化基地に指定された第1号の国家レベルの大学科技園となっている。

　北大科技園は清華科技園と同様に1校多園方式を取っており、新疆、江西にサブパークを設置している。

## 5. 北京航空航天大学の産学連携

　北京航空航天大学は、1952年に設立された航空宇宙部門やエンジニアリングの面で特徴を有する大学である。同大学は国防科学技術工業委員会に属しており、国の「211工程」「985工程」が建設した重点大学であり、また国防科学技術工業委員会、教育部、北京市人民政府と中国工程院が、共同で建設した大学である。

　同大学は27の学部から成っており、学科レベルでは11の国家重点学科、16の国防科工委の重点学科、6の北京市重点学科を含んでいる。航空、宇宙、動力、情報、素材、製造、交通、器具、管理などの分野で優位性を有している。なかでも航空宇宙科学・技術学科は全国トップの評価を得ているほか、力学、交通運輸エンジニアリング、計器科学・技術学科は全国トップ5の実力を有している。学生数は2万3105人であり、うち大学生数は1万2523万人、大学院生は1万0282人となっている。

**北京航空航天大学軟件学院の産学連携**
　同大学に設置されている軟件学院は、同大学の中では後発の学部である。
　2001年12月、国家発展計画委員会と教育部は、「関連の高等学校の模範的軟件学院経営批准に関する通達」を発表、全国の35大学がこれに指定された。北京航空航天大学は指定大学の一つとして軟件学院の設置に着手、2002年4月に

同学院を設立した。

同学院には、現在以下の課程が設置されている。
① 集積回路（IC）設計（全て英語で授業を実施、米国・中国双方の修士号を授与）。
② 高級ITプロジェクト管理・営業販売（米国のカーネギメロン大学と米国プロジェクト管理学院が授与する「ITプロジェクト管理修士認証証書」。
③ 情報工程管理。
④ ソフトウェア品質試験。
⑤ ソフトウェア工程・管理。
⑥ パソコンゲーム設計。
⑦ 日本語応用ソフトウェア開発。

当初、同学院には日本語専門課程は設置されていなかったが、航空航天大学と多くの日本企業との間では密接な関係が築かれていたこと、ソフトウェアの日本向けアウトソーシング業務が今後も拡大すると見込まれたことを踏まえ、同学院の孫偉院長の決断もあり、2003年夏に日本語応用ソフトウェア開発コースを設置、最初は大学院生の募集を開始、2004年からは大学生の募集も開始した。毎年100人ほどの大学院生と60人ほどの学部生が入学している。

なお同学院の運営については、国務院による大学の市場化経営の方針に基づき、学生からの学費のみで運営している。

既に大学院生のほぼ100％が日本に研修生として赴いており、既に200人ほどが研修を行っている。卒業生の中で最終的に日本で就職する学生は20〜30％ほどに達する。同大学の特徴はやはり就職率の高さ、就職後の賃金の高さを強調している。学院の饒継東・公共関係／招生部主任によると、日本で就職した場

表2—11：軟件学院設立指定大学一覧

| |
|---|
| 北京大学、清華大学、北京工業大学、北京航空航天大学、北京理工大学、北京郵電大学、南開大学、天津大学、大連理工大学、東北大学、吉林大学、哈爾濱工業大学、復旦大学、同済大学、上海交通大学、華東師範大学、南京大学、東南大学、浙江大学、中国科学技術大学、山東大学、武漢大学、華中科技大学、湖南大学、中山大学、華南理工大学、四川大学、重慶大学、電子科技大学、雲南大学、西安交通大学、西北工業大学、西安電子科技大学、厦門大学、国防科学技術大学 |

出所：教育部ウェッブサイト

合の同学院卒業生の平均給与は2万5000元に達する。同学院が日本での実習研修を可能としているのは、同学院と日本の40余りのソフトウェア関連企業との緊密な連携があるためである。

　大学院生1年目は、日本語を始め、大学院生としての基礎を教え、2年目には実践研修として半年は日本における実習研修、半年は論文執筆・審査などのカリキュラムとなっている。日本企業の同学院卒業生についてはニーズが非常に高く、日本語専攻以外からも採用している。同学院では7人の日本の大学において博士号を取得した中国人教師と6人の日本国籍の教師を配置し、主にIT技能の育成、日本語、日本文化・礼儀作法の研修を担当している。

　同学院の優位性は、多くの日本企業との連携を通じて高いレベルでの大学院教育のノウハウを兼ね備えていることである。饒主任によれば、天津理工大学からある1人の学生が同学院大学院に合格、学院卒業後、日本の一流メーカーへ就職した事例があったが、天津理工大学はこの事例を大きく取り上げ、同大学の宣伝に大いに活用したとのことである。

　饒主任によれば、日本語能力の高いソフトウェア人材の育成について実績のある大連理工大学、大連外国語学院との協力も検討しており、大連に日本語専攻のソフトウェア大学院を両大学などと協力の上設置していく意向である。これは、大学生の養成については大連の両大学に実績があるものの、日本企業との緊密な関係を通じた訪日実習を含む大学院生の育成に関しては、同学院が最右翼（饒主任）であり、大学院教育の面で協力の強化が図れるのではないかとの視点によるものである。

**北航大学の校弁企業管理モデル**

　80年代以降の大学による校弁企業設立の流れを受けて、北航大学においても校弁企業設立の流れが進んでいる。こうした中で、北京航空航天大学は98年6月、北京北航天華科技有限責任公司を設立した。2001年4月には現形態の北航天華産業集団が設立された。同集団は大学から100％の出資を受け、同社と資本関係を有する企業は50社近くに達しており、特に北京航空航天大学の様々な学科との連携、人材集積面での優位性を生かして、いくつかの中心的な企業を

設立・発展させていた。中心的な企業としては、北航科技園を運営する北京北航科技園建設発展中心や、北京航空航天大学出版社、北京北航天匯科技孵化器有限公司などがあげられる。

こうした中で、教育部による校弁企業に対する管理強化に関する指導意見などを踏まえ、2005年末には北航天華産業集団を改組して「北航資産経営有限公司」が設立された。北航資産は北京航空航天大学における校弁企業の管理権を天華集団から引き継いだ。現在資産関係のある企業は40社、うちマジョリティを占めている企業は19社となっている。

**北航科技園の状況**

清華大学、北京大学と同様に、北京航空航天大学にも科技園が設置されている。2000年に北航科技園建設発展中心が設立され、同科技園の歩みがスタートした。2003年には大用軟件公司と合弁で、科技園の傘下に「北京軟件輸出中心」が設置された。2003年9月には国家レベルの大学科技園に指定されるなど、同科技園の成長は続いている。

現在、同科技園は北京航空航天大学内の「北航本部科技園区」と北京市郊外の「密雲産業園区」から成り立っている。「世寧大廈」「柏彦大廈」「北航科技開発楼」の三つのビルから成り立っており、現在の建築面積は11万㎡である。また現在同科技園は22万㎡の第2期プロジェクトを計画中であり、今後は本部科技園区を研究・開発を中心とした科学研究基地、インキュベーション基地に発展させたい意向である。このほか、南通分園（江蘇省）、昆明分園（雲南省）の建設も計画されている。

## 6. 北京における産学連携の行方

北京における産学連携の動きは1980年代にスタートし、90年代以降急速に進展した。大学発ビジネスの典型である校弁企業の設立に始まり、90年代後半からは大学科技園などを通じた企業のインキュベーションの機能が加わるなど、産学連携をめぐる動きは全方位的に進んでいる。

写真2—15　北航科技園所有ビル「世寧大廈」

　こうした産学連携活動を可能にしているのは「中関村科技園区」という優れた環境である。最近では中関村内の実験室の園区内企業への開放など、新しい動きも出始めている。中関村科技園区は世界一流のサイエンスパークを目指していく方針を示しており、園区を舞台とした産学連携の動きは今後ますます活発化するものとみられる。

　一方、大学などが盛んに設立した校弁企業は現在転換期を迎えている。特に、大学と企業との関係の峻別、コーポレートガバナンスの確立などの面で市場経済のルールに則った体制整備が必要であろう。

　問題を抱えながらも、「中関村科技園区」を中心に北京における産学連携は年々前進している。中国政府は第11次5カ年規画における主要な目標の一つとして「自主イノベーションの強化」を掲げているが、中国における技術開発の牽引役として、北京における産学連携の動きには今後も目が離せない。

1）　清華大学、北京大学、北京化工大学、北京師範大学と北京中医薬大学の合同、北京航空航天大学、北京理工大学、北京郵電大学、北京科技大学、北京工業大学の9科技園は、国家レベルの科技園として認定済み。その他の市レベルの科技園とし

ては、北京交通大学、中国農業大学、華北電力大学、首都師範大学、中国人民大学の5科技園がある。
2) 2006年10月15日付「中国青年報」。
3) 2006年12月14日付「科学時報」。
4) 当該アンケート調査結果については、王小蘭・趙弘主編『突破融資瓶頚～民営科技企業発展与金融創新～』社会科学文献出版社、2006年、を参照。
5) 広東省、河北省、遼寧省・遼陽市、江蘇省・塩城市との間で、協力基金を設けている。
6) 上海交通大学、西安交通大学、華東理工大学、華中科技大学、四川大学。
7) 同社の株式の51％は、清華控股が保有している。

＜参考文献＞
井上隆一郎編（2004）『中国のトップカンパニー』ジェトロ
奥野志偉（1999）『中国の高新技術産業地域と企業』徳山大学叢書18号
関満博編（2006）『現代中国の民営中小企業』新評論
財団法人日中経済協会（2004）『平成15年度アジア産業基盤強化等事業（中国各地における産業実態に関する調査）報告書』
日本貿易振興機構北京センター（2005）『北京市概況』2005／2006年
橋田坦（2000）『北京のシリコンバレー』白桃書房
王小蘭・趙弘主編（2005）『中関村発展藍皮書　提昇民営科技企業創新力』社会科学文献出版社
王小蘭・趙弘主編（2006）『中関村発展藍皮書　突破融資瓶頚』社会科学文献出版社
中華人民共和国教育部科技発展中心・中国高校校弁産業協会編（2006）『2005年度中国高等学校校弁産業統計報告』西南交通出版社
中関村科技園区管理委員会・北京市統計局編（2006）『中関村科技園区商務指南』中国財政経済出版社
同方股份有限公司アニュアルレポート各年版
紫光方股份有限公司アニュアルレポート各年版

# 第3章　瀋陽／東北大学と東軟集団

　中国の産学連携、大学発ベンチャーを議論していく場合、先の第2章で扱った北京の中関村、および清華大学、北京大学を取り上げることが少なくない。もちろん、清華大学、北京大学の成果は十分に称賛されるべきものである。だが、長年、中国の産学連携の「現場」を見続けてきた立場からすると、最も注目すべきは遼寧省瀋陽市にある東北大学と、そこから生まれた東軟集団[1)]ではないかと思う。

　私自身、こうしたテーマを意識して中国の産学連携の「現場」を最初に訪れたのは、1991年12月の中関村と清華大学、そして、翌92年8月、そして93年3月の瀋陽の東北大学の訪問であった。いずれもまだ初期的な段階であったが、明らかにそこには新たな「うねり」が感じられた。その頃から、機会あるごとに北京と瀋陽を訪れ、産学連携、大学発ベンチャーの動きを定点観測してきた。

　実際、首都北京の北西の研究学園ゾーンに展開する中関村科技園区と清華大学、北京大学の動きは、中国の産学連携の象徴的なものであるが、瀋陽の東北大学の取り組みはさらに中国の奥行きの深さを痛感させるものであった。個別の大学単位で見た場合、東北大学の取り組みと成果は中国ばかりでなく、東アジアで最も先鋭的なものとして注目されるべきではないかと思う。

　以上のような点を意識しながら、この第3章と続く第4章は、東北大学、および東軟集団の瀋陽（第3章）と大連（第4章）での取り組みを見ていくことにしたい。特に、この瀋陽は東北大学と東軟集団の発祥の地であり、第3章は中国の産学連携、大学発ベンチャーを議論していく場合の基礎というべきものを扱うことになる。

　なお、さらに、このテーマに関連して、後掲の補論Ⅰでは東軟集団総裁の劉積仁氏へのインタビュー、補論Ⅱでは東北大学長の赫冀成氏へのインタビューさらに、補論Ⅲでは広東省仏山市南海区に展開している東軟情報学院、そして

補論Ⅳでは東京に進出している東軟集団日本支社の事情を報告している。併せてご覧になりながら、本章と次の第4章に向かっていただければ幸いである。

## 1. 東北大学の産学連携

　1992年8月、私が初めて訪問した東北大学は瀋陽の南の郊外の南湖開発区の中に展開していた。大学の敷地は約110haと壮大なものであり、当時は東北工学院と名乗っていた。国家冶金部所属の総合理工学院であり、冶金をメインとして32の専門学系から編成されていた。教員1700人、在校生1万2000人（うち大学院生1300人）という規模であった。だが、校舎は老朽化し、実験設備等は相当に貧弱なものであった[2]。

　現在の校長（学長）である日本語の流暢な赫冀成氏は、当時は教育担当の副学長であり、キャンパスを丁寧に案内してくれた。その際、研究棟の一室で日本のアルパインとの合弁で設立された東大阿爾派（アルパイン、現在の東軟軟件股份有限公司）を訪れることができた。当時はまだ十数人の規模であり、折り畳みの椅子に座った若者が古びたパソコンに向かっていた。それが、その後に急成長を示す東軟集団のスタートの場所であった。私の東北大学、東軟集団との出会いはそのようなものであった。

### （1）　東北大学の輪郭

　東北大学からの提供資料によると、2005年末の東北大学の敷地面積は203ha、建築面積104万㎡、教員1850人（うち、教授320人、副教授626人）、本科生1万9217人、修士課程4653人、博士課程2211人を数えている。傘下にある学院（学部）は、材料冶金学院、機械工程自動化学院、資源土木工程（エンジニアリング）学院、理学院、情報科学工程学院、軟件（ソフトウェア）学院、生物医学情報工程学院、文法学院、工商管理学院、外国語学院、芸術学院、体育部、そして、秦皇島分校から構成されている。哈爾濱工業大学、大連理工大学と共に、東北大学は中国東北地方を代表する理工系の総合大学とされている。

東北大学の歩み

　東北大学の設立は1923年に遡る。開学時の学長は著名な張学良氏であった。設立当初は文法科大学と理工科大学から編成され、その後、次第に充実、1930年の頃には、理、工、文、法、教育などを中心に六つの学院、24の学系から構成されていった。

　1931年9月18日、満州事変が勃発、戦雲が拡がり、瀋陽は日本軍に占領され、東北大学は北平、開封、西安、四川省三台などの内陸に疎開していく。

　戦後は、混乱期を経て1949年2月には東北大学の理学院、工学院をベースに瀋陽工学院が設立された。そして、1950年8月には東北工学院と改称されている。当時の教員数は417人、在学生は2936人と記録されている。この1950年頃が中国の大学の再編の時期であり、新中国成立以前の大学はここで新たな体制をとっていくことになる。

　さらに、1960年には国家の64の重点大学の一つとされ、その後の発展の基礎を築いていく。また、秦皇島分校は87年に設立されている。

　88年は先の第2章で扱った北京新技術産業開発試験区の記念すべきスタートの年であるが、瀋陽においてもその後の高新技術産業開発区（ハイテク産業開発区）のベースとなる南湖科技開発区の計画に踏み出しており、さらに、大学

写真3―1　東北大学の本部棟

発のハイテクパークである「東北工学院科技園(東工科技園)」と北京の中関村電子一条街を意識した「三好街科技一条街」の建設を開始している。これらは中国の中では北京と共に最も早い取り組みであった[3]。

その後、93年には東北工学院から現在の東北大学に名称を変更した。さらに99年にはこれまでの国家冶金部所属から国家教育部直属の72の重点大学の一つとなっていった。その後の目標は国内で一流、国際的にも知名度の高い大学を目指し、「多科性、研究型、国際化」を掲げている。多くの学科の中でも、自動制御学科は全国第1位の評価であり、計算機応用学科は第7位とされているそして、これらを背景に、国家冶金自動化工程技術研究中心(センター)、計算機軟件国家工程研究センター、国家数字化医学影像設備工程技術研究センターが設置されているのである。

### 東北大学の学部構成

最近まで国家冶金部の所属であった東北大学は、金属関係を軸にする理工系の総合大学としての歩みを重ねてきたが、後に見る東軟集団の成功などを踏まえて、ソフト関係、医療・バイオ関係といった新しい領域を取り入れ、興味深い学部編成になってきている。その現在のおおまかな構成は以下の通りである。

```
材料冶金学院 ─┬─ 材料成型及制御工程
              ├─ 材料科学工程
              ├─ 冶金工程
              ├─ 環境科学
              └─ 熱エネルギー動力工程
機械工程自動化学院 ─┬─ 機械工程及自動化
                    ├─ 過程設備制御工程
                    └─ 工業設計
資源土木工程学院 ─┬─ 都市計画
                  ├─ 安全工程
                  └─ 土木工程
```

```
                    ┌── 環境工程
                    ├── 監査技術工程
                    ├── 測量工程
                    ├── 採鉱工程
                    └── 鉱物加工工程
理学院 ──────────────┬── 応用物理学
                    ├── 材料物理
                    ├── 工程力学
                    ├── 応用化学
                    ├── 生物工程
                    └── 情報計算機科学
情報科学工程学院 ────┬── 計算機科学技術
                    ├── 通信工程
                    ├── 自動化
                    ├── 制御技術とメーター
                    └── 電子情報工程
軟件学院 ────────────┬── 軟件工程
                    └── 情報安全
生物医学情報工程学院 ─── 生物医学工程
文法学院 ────────────┬── 思想政治教育
                    ├── 行政管理
                    ├── 公共事業管理
                    ├── 法学
                    ├── 経済学
                    └── 新聞学
工商管理学院 ────────┬── 金融学
                    ├── 工商管理
                    ├── 工業工程
                    └── 会計学
```

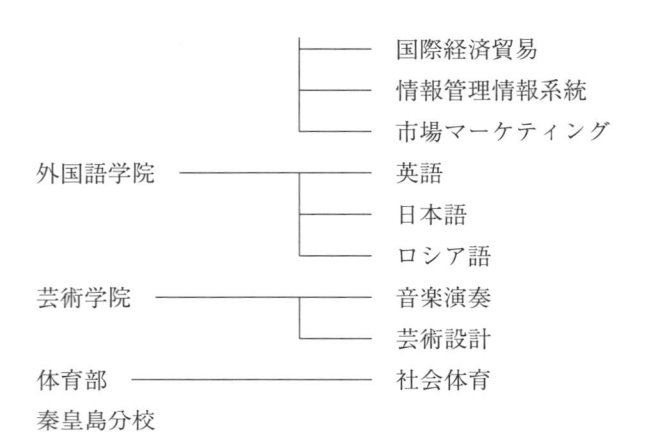

```
            ┌── 国際経済貿易
            ├── 情報管理情報系統
            └── 市場マーケティング
外国語学院 ──┬── 英語
            ├── 日本語
            └── ロシア語
芸術学院  ──┬── 音楽演奏
            └── 芸術設計
体育部   ───── 社会体育
秦皇島分校
```

このように、現在の東北大学は大きく12学院、1分校、49学科から構成される総合理工系大学として編成されている。中国の有力理工系大学の場合は、法文系、言語系、芸術系などを含んでいるが、東北大学もほぼそうした構成になっている。さらに、従来の伝統的部門であった冶金、機械等に加え、意欲的に新たな領域である情報科学、ソフトウェア、生物医学等の学部を充実させていることも興味深い。この十数年の間に、東北大学は大きく進化してきたので

写真3—2　東北大学の入学式

あった。

### 国家大学科技園と科技産業集団

88年の頃から中国で初めての大学発のハイテクパークである「東北工学院科技園」の建設に入っていたが、現在では、その規模は敷地面積325ha、建物面積35万$m^2$となっている。しかも、これらの科技園は瀋陽ばかりではなく、大連南海、成都にまで展開している。そして、これらの中には、大学発企業の他に有力外資企業なども立地し、さらに、インキュベーション施設も3.7万$m^2$（2005年末現在、110社が入居）ほどが用意されているのである。

図3―1　東北大学科技産業集団有限公司

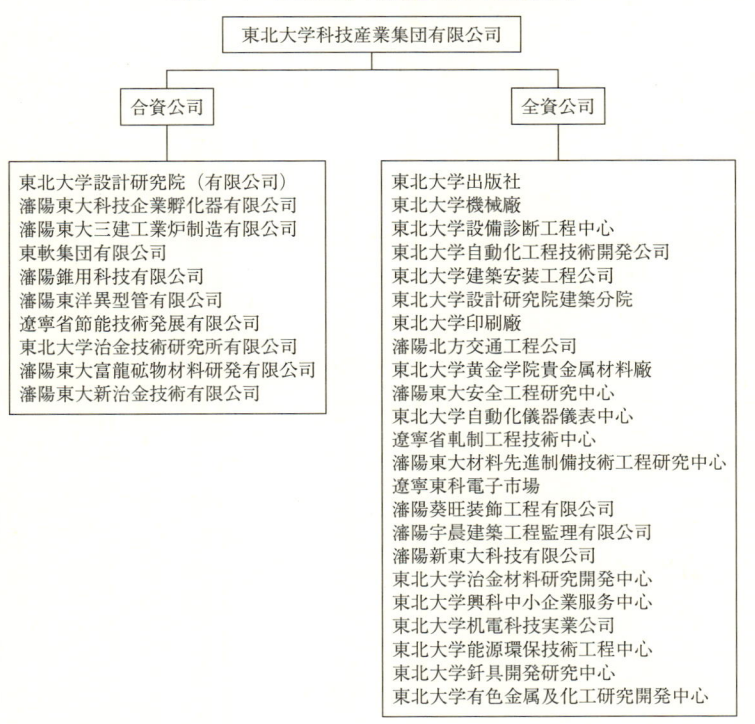

```
                東北大学科技産業集団有限公司
                ┌──────────┴──────────┐
             合資公司                   全資公司
```

合資公司：
- 東北大学設計研究院（有限公司）
- 瀋陽東大科技企業孵化器有限公司
- 瀋陽東大三建工業炉制造有限公司
- 東軟集団有限公司
- 瀋陽錐用科技有限公司
- 瀋陽東洋異型管有限公司
- 遼寧省節能技術発展有限公司
- 東北大学冶金技術研究所有限公司
- 瀋陽東大富龍磁物材料研発有限公司
- 瀋陽東大新冶金技術有限公司

全資公司：
- 東北大学出版社
- 東北大学機械廠
- 東北大学設備診断工程中心
- 東北大学自動化工程技術開発公司
- 東北大学建築安装工程公司
- 東北大学設計研究院建築分院
- 東北大学印刷廠
- 瀋陽北方交通工程公司
- 東北大学黄金学院貴金属材料廠
- 瀋陽東大安全工程研究中心
- 東北大学自動化儀器儀表中心
- 遼寧省軋制工程技術中心
- 瀋陽東大材料先進制備技術工程研究中心
- 遼寧東科電子市場
- 瀋陽葵旺装飾工程有限公司
- 瀋陽宇晨建築工程監理有限公司
- 瀋陽新東大科技有限公司
- 東北大学冶金材料研究開発中心
- 東北大学興科中小企業服務中心
- 東北大学机電科技実業公司
- 東北大学能源環保技術工程中心
- 東北大学釺具開発研究中心
- 東北大学有色金属及化工研究開発中心

出所：東北大学のウェッブサイト

なお、この「東北工学院科技園」は、2001年には国家教育部により、全国22カ所の「国家大学科技園」の一つとして認定されている。現在の正式の名称は「東北大学国家大学科技園」となる。

　また、東北大学は80年代中頃には科学研究成果を企業に譲渡する「科学技術服務公司」を成立させ、88年には貿易、産業化、合弁投資を行う「経済技術開発総公司」を設立している。そして、東北大学の活動の活発化を背景に、「経済技術発展総公司」は現在では発展的に「東北大学科技産業集団有限公司」に成長している（図3—1）。

　この科技産業集団の任務は、投資管理、企業資産経営、ハイテク製品の研究開発、製造、技術コンサルティング、サービス等とされている。2006年現在、この科技産業集団の傘下にある企業は、100％出資の企業は東北大学出版社、東北大学機械廠、東北大学自動化工程技術開発公司、遼寧東科電子市場など23社を数え、他との合弁企業は東軟集団、東北大学設計研究院、また、本章第2節で取り上げる瀋陽東洋異形管など10社を数えている。最大の稼ぎ頭は、当然のこととして東軟集団ということになろう。

　このように、東北大学は88年というかなり早い頃から産学連携に踏み出し、多くの経験を重ねながら、新たな可能性に向かっているのである。

（2）　東軟集団の形成

　中国の産学連携、大学発ベンチャーを議論していく場合、最大の焦点は東軟集団ということになろう。2006年現在、東軟集団の従業員総数はほぼ8000人、売上高規模は28億元（2005年、約420億円）に達している。瀋陽が本拠であるが、大連、広東省南海、四川省成都、そして、上海、北京にも開発拠点を置き東京、サンフランシスコにも支社を置くなど、その活動の場は世界的な拡がりを見せるものになっている。また、中国のソフト産業は輸出依存型で発展しているが、東軟集団は2004年以来、中国ソフト企業の中で輸出額第1位を占めているのである[4]。

　ここでは、東北大学から生まれた東軟集団の歩みと現状を検討することから始めたい。

**80年代末の頃の事情**

　70年代以前の中国の大学は人材育成、教育に主眼があり、所属の枠組みの中に人材を供給することがその任務とされていた。この点、東北大学は、当時、国家冶金部の所属であり、全国の製鉄所などに人材を供給することが主たる役割であった。だが、改革・開放の80年代に入り、科学研究と社会貢献が求められ始める。それまで教育を主眼にしていた中国の大学は、80年代を通じて大きな意識改革を求められていった。

　特に、80年代末の頃になると、国家の財政が悪化し、理工系大学に関しては教育、研究経費の国家からの給付が50％に削減され（文科系大学は90～100％支給）、大学が自主的に資金を獲得していかざるをえない状況に追い込まれた。これは全中国的な現象であった。このような事態に対し、理工系大学の任務は従来からの教育、科学研究に加え、産業化が問題になり、大学の研究成果の事業化が不可避なものになっていった。

　当時を振り返り、東北大学の赫冀成学長は「88年から産学連携を学内で検討し、91年から産学連携をスタートさせました。……その頃、中国の発展のために人材育成以外に何ができるのか、人材育成以外の研究面でどのように社会の発展に貢献するか、ということを考えました」、「80年代、90年代というのは、中国の産業界にも様々な問題がありました。当時は高レベルの産業を育成する余裕が産業界になく、大学が高レベルの産業を育成しないといけませんでした」、「また、大学が企業を作ることにも反対がありました。これは理念の問題です。教授が社長になるのは良くない、それは『逼良為娼』（良家の子女を娼婦にする）のようなものだと批判されました」（補論Ⅱ、以下、同様）と述べている。

　このような環境の中で、東北大学は北京の動向を研究しながら、果敢に新たな世界に踏み出していったのであった。

**東軟集団の歩み**

　ここでまず、東北大学から生まれた東軟集団の大まかな足跡を整理していくことにする。

| | | |
|---|---|---|
| 1988年1月 | | 東北工学院計算機系計算機網絡（ネットワーク）工程研究室を設立。 |
| 1990年1月 | | 研究室を基礎に、東北工学院計算機軟件研究開発センター設立。 |
| 1991年6月 | | アルパインと瀋陽東大阿爾派音研究所有限公司を設立。 |
| 1993年6月 | | 瀋陽東大阿爾派軟件股份有限公司を設立。 |
| 1995年6月 | | 中国初の大学によるソフトパーク（東北大学軟件園）を起工。 |
| | 10月 | 国家から「国家火炬軟件基地」として批准を受ける。 |
| 1996年3月 | | 東北大学軟件集団有限公司を設立。 |
| | 3月 | 東芝と東東系統集成有限責任公司を設立。 |
| | 6月 | 東大阿爾派軟件股份有限公司を上海証券市場に上場。 |
| | 11月 | 東大軟件園竣工。 |
| 1997年9月 | | 東大軟件園全面的に使用開始。 |
| 1998年6月 | | 東大軟件園大連園起工。 |
| 1999年7月 | | 東大軟件園大連園開園。 |
| 2000年3月 | | モトローラと合弁。無線通信応用ソフト実験室設立。 |
| | 6月 | 大連東軟情報技術学院設立。 |
| | 6月 | 東大阿爾派軟件股份有限公司がノキアと合弁。 |
| 2001年6月 | | CAと戦略的提携。 |
| | 9月 | 東北大学東軟情報学院（大連）開学。 |
| | 9月 | 東軟日本支社設立。 |
| 2002年9月 | | 南海東軟情報学院開学。 |
| 2003年4月 | | SAPと戦略的提携。 |
| | 9月 | NECと応用ソフト領域で合作。 |
| | 10月 | 成都東軟情報学院開学。 |
| 2004年6月 | | フィリップスと医療機器分野で合弁。 |
| 2005年5月 | | 東北大学、東軟集団、フィリップス、アイントフォーヘン工科大学の4者合弁で東北大学中荷生物医学情報工程学院を設立。 |

### 研究室の設置と劉積仁氏

　80年代の後半、東北大学は「大学が高レベルの産業を育成しないといけない」と判断し、コンピュータ・ソフト部門に注目していく。この間の事情を赫学長は次のように証言している。「東北大学は冶金で有名でしたが、大学には資金がないので大規模な投資が必要な産業は無理でした。ソフトウェアならそれほど投資は必要ありません。知恵を生かすことができ、将来性もあるという

写真3—3　東北大学長の赫冀成氏

写真3—4　東軟集団総裁の劉積仁氏

ことで、ソフトウェア産業は大学の発展のために向いていました。また、劉積仁さんがいたことも大きいです。彼は企業を作る意思がありましたから」。

88年1月には、当時の東北工学院の研究棟の一角（50m²）に、ワークステーション3台、3人の教員で計算機ネットワーク工程研究室をスタートさせたのであった。室長は弱冠32歳の最年少教授の劉積仁氏であった。当時を振り返って、劉氏は以下のように述べている（補論Ⅰ、以下、同様）。

「私はもともと東北大学の教員で、産学連携にも興味がありました。……当初のスローガンも、『大学と企業の架橋を作ろう』というものでした。しかし、当初は考えた通りには進みませんでした。大学の技術を市場化するノウハウがなかったですし、……政策や規制の問題もありました。チャンスは多いと感じていたのですが、受け皿がなかったのです。そこで、インキュベートするための受け皿として、Neusoftを作ったのです」。「Neusoftを瀋陽に作ったとき、ほとんどの人が瀋陽をソフトウェア企業にとって適地とは思っていませんでした。……周りの人は『砂漠にオアシスを作るようなものだ』と言ったものです」。

ここから東軟集団の歴史が始まっていく。

### アルパインとの出会い

東軟集団の立ち上がりの時期に大きなチャンスとなったのは、日本のアルパインとの出会いであった[5]。80年代末、カーオーディオ・メーカーであったアルパインは低コストを求めてアジア、中国に生産拠点を検討していた。その一環として、中国東北地方を調査することになり、当時の社長であった沓沢虔太郎氏（現、相談役）は、自身の育った遼寧省丹東に向かうことにする。当時の丹東は辺境の地であり、天候不順のため瀋陽で足止めを喰っていた。

その際、政府の案内で東北大学を訪問することになる。おそらく、アルパインの団の中にコンピュータに詳しい技術者がいたのであろう。案内された計算機ネットワーク工程研究室の能力の高さに驚愕し、本来の目的とは別に、新たな合弁合作を模索、91年6月、合作（瀋陽東大阿爾派音研究所有限公司）に踏み込むことになる。研究室1室を借りてのスタートであった。総経理には劉積

写真3―5　1993年3月の東大アルパイン

仁氏が就いた[6]。

　私が93年3月に訪れた研究室は古びたものであり、十数人の助教授級の従業員たちを前に、日本人の駐在が漏らした「素晴らしく優秀。1週間ほどの日本語のトレーニングをすれば、後は完全に任せられる」という言葉が印象に残った。

　その後、事業が急速に拡大し、93年6月には、社名を「東大阿爾派（アルパイン）軟件股份有限公司」として、東北大学の敷地内に自社ビルを建設した。さらに、94年には集団公司の認可を得て「東大阿阿爾派軟件集団股份有限公司」となった。

　この東大アルパインの当初の資本金は25万ドル（アルパイン側の出資は10％程度）であったが、96年には600万ドルまで増加し、さらに、同年6月、東大阿爾派軟件股份有限公司を上海証券市場に上場させた。中国ではソフトウェア企業としては初、日本との合弁合作企業としても初という快挙であった。また、この96年には持株会社である「東方軟件有限公司（東方ソフト）」を設立、さらに、その後の主力の一つとなる東芝との合弁企業（瀋陽東東系統集成有限公司）を設立している。

### 1990年代後半の飛躍＝発展の第二段階

　この95～96年頃が東軟集団の大きな転換点というべきであり、95年6月には「東大軟件園（ソフトパーク）」の建設に入っている。この間の事情について赫学長は以下のように振り返っている。

　「96年から97年にかけて大学内で様々な議論があり、一番難しい時期でした。東大アルパインの上場後、社員の持株が高騰しました。ソフトウェア・パーク内では大学院生みたいな若い社員が大きな別荘を持つ一方で、大学の教員の住宅状況は良くありませんでした。私は当時すでに学長でしたが、小さな家に住んでいました。そんな中、ある先生の家の玄関に掲げられた正月の飾りには『アルパインのせいで一部の者が豊かになり、多くの者は貧しくなった』と書かれるほどでした」。

　「つまり、産業の文化と大学の文化のズレが大きくなったのです。言い換えれば、企業の利益と社会の価値をどうするかという問題が生じたのです。企業の利益からすれば、社員の待遇も企業への貢献に合わせて評価するということになりますが、社会の価値としては、平等に評価すべきということでした」。

　「そんな中で、劉積仁さんはソフトウェア・パークを作る計画を立てました。大学の文化と産業の文化は、結合できても融合できないと考えた結果でした」。

　このような事情を背景に、瀋陽の「東北大学ソフトパーク（Neusoft Park）」は97年9月に全面使用開始されている。

　私がこの瀋陽のNeusoft Parkを初めて訪れたのは2000年11月のことであった。約50haの敷地は全面芝生で固められ、超モダンな研究棟とおぼしき建物が点在していた。さらに、大きな池の周りにはゴルフの練習場、ホテル、別荘までが展開し、とてもアジアとは思えなかった。

　2000年11月当時、東軟集団（当時、東方軟件）の資本金は6770万ドル、売上額は10.6億元、全体の従業員は2800人であった。また、従業員の85％は大学卒以上であり、修士、博士、留学帰りも多数含まれていた。当時の株主は、東北大学、宝鋼集団、従業員持株がそれぞれ3分の1とされていた。

　当時、瀋陽のNeusoft Parkを訪れると、広大な芝生を敷きつめたソフトパークの中にモダンな建物が展開していたが、それぞれが外資企業との合弁の

研究施設であった。また、このソフトパークの中には、研究施設に加え、東軟集団のヘッドオフィス、ホテル、別荘風住宅（30〜35戸）、マンション（250〜300人規模）、ゴルフ練習場も用意され、まるで近未来のソフトパークを訪れた気分にさせられたものであった。

写真3—6　瀋陽のNeusoft Parkの本部棟（2000年11月）

写真3—7　Neusoft ParkのCTスキャナーの生産（2000年11月）

### (3) 東軟集団の輪郭と東軟情報学院

　東軟集団は設立10周年の2001年、ブランドの全面的統合を決定し、アルパインとの合弁である「東大阿爾派軟件股份有限公司」を「東軟軟件股份有限公司」に社名変更、また、東芝との合弁である「東東系統集成有限公司」を「東軟集団商用軟件分公司」に再編成している。この時点から、集団全体を従来の「東方軟件」から「東軟集団（Neusoft）」へと名称を統一している。

　さらに、2003年には、複雑になっていた所有関係等を整理し、東軟集団の株主は、東北大学、上海宝鋼集団、華宝信託、アルパイン、東芝、フィリップスから構成されることになった。なお、この時点で、東北大学の持株は23％となった。また、ソフトパーク関連についても、瀋陽、大連、南海、成都の4カ所を統括するものとして、東大軟件園産業発展有限公司を設立している。

**東軟集団の組織と事業分野**

　現在の東軟集団の組織は図3－2のように整理されている。事業分野は大きく「ソフトウェア、サービス部門」医療部門」「IT教育訓練部門」の三つに分

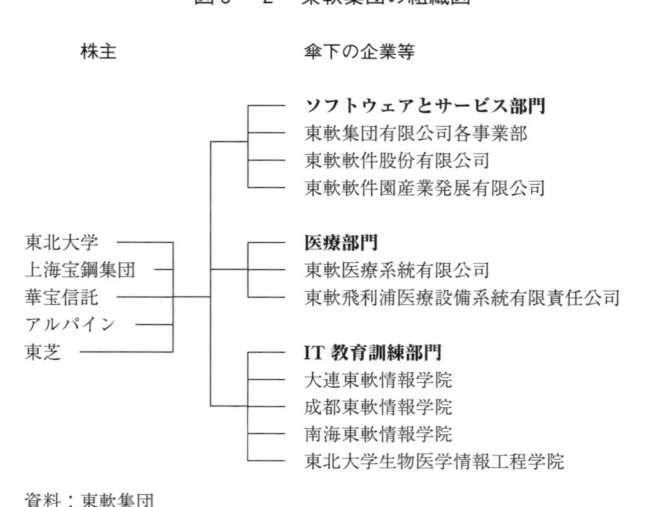

図3－2　東軟集団の組織図

株主　　　　　　　　傘下の企業等

**ソフトウェアとサービス部門**
東軟集団有限公司各事業部
東軟軟件股份有限公司
東軟軟件園産業発展有限公司

東北大学
上海宝鋼集団
華宝信託
アルパイン
東芝

**医療部門**
東軟医療系統有限公司
東軟飛利浦医療設備系統有限責任公司

**IT教育訓練部門**
大連東軟情報学院
成都東軟情報学院
南海東軟情報学院
東北大学生物医学情報工程学院

資料：東軟集団

けられている。2006年の従業員規模は8000人に達し、2007年には1万2000人が予想されている。売上額規模は2000年の10.6億元から順調に拡大し、2003年には21.4億元、2005年には28億元に達している。また、2004年からは、中国のソフトウェア輸出企業の第1位に躍り出ている。

写真3－8　最近の Neusoft Park（2006年8月）

写真3－9　Neusoft Park の会議棟

事業部門別の最近の売上構成（2004年）は、ソフトウェアとサービス関係73.1％、医療関係21.8％、IT教育訓練関係5.1％となっている。また、日本では東軟集団はアウトソーシングが中心と思われがちだが、実態は18％程度にしかすぎず、医療機器関係、国内の各種のソリューション関係の比重が圧倒的に高いものになっている。

　ユーザー別の分布は、社会保険関係36％、デジタル医療関係26％、ネットワーク・セキュリティ関係13％、企業情報化関係７％、電力関係６％、電信関係４％、デジタルメディアと教育が４％、金融証券２％などとなっている。

**事業領域の詳細**

　東軟集団の事業領域は大きく先の三つであるが、その主たる内容は以下のようである。

　ソフトウェアとサービス関係に関しては、「ソフトウェア製品」の生産、「ソリューション」「ITアウトソーシング」「BPO（Business Process Outsourcing）」から構成される。

　「ソフトウェア製品」は、オープンベース・データ管理システム、NetEyeファイヤーウォール、知識管理アプリケーション・ソフトウェア・プラットフォーム、企業管理計画制御システムなど。

　「ソリューション」は、電信、電力、社会保険、教育、税務、金融証券、交通、タバコ、放送、電子政府、医療衛生、財政、民政、統計、公安、裁判所などのソリューション、ネットワーク・セキュリティ・ソリューション、放送システム・ソリューション、情報家電ソリューションなど。

　「ITアウトソーシング」は、ソフトウェアの受託開発、ERP実施とコンサルティング、IT技術サポートなど。

　「BPO」は、コールセンター、ITヘルプデスク、データ・プロセッシング等となっている。

　デジタル医療分野に関しては、CTスキャナ、MRI、X線関係、超音波関係、レーザーカメラ等のソフトウェア、ハードウェアの開発・生産、さらに病院管理ソフトウェアなどの開発にも携わっている。特に、CTスキャナについては、

1994年に中国で初めて国産化に成功し、2005年には初めてアメリカにも輸出した。なお、東軟集団の医療機器は中国の3000の病院に納入されている。

**東軟情報学院の意義**

　東軟集団のIT教育訓練事業は、大連（2001年9月）、広東省南海（2002年[9]）、成都（2003年10月）の3ヵ所で展開されている。大連（第4章）、南海（補論Ⅲ）は別に詳細に扱うが、ここでは、全体の輪郭と考え方を明示していくことにする。

　東軟集団の設立した東軟情報学院は、正式には四年制大学の東北大学東軟信息（情報）学院と二～三年制の東北大学東軟信息技術職業学院の二つから構成されている。この点は、大連、南海、成都も同様である。先行した大連の場合は2006年1月現在、在学生は1万2000人規模に達しており、将来的には1万6000人規模が想定されている。南海の東軟情報学院は2006年現在、3500人規模、成都は2300人規模とされているが、これらも徐々に拡大していく計画になっていた。

　これらの具体的な内容は、第4章、補論Ⅲで検討することにして、その考え方を設立者の劉積仁氏は以下のように述べている（補論Ⅰ）。

　「2000年には東北大学の赫学長と相談して、……即戦力となる人材を育成するために共同で東軟情報学院を設立することにしました。これは、東北大学とNeusoftの連携をよりいっそう高めることになりました。……5年前に立てたこの戦略は成功したと言えるでしょう。大連では現在、東軟情報学院は多くの人から必要とされています。東軟情報学院は、外部環境の変化を受け入れやすいように作っています。教育というものは、新しいものを取り入れる必要がある一方で、蓄積も必要です」。

　「東軟情報学院の計画を立てる段階では、世界中の大学を回って影響を受けました。特に、アメリカの大学を訪れた時、中国の若者たちが良い環境で創造力を発揮していました。私は中国でも同じ様に若者たちが創造力を発揮できる環境を作ろうと強く思いました。そして、どこかの大学をモデルにするのではなく、現在の大学にとって必要なアイデアを盛り込んだ全く新しいタイプの大

学を作ったのです。中国の中にも伝統ある大学はたくさんありますから、そうした大学と直接競争するには時間がかかります。だからこそ新しいタイプの大学を作ったのですが、それを社会がどう見るかは社会次第と言えるでしょう」。

この点、母体となった東北大学の赫学長は以下のように述べている。「これ（東軟情報学院）は、東大アルパインの上場益を利用して作られました。非常に実践的な内容なので、学生は最新のIT技術を身に付けることができ、就職も見つかり、創業の実力もつきます。また、先生も最新のIT技術が身に付くというメリットがあります」。

このように、国立の東北大学から生まれた大学発ベンチャーである東軟集団から、さらに新しいタイプの大学が生まれていったのであった。現在、大連、南海、成都の3カ所において、約2万人の学生が学んでいる。産学連携の一つの到達点として、この東北大学、東軟集団、そして東軟情報学院を見ていかなくてはならない。

## 2. 大学に関連する企業群

以上のような東北大学、東軟集団をめぐる興味深い動きが瀋陽にあり、それに刺激されて大学教員の独立、大学と外資企業との合弁などが推進されていく。この節では、東軟集団の外資との関係、東北大学の教員の独立創業、そして、日系企業と大学との合弁企業の現状等を見ていくことにする。

### （1）　東芝に限定した東軟集団の事業部（東軟集団商用軟件事業部）

1991年にアルパインと合弁して以来、急成長を始めた東軟集団は、96年3月、東芝との合弁に踏み出す。合弁会社の名前は「東東系統集成有限責任公司」と名乗った。これは東芝が中国にパートナーを求めていたというものであり、二つの目的が含まれていた。一つは、東芝社内の開発の一部を受け持つというものであり、日本向けであった。もう一つは、東芝製品の中国進出のローカライス等というものであった。従業員40人でのスタートであった。

**合弁を解消し、専属の事業部へ**

　99年の頃には、先の二つの事業のうち、中国国内向けは東大阿爾派（現、東軟軟件）に任せ、東東系統集成有限公司は日本向けに集中していく。まだ当時は従業員60人ほどの規模であった。その後、次第に事業が拡大し、従業員数は2001年160人、2003年400人と拡大していく。

　だが、2003～2004年の頃は、東軟集団全体の事業が拡大、複雑化し、また、子会社、合弁企業も増加し、コントロールが効かなくなっていく。会議ばかりが多く、組織は混乱したとされている。そのため、体制の整備が必要になり、いくつかの部門を東軟集団有限公司直轄の各事業部として再編していく。

　一つの会社の傘下に置き、共通するプラットフォーム上で対応していこうというのである。例えば、ある部門の受注が急拡大した場合、中途採用で対応しようとすると戦力にならない場合が少なくない。これを一つの会社という枠組みの中で、各部門のリソースを調整しようというのであった。また、各事業部をユーザー各社の専属にすることにより、安心感を与えることも考慮されている。2004年末には東芝の出資を東軟集団側に移し、東東系統集成有限公司は清算、東芝からの仕事は東軟集団有限公司商用事業部が一括して対応するものになった。

　その結果、商用事業部は、毎年、東芝との間で仕事量を確認し、対応する人数を決めている。近年、この東芝向けの仕事は急拡大を示しており、人数規模も2003年の400人から2006年8月末現在では1200人規模となっている。商用事業部の瀋陽が750人、大連が360人、上海100人、そして立ち上げ中の成都は10人ほどで対応している。

　仕事の流れとしては、商用事業部側が日本に仕様の説明を受けに行き、1カ月ほど日本で調整し、中国に持ち帰り、商用事業部のメンバーで具体的な仕事に入っていく。社内では毎週プロジェクトチームによるチェックが行われ、問題があれば支援チームが乗り込み、回復し、調整していく。その後、完成すると日本に持ち込み、総合試験の環境に入れテストを行う。商用事業部としても、毎年、数百人が出張ベースで東芝を訪問している。また逆に、東芝側も常に出張者が商用事業部にいる。このような緊密な関係により、東芝と東軟集団の共

同作業が重ねられているのである。

**各大学に「強科クラス」を設置**

　近年、東芝からの仕事が拡大しているが、人員の確保は、①中途採用、②新卒採用、③他の事業部からの融通、となっている。特に、新卒採用に関しては東軟情報学院、東北大学、東北大学秦皇島分校、吉林大学、哈爾濱理工大学に東軟集団が提供する「強科クラス」を置いてある。この「強科クラス」はそれぞれ40～50人規模であり、教師と教材を提供して進めていく。

　この「強科クラス」は以前は期間1年間であったが、最近では2年間にしている。1年目は当方から大学に教師を派遣し、2年目の最後の半年程度を会社に来てもらい、卒論の作成も社内で行えるようにしている。このような「強科クラス」にいた学生は、卒業後、90％は入社してくる。「強科クラス」を希望するということは、明確な目標を抱いているということであり、それなりの努力を重ねている。また、この「強科クラス」から入ってくる社員は会社に直ぐに順応していく場合が少なくない。

　新設の東軟情報学院の学生については、まだ実績は乏しいが、印象では二極化しており、即戦力として期待できる学生も少なくない。入社後はデータを取り、他大学と比較して評価し、東軟情報学院の教務管理委員会に報告している。東北大学、東軟集団、東軟情報学院の三つの組織により、興味深い取り組みが重ねられているのである。

**日本経験の長い総経理**

　なお、この商用事業部のトップである総経理の張秀邦氏（1964年生まれ）のキャリアと考え方が興味深い。

　張氏は東北大学の劉積仁氏の研究室の出身であり、87年の卒業後は大学の教員、エンジニアとして働いていた。その後、劉教授の紹介により92年に当初1年の契約で日本に行く。当時は多くの中国人ソフト技術者が日本に向かったことが知られている[7]。特に、張氏の場合は、英語人材を探しにきた東京本郷の会社に誘われた。

写真3—10　商用業務部総経理の張秀邦氏

　当初は日本語がわからずに苦労したが、独学で日本語を習得、会社からは続けてほしいと要請され、1年の就労ビザを更新しながら、日本での仕事に従事していた。90年代には、このような形により日本でソフト開発に従事していた中国人技術者が大量にいたのである。
　98年4月には子供が小学校に入学する。日本に滞在する中国人技術者は、このあたりで大きな選択を迫られる。張氏の判断では「日本の小学校の授業は朝から昼まで。中国は朝から午後4時まで。日本で教育を受けるならば大学までいる必要がある」というものであった。また、駐日経験を深めるうちに管理的な仕事が多くなり、この点にも不満が募っていた。さらに、劉積仁氏からも東軟集団に誘われていた。このような事情から、張氏は中国の新学期に間に合わせて98年9月に帰国している。
　日本の経験の深い張氏の仕事は、日中の考え方のギャップをどのように摺り合わせていくかにある。このようなキャリアの人材が、日本と中国の橋渡しとして活躍しているのであった。

写真3—11　東軟軟件のカーナビの開発

(2) カーオーディオ、カーナビのソフト開発（東軟軟件股份有限公司）

　東軟集団の中核的企業として東軟軟件股份有限公司がある。この東軟軟件股份有限公司は、アルパインとの合弁企業であり、2001年に従来の東大阿爾派（アルパイン）軟件股份有限公司から現在の社名に変更になったものである。

　ここではアルパインとの合弁以来のカーオーディオ、カーナビゲーションの組込みソフトの開発に従事している。事業部は大きく二つに分かれ、アルパインを主力に、東芝、松下、ソニーなどの仕事を受けている。従業員規模は約500人から構成

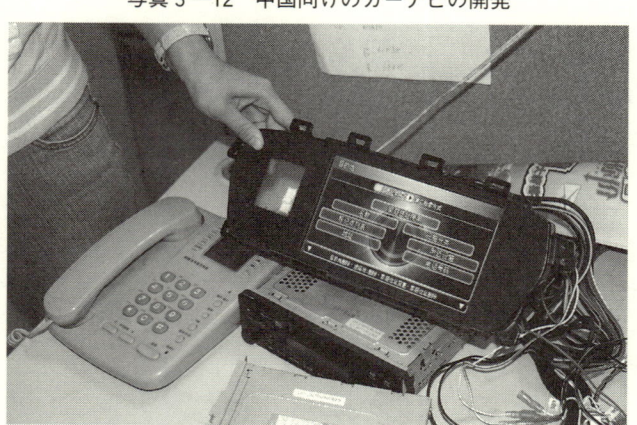

写真3—12　中国向けのカーナビの開発

され、大学院卒以上の学歴者が20％以上を数えている。

特に、中心となるのはAVNC事業部であり、オーディオ（Audio）、ビデオ（Video）、カーナビゲーション（Navigation）の開発、生産に従事する部門（Company）とされている。

従来は日本向けの開発が中心であったようだが、近年、中国でもカーナビゲーションが普及し始め、2003年頃からは広州ホンダのオデッセイ向けのカーナビゲーションの開発を契機に、レジェンド、アコード、CRVなどまでに拡大し始めている。売上も当初の予想を60％も上回る状況である。ベンツ、BMWからの依頼もあり、2006年下半期から出荷も始まる計画となっていた。

また、中国の地図データは次第に充実したものになりつつあり、北京の「高徳」のデータを購入して対応している。2005年までは全国の140都市をカバーするものであったが、2006年中には177都市にまで拡大することになっている。

このように、中国の自動車市場が拡大している現在、アルパインとの長い経験を踏まえた東軟軟件股份有限公司は、従来の日本向けばかりではなく、中国国内市場向け、さらにはアルパイン以外の企業向けも含めて、新たな市場に向かっているのであった。

### （3） 日本留学の大学教員が起業（新華通大科技）

近年の中国では、大学の教員が起業している場合が少なくない。また、中国のソフト技術者が日本に向かい、その後、帰国して起業し、日本向けのソフト開発に向かうこともよく見られる。ここで取り上げる瀋陽新華通大科技のケースは以上の二つの要素を兼ね備えているものとして興味深い。総経理の賈輝氏（1963年生まれ）は瀋陽の東北大学を卒業後、仙台の東北大学に留学、さらに日本でソフト技術者として働き、その後に帰国、そして、対日本向けのソフト企業を創業するという興味深い足跡を示している。

#### 日本から帰国して独立創業

遼寧省鞍山市生まれの賈氏は、長じて82年に瀋陽の東北大学に進み機械工学を学ぶ。卒業後、大学院は東北大学の管理エンジニアリング系に進み、修了後

写真3—13　新華通大科技総経理の賈輝氏

東北大学の教員の職に就いていた。90年には日本に留学の機会を得て、仙台の東北大学大学院の情報科学系博士課程に進む。夫人は経済学の専門家であり、一橋大学大学院を希望したのだが、日本の文部省の指定により、夫妻とも東北大学に進んだ。

　博士課程修了後、東京のNECに就職し、中国向けのプロジェクトを担当した。仙台生まれの一人娘が小学校に上がる時期になり、日本に残るか、中国に戻るか大いに悩んだが、東軟集団総裁の劉積仁氏から誘われ、2000年3月末に瀋陽に戻った。久しぶりの瀋陽は大きく変貌しており、新たな可能性を痛感させられた。帰国後のポストは東北大学の副教授と東軟集団の東芝向けソフト開発の事業部長の兼任というものであり、従業員500人のトップに就いた。

　元々、「常に一番でいたい」と考えており、独立創業することを夢見て、東軟集団は2年で辞職し、2003年に新華通大科技を設立している。東軟集団を辞めた後も、東北大学の副教授を無給のまま続けており、修士課程の学生数人を会社で指導している。中国ではこのような形は少なくない。賈氏の場合は、情報科学の分野とMBAの領域で毎年4人ほどの修士課程の学生を預かっている。さらに、また、毎年、2～3回、東北大学の日本留学希望者に対して、集中講義を行い、ポケットマネーで毎年数万元を奨学金として提供している。さらに

賈氏の住宅は東軟集団のNeusoft Parkの中にある別荘風住宅（3階建、380 m²）である。東北大学、東軟集団との関係はいまだに深いということを物語っている。

### 日本向けソフト開発に従事

新華通大科技の主要な仕事は、ソフト開発業務を中心に、ソフト製品開発、システムインテグレーション、技術コンサルティング及び人材育成トレーニング等から構成されている。2006年8月末の従業員は102人、うち75人が技術者であり、日本向けの仕事に従事している。大半の従業員は日本語対応が可能であり、日本語1級が5人、2級15人、3級20人、その他の技術者も日本語の読み取りはできる。

また、瀋陽では日本語とIT技術を兼ね備えた人材は乏しいことから、社内にトレーニングセンターを設置してある。半年ほどのコースであり、合格すれば正規の技術者として採用している。この部門には常時10人ほどが張りついている。その他の従業員は財務、人事、市場等の管理部門である。

主たるユーザーは、NEC、トランスコスモス、富士ゼロックス、応用技術、グローリー機器、日立、そして、瀋陽の東軟集団などである。ほとんど全てが日本向けである。

新華通大科技の特徴として指摘できるのは、一つに日本留学経験者が5人おり、技術が高く、日本語コミュニケーション能力が高いこと、第2に、定着率が高いことが指摘される。2005年の退職者は結婚が理由の女性1人だけであった。そして、第3は、地域の基幹企業である東軟集団に比べてコストが安いことであろう。東軟集団の場合は月人のコストは約30万円ほどだが、新華通大科技の場合は20〜25万円とされていた。

以前、大連にも支社を設置していたのだが、コストが高く、従業員の定着が芳しくないことから廃止した。賈氏の考え方では「Q、C、D」重視で、場所は選ばず、ユーザーと開発しやすい環境を作ることを経営者の責務としているようであった。2006年8月現在、瀋陽と東京のフライトは週6便、瀋陽〜大阪は週3便、瀋陽〜札幌は週2便だが、瀋陽〜韓国仁川は日4便がある。仁川を

経由すれば日本の多くの都市に問題なく行くことができる。

　賈氏自身、千葉県市川市にマンションを所有しており、また、日本の3年ビザを取得していることから、日本にはいつでも行ける環境を形成している。市川のマンションは、野村証券に勤める夫人の兄が住んでいる。かつてはビザは1年しか取れず、日本で働いていても立場が不安定であったが、状況はかなり変わってきたことがうかがえる。

　賈氏としては、瀋陽の姉妹都市である札幌に日本法人を設立することを計画していた。このように、IT関連部門は日本と中国の間がかなり緊密なものとなっているのである。

### 最近の中国人技術者の考え方

　瀋陽から日本に留学する学生は多いが、卒業後、中国に帰りたがらない場合が少なくない。その最大の理由は帰国しても良いポストがないという点にある。そのため、しばらく日本で働き、アメリカ、カナダに行く機会を狙っている。この点に関し、賈氏は「早く帰った方が良い」と指摘していた。賈氏の判断は「今でも、中国にはチャンスがある」というものである。

　また、新華通大科技の場合、2006年8月現在、日本のNECに4人、グローリー機器に5人、トランスコスモスに10人の技術者を派遣で出しているが、最近の傾向として、技術者たちは日本への派遣を好まない傾向が強くなってきた。理由は家族や恋人と離れたくないというものであり、最大1カ月程度が限度であり、2カ月以上は難しいものになってきた。そのため、立ち上げ期の1～2カ月は派遣し、その後、瀋陽に仕事を持ち帰るようにしている。また、長期派遣の場合は、時々、家族を日本に送り出すなどにより対応している。

　賈氏からは、「技術者は瀋陽以外から採用はしない」「楽しみながら仕事をしたい」「お金のためだけではない」などの言葉が出てきた。また、中国企業には珍しく、日本式の社員旅行なども毎年実施していた。2005年は観光地として著名な秦山の4泊5日を楽しんできた。これも日本経験のなせる技かもしれない。

　豊かになり、中国の若い技術者たちの考え方もかなり変わってきたようであ

る。

(4) 東北大学と日本企業の合弁企業（東洋異型管）

日本企業と東北大学との合弁企業としては、先に検討した東軟軟件（旧、東大阿爾派［アルパイン］）が知られるが、もう一つ、日本の東洋特殊鋼業との合弁である東洋異型管有限公司がある。私自身、93年8月、操業開始直後の頃に訪れたことがあり[8]、2006年8月末の訪問は13年ぶりということになった。操業開始からしばらくは日本から技術者が来ていたようだが、当初から総経理は中国側であり、東北大学の教授がその役に任じてきた。

今回は13年ぶりの訪問となったが、東洋異型管は当初の計画を上回り、中国の同業界の中でしっかりとした基盤を形成しているのであった。

**現役の教授が総経理としてスタート**

東洋異型管の日本側である東洋特殊鋼業の創業は1961年、大阪市内であった。鋼管の加工を得意とし、成形ロール、ロールフォーミング、ドローベンチの三つの方式を採用、薄肉・小径から厚肉・大径サイズまでの領域をカバーし、日本国内でもその評価は高い。加工のタイプとしてはほぼ2000種を超えるものを実現し、多品種・多サイズ、少量・小ロット、多種材料をこなすことを特色としている。材料としては、普通鋼、特殊鋼、ステンレス鋼、チタン、チタン合金、アルミ、銅、ニッケル、ニッケル合金、機械構造用鋼、高張力鋼、低温配管などのパイプ、チューブの加工に応じられる。

大阪の本社に加え、加工工場は奈良県山辺郡にあり、さらに、海外工場としては、この瀋陽の東洋異型管に加え、秦皇島に秦皇島東洋特殊鋼業有限公司を展開している。日本国内の従業員規模は80人程度である。

この東洋特殊鋼業が、91年という早い時期に瀋陽に着地したのは、金属圧力加工で世界的に著名であった東北大学の栾瑰馥さんという女性教授がおられたことによる。91年11月に設立認可、登録資本は1650万元、東北大学51％、東洋特殊鋼業49％の合弁であった。92年8月に第1期の設備が導入され、スタートしている。日本側が設備と技術、東北大学側が土地、建物を提供するというも

のであった。また、工場は郊外の北陵であるものの、企業登記を東北大学の中（南湖開発区）にしていることから、高新技術企業（ハイニューテク企業）の認定を受けていた。

　設立時の従業員数は総経理に着任した欒教授以下16人であった。東北大学からの出向が５人、内訳は講師クラス１人、実験員４人であった。その他、欒教授の研究室の大学院生が３人含まれていた。将来の目標については、1000種類のモデル、年生産5000トンを目指していた。欒教授は身分は東北大学教授のままで総経理の位置に就いていた。大学の講義は免除されていたが、大学院生の指導はしていた。欒教授は42年間も教員を務めており、この合弁企業には希望して出向してきていた。また、欒教授の給料は原則的に大学から（当時、300元）であり、操業開始後は会社からもいくらかもらうことになっていた。このような興味深い取り組みが90年代初頭の瀋陽で行われていたのであった。

　**事業として安定軌道に**

　創業後、しばらくは生産ラインは一つしかなく、製品の種類も少ないことから苦戦し、年産200トン程度で推移、当初の３年間は赤字が続いた。経営陣が大学人であるため、経営の経験もないことも災いした。その後、生産ラインも

**写真３—14　東洋異形管の生産現場**

写真3—15　東洋異形管の製品サンプル

増設し、95年にはようやく黒字転換、配当を出せるようになった。また、98年には年産2000トンにまで達し、99年からは自主製作設備も投入、当初の目標の年産5000トンに達した。そして、その後の成長は速く、2003年には年産1万トン、2005年には1万5000トンになり、売上高も1億元を超えた。製品品種も2000に達し、新製品投入、品質の向上も顕著にみられている。

この間、中国経済の発展により市場は拡大し、競争は厳しいものの、東洋異形管の市場での評価は高まり、順調に歩んでいる。主たるユーザーは国内では建設機械、農業機械、バス、エレベータ、大型空調機関係などであり、中国に進出している日立建機、東芝（エレベータ）、三洋電機（空調機）などの日本勢、LG（空調機）、オーティス（エレベータ）、GM、ATLAS（ドイツ）、GONDER（アメリカ）などの外資企業に採用されている。外資企業から大きな信頼を得るほどのものになり、国内ユーザーの半数は外資企業となっている。また、20％程度は日本、アメリカ、韓国、オランダ、オーストラリア等に輸出されている。

当初から中国側のペースで経営してきたが、現在、企業として安定してきたことから、日本側は全て任せてくれている。以前は日本の東洋特殊鋼業の社長が月に一度ぐらい瀋陽を訪れていたのだが、現在では訪中の間隔は長くなって

いる。日本側からすると事業は安定し、配当を受け取るだけの「日中友好事業」として位置づけているようである。

### 技術開発と東北大学

設立当初の総経理であった栾教授は93年末には退職し、その後、東北大学に戻り、70歳ぐらいまで大学院生の指導にあたっていた。代わりに、94年からは東北大学教授の金庸氏が総経理に着任し、現在に至っている。

2006年8月現在の従業員数は60人、東北大学の教授、副教授、講師が合わせて6～7人兼任し、出向で来ている。彼らは大学では講義はしていない。その他、四年制大学卒業以上の学歴の技術者は3分の2を占め、その他がワーカーとなる。面談に応じてくれた総経理助理兼経営部長の石俊紅さんは、元々は栾教授の大学院生であり、院生のまま創業当時から東洋異形管に勤務している。当初16人でスタートしたが、現在、その内の4人が残っている。

東北大学の教員の場合は「派遣」の形になっており、給料は企業から、福利厚生は大学から受けている。企業に出ていると研究開発の成果を論文発表できないのが悩みとされている。

日本への研修は、当初、日本語人材が乏しく、苦労して出してみたが、語学の効果はあまり大きなものではなかった。全体でこれまで二十数人を出してきたが、現在、10人ほどが残っている。この数年は日本への研修は出していない。全体的に従業員の定着は良いと受け止めていた。

技術開発に関しては、特に材料の周辺に意欲的に取り組んでいる。例えば、ステンレス、チタンなどの材料への関心が深い。これらは付加価値が高く、現状では数量的には10％程度だが、売上高は30～40％に達する。特に、ステンレスは年間1500トンに達し、利益率も高い。また、チタンについてはまだ少量だが、軽くて腐食しにくいという特性を受けて、港湾関係、化学工場設備関係、輸出用のゴルフクラブなどに採用されている。ただし、中国サイドで開発された技術が日本側で採用されたケースはない。

また、東北大学とは加工系の材料冶金実験室と交流しており、特に、表面の熱処理などを宝鋼と3者で取り組んできた。さらに、東北大学の学部生、院生

も毎年3〜4人ほどを実習として受け入れている。彼らの中から、卒業して入社してきた人が4人ほどいる。

このように、この東洋異形管のケースは日中友好を基軸に、東北大学と日本の東洋特殊鋼業とが合弁を組み、日本側技術の提供を基軸に、中国側が次第にレベルを上げ、中国国内の競争力のある企業を育ててきたというものである。当初から日本人の駐在はおらず、中国サイドが試行錯誤を重ね、安定的な事業として形成してきたことに注目すべき点がある。日本側とすれば、日中友好を意識し、事業が安定的な軌道に乗ってきたことから、配当を受け取りながら、少し距離を置いて見ているというもののようである。設立以来15年が経過し、中国の大学と日本の企業の合弁事業は、このようなものに成熟していたのであった。

(5) 東北大学の施設を借りてスタート（きもと）

地図情報、高性能フィルムで知られる「きもと」は、創業者が瀋陽育ちで哈爾濱工業大学出身という事情から、中国進出の拠点を早い時期から東北、そして瀋陽と見定め、91年8月には営業許可証を取得している。最初の着地点は東北大学の敷地内の外国人教師用の宿舎であった。私は92年8月にそこを訪れたが、当時は戸建住宅仕様の建物に日本人駐在1人、従業員15人で地図情報データの入力に従事していた[9]。当時の建物は仮のものであり、市内の新興産業実験区（工業団地を想定）といわれる場所に移ることが計画されていた。

それから13年が経ち、2006年8月末に訪れた「きもと」は、新興産業実験区の新たな工場で従業員160人規模の企業として安定的な仕事に従事しているのであった。

**アナログからデジタルへ見事に転換**

「きもと」の創業は1952年、「きもと商会」として設立されている。創立者の木本氏仁氏（故人）の父は陸軍の測量技師であり、航空測量の草分けの一人であった。終戦後、1949年頃から関係者が集まり、測量関係の仕事を始めていく。55年には、その後の当社の発展を基礎づけた無伸縮図面用紙の「アルミケント

紙」を開発、当時の通産省から補助金を得て、特許も取得している。

　この「アルミケント紙」とは、ケント紙の間に薄いアルミを挟み込み、伸縮を少なくしたものであり、測量の第2原図紙として広く普及していく。図面が手描きの時代、世界の60％のシェアを占めるものであった。

　67年には社名を「きもと」に変更、新宿の本社を基軸に、69年には茨城工場（古河市）、79年には三重工場（いなべ市）を建設、国内の生産基盤を形成していく。海外展開も早く、85年にはアメリカにも進出している。さらに94年ジャスダックに店頭登録、2005年には東証二部に上場、2006年には東証一部に上場している。海外拠点はアメリカ、中国（瀋陽）、スイスに配置してある。

　創業以来、地図情報の作図、アルミケント紙の生産で発展してきたのだが、90年代中頃には地図情報がアナログからデジタルに劇的に転換、かつての主力のアルミケント紙の需要は激減し、現在ではゼロになっている。

　このような事態に対し、機能性フィルムの領域に活路を求め、液晶用フィルムで独自領域を切り開いていく。特に、「反射」「通過性」に優れる商品名「ファイビー」を開発、大型のリアプロジェクションTV用のフィルムとして採用されている。その他、ケータイ用液晶フィルムの領域にも活路を見出し、シャープのケータイ用液晶フィルムの60％を納入するところまで来ている。このように、主力商品の激減を見事に新たな商品を開発することによって乗り切ってきたのであった。

　現在の「きもと」の事業領域は、以下の五つの領域から構成されるものになっている。

　第1に、コンピュータ出力用、設計用、印刷用、サイン・グラフィックス用等各種フィルム並びに用紙の製造・販売。

　第2に、電子・電気機器用、プリント回路用、光学機器用、情報記録用、環境測定用等各種フィルムの製造・販売。

　第3に、航空写真および各種図面の撮影並びに複製に関する事業。

　第4に、測量、デジタル写真測量、地図編纂、地図印刷。

　第5に、コンピュータ情報処理サービス並びにソフトウェアの開発・販売。

　2006年3月期の連結の売上高は305億円、従業員は連結で762人、単体で611

人とされているのである。

### 中国市場への関心の高まり

　90年の頃には、世の中がアナログからデジタルへの移行が始まりだし、特に入力業務が増大することが見込まれたことから、人件費の安い中国に注目していく。89年から中国の各地を模索し、深圳、上海、青島、大連、瀋陽を調査、最終的に瀋陽に決定する。創業者自身の育った所であり、大学が多く人材が期待されたこと、東北の交通の要衝であることも考慮された。

　そして、当時の東北工学院の院長（学長）が哈爾濱工業大学のOBであり、そのつてを頼って東北大学の外国人教師用の宿舎を借り入れてスタートすることになる。進出当初の名称は「瀋陽木本数許据有限公司」と言った。進出形態は独資であり、当初は入力したデータをフロッピーに入れ、日本に郵送していた。そして、93年には新興産業実験区といわれる現在地に自前の工場を建設していく。だが、2006年8月末に訪れた工場団地であるはずの現在地の周辺は、いつの間にか生活用品の市場と化していた。

　また、従来は測量データの入力（80人）と印刷業界のデジタル編集（50人）が中心であり、日本に送り返すという事業だけであったが、2005年には商品の

写真3—16　瀋陽木本の作業現場

輸出入が出来ることになり、2005年8月には社名を「瀋陽木本実業有限公司」に変更している。

　現在の瀋陽木本の従業員数は160人（男性：女性＝3：7）であり、先の測量データ入力、デジタル編集に加え、商品販売が付け加わってきた。特に、日本の本社で生産しているリアプロジェクションTV用フィルム（ファイビー）が焦点とされている。このフィルムに関しては、中国では大型のものが生産されておらず、従来からインターネットにより中国側からの問い合わせが来ていた。この領域で新たな可能性が生じつつある。現状では家電メーカーの多い華南の深圳に販売店を置き、ローカルの家電メーカーとタイアップする形で60インチから120インチほどの大型スクリーンを製造する方向を模索している。このような大型スクリーンのプロジェクションTVが中国で次第に南の方から売れ始めているようである。

　これだけの事業に対して、日本の「きもと」の独資ながらも、現地法人の瀋陽木本の総経理には日本本社在籍の中国人を置き、そして、日本人駐在は当初から1人体制で進めてきた。現在の日本人駐在は副総経理の中島壮夫氏（1949年生まれ）。そろそろ駐在生活2年になるが、毎日、中国人従業員たちとノミニケーションに明け暮れ、逞しく生きていた。中国人総経理からは「日本の団塊組は強い」と評価されていた。このような方たちが瀋陽の地で必死の取り組みを重ねているのであった。

　この瀋陽木本のケースは、進出当初は東北大学の宿舎を借りるなどの世話になったものの、その後、別の場所に移動し、東北大学とは事業的な関係は持っていない。ただし、測量データの入力に関しては、瀋陽農業大学測量学科の教員の協力を得て進めるものであった。このように、日本企業の中国進出に関しては、大学が多様な形で受け皿を作り、興味深い展開を進めているのである。

（6）　日本と瀋陽工業大学との合弁（ローレルバンクマシン）

　瀋陽にはここまで検討した東北大学の他に、瀋陽工業大学という理工系大学がある。瀋陽市は札幌市と姉妹関係であり、北海道大学と瀋陽工業大学との関係も少なくない。教授級の交流、留学生の交換等が行われている。特に、北海

道大学工学部に在籍され、札幌バレーの生みの親ともされている青木由直教授（1941年生まれ）は瀋陽工業大学との交流に積極的であり、86年という早い時期からハイテク企業の集積を目指した瀋陽市内の南湖開発区の三好街科技一条街に、瀋陽工業大学との合弁企業を形成していた。現在はすでに清算されているが、社名は札幌と瀋陽の頭文字を取り「4S」と言っていた。私は93年8月に瀋陽工業大学を訪れているが、当時、日本との合弁企業を5～6社スタートさせていたのであった。

このような交流がベースになり、瀋陽工業大学と日本のローレルバンクマシンとの間で興味深い合弁事業が展開されている。

### 瀋陽工業大学との合弁

ローレルバンクマシンは、1946年、貨幣計算機の製造販売を目的として大阪（淀川区）で天進商事の名称で設立されている。57年には日本銀行の要請により、紙幣計算機を開発し、併せて東京工場（北区東田畑）を設立している。その後の主要な歩みは通貨処理機の専門メーカーとして、独自な製品開発を重ねてきた。例えば、70年には世界初のコインの透明包装技術の開発、81年には日本初の窓口入金・出金機の開発など、ATM以外の銀行員が使う機械の領域を対象にしている。

現在、日本国内の従業員数は1280人、2005年の売上高は229億円となっている。本社は港区虎ノ門、国内工場（開発部門も含む）は東京工場（約400人）大阪工場（約150人）を展開している。国内工場は組立が中心だが、メカ部品は内製、電気回りは外注に依存している。この貨幣計算機の領域では、グローリー（兵庫県姫路）が最大のライバルとされている。

90年代の前半の頃に、中国工商銀行から誘われ、また、造幣局が瀋陽にあり、95年12月に工商銀行のビルの中で工商銀行との合弁事業としてスタートした。なお、中国の造幣局はこの瀋陽の他に、上海、南京にある。当時は、まだ工商銀行自身が傘下の企業で貨幣処理機を製造しており、瀋陽工業大学がその企業の技術指導にあたっていた。

だが、99年になると中国の政策が変わり、国営銀行は金融以外の業務は禁止

となり、工商銀行は撤退、代わりに瀋陽工業大学が参加することになっていく。現在の株主は、ローレルバンクマシン（40％）、広島の広島銀行系列の企業（40％）、瀋陽工業大学（20％）の構成となっている。合弁会社の名称は「瀋陽労雷爾銀行設備有限公司」と言う。技術は日本のローレルバンクマシンが持ち込み、瀋陽工業大学側は副総経理として教授を1人派遣している。事実上、ローレルバンクマシン側が運営し、瀋陽工業大学は地元との調整にあたるという構図である。瀋陽の地で、このような興味深い事業が展開されていた。

#### 中国事業の輪郭

現在の工場は瀋陽市街地にある中科院金属研究所の一角を間借りしている。現在、瀋陽工業大学が郊外に工業団地を建設中であり、2006年末までには、そちらに移転する計画になっていた。

当初、工商銀行との合弁であり、瀋陽工業大学との関連も深く、中国でのユーザーは造幣局、各銀行直、さらに警備保証会社、流通関係と拡がっていった。これらは人間関係の拡がりにより、瀋陽工業大学との付き合いが功を奏したものと受け止められていた。

2006年8月末の従業員数は20人、日本人駐在は総経理の箕浦正氏（1954年生

写真3—17　瀋陽ローレルバンクマシン

写真3—18　蔣道凱教授（左）と箕浦正総経理（右）

まれ）1人のみ、その他出張ベースで技術指導に日本から時々やってくる。現状の製品開発は日本、成型品と主要電子部品、プリント基板は日本から、ワイヤリングハーネスは深圳の日系企業から、機械加工（2社）、鈑金・プレス部品（2社）は地元のローカル企業から入れ、社内は組立専門となっていた。機械加工等の加工業者は瀋陽工業大学からの紹介によるものが少なくない。ほぼ瀋陽から遼寧省の範囲に依存している。現状、部品点数の60％強は現地化されている。こうした状況は立ち上げ期から変わっていない。

　受注は銀行直に加え、代理店経由もある。銀行直の場合は回収に問題はないが、代理店の場合は見極めが必要とされている。受注時に受注金額の30％を受け取り、納品時に60％、そして、品質の見極めが済んだ1年後に残りの10％を受け取るという形が一般的である。中国の装置物の取引条件はほぼこのような形になっている。

　当初は、100％中国市場向けを意識してスタートしたのだが、2002年に方向転換をした。半製品を日本に輸出（40％）、完成品を日本以外の海外に輸出（15％）、コイン包装機などの日本で製造した製品を中国市場で販売、そして、中国で製造した紙幣計算機等を中国で販売するといった四つの領域に整理した。この結果、輸出が55％、国内販売が45％の構成になった。この場合の半製品と

は、90％程度の状況まで製造し、仕向先による違い（10％）は日本国内の工場で調整することを意味する。

**中国市場での新たな展開の可能性**

日本の場合には、新たな紙幣を発行する場合など、日本銀行から紙幣情報が事前に流れてくるが、中国の場合は全く流れてこない。また、2005年8月には新紙幣が発行されているが、旧紙幣の回収がそれほど進まず、同時流通している。さらに、偽札も多いなど、日本とは異なった対応を必要とされてるようである。

このような事業に瀋陽工業大学が関与している意味は大きい。副総経理の蔣道凱教授（1942年生まれ）は合弁交渉時の94年から関与しており、95年の設立時から派遣されている。給料は95年以来、会社から受け取っている。日本語の達者な蔣教授自身、北海道大学への留学の経験もあり、先の青木教授の研究室に所属し、電気関係を専門としてきた。このあたりの人的ネットワークも興味深いものであろう。

瀋陽工業大学は機械、電気を中心とし、学生数1万人規模（そのうち修士課程が1000人、博士課程が300人）、本科生（学部生）中心の大学とされている。瀋陽ローレルバンクマシンにも大卒が3人いるが、瀋陽工業大学の卒業生はいない。今後は中国の事情に合った製品の開発に踏み出すことも課題とされており、瀋陽工業大学の卒業生を採りたいとの希望であった。

それにしても、貨幣という一国の根幹にあたる領域で、ローレルバンクマシンは興味深い事業に踏み込んでいるのであった。

## 3．次に向かう東北大学

ここまで、瀋陽における大学と何らかの関連を有する企業群の具体的な姿を見てきた。大学自らが参加する企業、大学教員の起業、大学と外資企業の合弁など実に多様な形が模索されていた。先に見たように、東北大学が直接100％出資する企業は23社、他との合弁企業は10社を数えている。このようなあり方

に踏み出してすでに15年、多くの企業が淘汰されたとされるが、東軟集団のような大きな成功も勝ち取っているのである。

以上のような点を踏まえ、本章を閉じるこの節では、東アジアの産学連携のトップランナーの一人である東北大学が次に目指すところを見ていくことにしたい。

### 東北大学と東軟集団

東軟集団をここまでリードしてきた劉積仁氏は次のように語っている。

「そもそも瀋陽の地でNeusoftが発展することができたのは、東北大学の支援があったからです。人材や技術面での支援以上に、チャレンジできる自信を与えてくれたのです。……東北大学とNeusoftの関係はダイナミックな連携で、Neusoftは東北大学の一部であり、東北大学はNeusoftの一部なのです。実際に、東北大学の教員がNeusoftという企業の幹部であり、Neusoftの社員が東北大学の学生でもあるのです」。

このような事情は、先のケース・スタディの中でも読み取れよう。瀋陽の地で大学と企業の関係に新たな可能性が導き出されているのである。

また、こうした点について、東北大学の側の立場について、赫学長は以下のように述べている。

「中国の大学は、文化大革命の時代までは人材育成と教育のみを行っていました。しかし、鄧小平の改革以降、人材育成と教育だけでなく、研究面にも力を入れるようになりました。その次のステップとして、社会に貢献するためにはどうすればよいのか、ということを考え始めた頃（80年代後半）でした。この3番目の役割は、大学と人材と研究成果を活用することで社会に貢献するということです」。

「中国の大学の科技園は東北大学から始まり、大学が企業を生み、社会にはばたかせ（ました）。（だが、）いつまでも企業を大学が育てるのではなく、優秀な経営者を見つけることが重要なのです。大学発の企業で失敗する例は、教授がいつまでも経営者であり続ける場合です。大学は企業を運営することではなく、企業をたくさん生むことが重要なのです。大学が企業を生み、社会が企

業を育てるのであり、大学は企業を社会に出すことが役割なのです」。

「東軟集団は1996年に東大アルパインを上場させ(ました)。……上場するまで東北大学と東大アルパインの資本関係はぐちゃぐちゃでしたが、上場を期に整理して、東北大学は東軟集団の株式の23％を所有することになりました。東軟集団の純資産は約24億元(約360億円)で、東北大学の持分は5億元(約75億円)です」。

このように東軟集団がスタートしてからほぼ15年、前例のない中で試行錯誤を重ねた東北大学と東軟集団は、一定の距離感を保ちながら、東北大学が資本の一部を保有するという形で新たな興味深い関係を形成してきたのであった。

### 情報系、生命科学への展開

冶金専門の大学として歩んできた東北大学は、90年前後から情報系に踏み出し、自動制御、コンピュータ分野で目覚ましい発展を遂げてきた。この点、赫学長は以下のように述べている。

「東北大学はもともと冶金専門でしたが、現在では世界的に斜陽な分野です。しかし、2004年の分野別評価では、自動制御では東北大学は全国第1位でした。……また、コンピュータ分野でも東北大学は第7位でした。この結果、東北大学は情報科学専門として有名になっています。さらに、これからは生命科学でも有名な大学になりたいと思っています。この分野も、もともとは情報科学の分野から参入したわけですから、将来的な可能性が拡がりました」。

このように、情報科学で一定の成果を上げた東北大学は次のターゲットを生命科学に置き、2005年には東北大学、東軟集団、オランダのフィリップス、アイントフォーヘン工科大学(Eindhoven University of Technology)の4者による合弁事業として「東北大学生物医学情報工程学院」という独立学院を、新たに東北大学の敷地内に設置している。

研究領域は生物医学の領域であり、CTスキャナ、MRIなどの医療機器のソフトウェア技術の開発を行っている。学部生と大学院生をほぼ1:1にし、研究型の大学を目指し、2010年には1000人規模をイメージしていた。

さらに、2007年には、東北大学は瀋陽の医科大学、薬学大学、農業大学と合

併し、新しい東北大学を作っていくことを進めている。明らかに、かつての冶金専門の大学から、情報系、生命科学といった現代的なテーマを追いかけながら、大学の新たなあり方を積極的に模索しているのであった。

**産学連携の今後**

　ここまで見たような興味深い経験を重ねてきた東北大学の赫学長は、産学連携の将来について、以下のような興味深い指摘を行っている。

　「産学連携はこれからも重要です。大学の知識をもっと開放しないといけません。そうすれば、もっとハイテク産業が発展する可能性があります。この10年はみんなバラバラにこうした取り組みをしましたが、もっと力を集中する必要があります。そのためには、これまでの成功体験をまとめる必要があるでしょう。……中国の改革は農村の改革、経済の改革と来て、教育の改革の段階に入りました。この教育改革は世界のモデルになるかもしれません。20年後までに改革に成功すれば、各国にも影響を与えることができるでしょう。……我々もいっぱい失敗している面もあるけれど、失敗もデータとして必要です。……常に軌道修正しています。それと、最初の目的が金儲けばかりだと失敗します。社会貢献も考えないと。……東軟は早めに上場したことで株主の厳しいチェックが働いたことが、結果として上手くいったのではないでしょうか。もちろん、劉積仁さんの能力もあります」。

　「（これからも、）未来を見てネットワーク新しいやり方を作るつもりです。そのためには、若い人が戦わないといけません。『絶対にこうやる』という決意が必要です。私もこれまで戦ってきました。正しいことのためには戦わなければいけません。推進するための迫力が必要です」。

　物事には偶然がよく働く。中国が経済改革、対外開放に大きく踏み出したのが1980年代。その時代に30歳代に入ったばかりの劉積仁氏がおり、90年前後に日本のアルパインとの出会いがあった。その頃が中国の大学改革のスタートの時期であり、強い意思を抱き、優れた指導力を備えた赫学長がいた。しかも、冶金専門の大学として将来を「情報系」に見定め、周囲の雑音に惑わされず一点突破型の展開を進めていった。そのエネルギーの集中と推進力は称賛に値す

る。

　この東北大学を焦点とする産学連携の経験と今後の取り組みは、東アジアの各国に大きな影響を与えていこう。日本の産学連携は迷走状態を続けているが、中国、特に東北大学の経験から多くのことを学ぶことができるのではないかと思う。この章では、東北大学、東軟集団の瀋陽における取り組みを中心に扱ってきた。そして、その取り組みはさらに370km南の大連に及び、さらに、広東省仏山市南海区、四川省成都、そして、上海から南京にかけての華東地域にまで向かっていくのであった。次の第4章では、東北大学、東軟集団のもう一つの拠点となってきた大連に焦点を絞り、産学連携の意味をさらに深めていくことにしたい。

1) 東軟集団の概要は、張基金『東軟迷碼』経済管理出版社、2005年、が参考になる。
2) 当時の瀋陽、および東北大学に関しては、関満博『中国開放政策と日本企業』新評論、1993年、第3章を参照されたい。
3) 当時の北京の事情は、関、前掲書、第1章、第7章を参照されたい。
4) 中国のソフト産業の輸出の事情は、中華人民共和国商務部『中国軟件出口研究報告（2005）』人民出版社、2005年、が有益である。また、中国のソフト産業の具体的な動きは、関満博編『現代中国の民営中小企業』新評論、2006年、第4章、第7章を参照されたい。
5) この間の事情については、関満博『日本企業／中国進出の新時代』新評論、2000年、第5章、同『北東アジアの産業連携』新評論、2003年、第7章を参照されたい。
6) その後のアルパインの中国展開については、関、前掲『日本企業／中国進出の新時代』第5章を参照されたい。
7) このような90年代前半における中国人ソフト技術者の日本への派遣の動きは、関編、前掲『現代中国の民営中小企業』第7章を参照されたい。
8) 1993年の東洋異型管の状況については、関、前掲『中国開放政策と日本企業』第3章を参照されたい。
9) 1993年の瀋陽木本の状況については、関、前掲書、第3章を参照されたい。

# 第4章　大連／ソフトパークと東軟情報学院

　先の第3章では、遼寧省瀋陽の東北大学と東軟集団を中心とする動きを見てきた。1990年を前後する頃から、東北大学は果敢に産学連携に踏み込み、特に、日本のアルパインとの合弁を契機に実に興味深い歩みを示してきた。その東北大学の15年は、中国ばかりでなく、アジアの産学連携の中でも最も先鋭的なものでもあった。

　そして、瀋陽での実績を踏まえ、東北大学、東軟集団は、その後、大連、広東省仏山市南海区、四川省成都市にも興味深い展開を重ねていくのであった。それらの中で、この章においては、大連での取り組みを見ていくことにしたい。

　中国東北の中心都市である瀋陽は、東北の窓口とも言うべき大連から北に約370kmの位置にある。他方、沿海に位置する大連は日本企業の中国進出拠点とされ、この15年ほどの間に中国東北随一の発展を実現してきた[1]。内陸の瀋陽で興味深い発展を示した東北大学と東軟集団は、次のターゲットを日本企業が大量進出している大連に求め、90年代末の頃から、さらに新たな階段を登り始めたのである。

　この章では、斬新な大連軟件（ソフトウェア）園（以下、大連ソフトパーク）を舞台に、華々しい展開を見せている東北大学、東軟集団、そして、それらに関連する幾つかの企業群の活動を振り返りながら、産学連携の「未来」を考えていくことにしたい。

## 1．大連ソフトパークの建設

　大連には中国で最も成功したものの一つとされる「大連経済技術開発区（通称：大連開発区）」というものがある[2]。1984年に、当時、国務院が批准した全国11カ所の経済技術開発区の一つとしてスタートしている。当初、大連市街

地の中心から大連湾を渡った北側の金州区の約3 km$^2$が対象とされ、84年10月に着工、88年から供用開始されている。マブチモーター、原田工業、毛皮のエンバ、縫製の富田などが、第一陣として進出した[3]。

その後、この大連開発区は日本企業の進出拠点となり、現在では500を超える日系企業が集積している。さらに、開発区の面積は拡大を続け、現在では大窯湾地区全体を含む約220km$^2$という巨大なものになっているのである。

他方、中国はこの外資の受け皿を形成するという「経済技術開発区」の政策に加え、91年からハイテク産業育成のために「高新技術産業開発区（ハイテク産業開発区）」政策を推進している[4]。これは80年代末における北京中関村の実験（北京新技術産業開発試験区）を踏まえ、全国主要都市の大学を中心にハイテクゾーンを形成しようというものであった。大連も当然、対象にされ、当時、全国27カ所の一つとして「大連市高新技術産業園区（通称：大連高新区）」をスタートさせている。大連の場合は、市街地の西側に展開する大学、研究所の集積するゾーンの約7 km$^2$が対象にされた。ここに立地するハイテク企業は内資、外資の区別なく、経済特区、経済技術開発区並みの優遇を受けられるというものであった。

なお、この高新区のエリア、及びその周辺には、大連理工大学、大連海事大学、大連水産学院、東北財経大学、大連医科大学、遼寧師範大学、大連交通大学（元、鉄道学院）、大連化学物理研究所などの大学、研究機関が集中している。

ただし、平地の乏しい大連高新区に立地する企業は少なく、日本企業の大半は先の大連開発区に向かうことになる。90年代を通じて、大連高新区への目立った進出は松下電器のVTRのメカニズム工場（中国華録）ぐらいであった[5]。90年代の末の頃まで、この大連高新区のゾーンは、大学は点在するものの貧弱な農地と荒地が続いていた。

だが、97～98年頃から、このエリアに興味深い動きが生じてくる。

（1） 億達総公司と東軟集団

このエリアの中に、紅旗鎮という鎮があった。元々は紅旗人民公社であった

のだが、84年に人民公社が解体され、残された指導者が必死に大連市政府の建築部門の人材をスカウトし、郷鎮企業を立ち上げていく。当初、従業員は地元の農民であり、技術レベルが低く、苦労を重ねていく。その後、内装部門に進出し、レベルの高い華南にも人を出して技術を上げていった。

　80年代末からは不動産部門にも進出、92年の鄧小平の「南巡講話」以降、大発展を示し、大連を代表する不動産会社になっていく。その名前は「億達総公司」と言う。

**億達総公司の登場**

　他方、当時の大連市長であった薄熙来氏（現、国務院商務部長）は、97年にシンガポールを訪問、ソフトパークに刺激を受け、帰国後、大連高新区にソフトパークを建設することを構想する。これに応えたのが、億達総公司の董事長孫蔭環氏であった。

　これより先、96年2月に、億達総公司は日本の工作機械メーカーである日平トヤマと合弁契約を結んでいる。それは、億達総公司の傘下にあった渤海機床廠の工場の中に日平トヤマが入るというものであった。96年4月には操業開始している。現在の大連ソフトパークのど真ん中に、不自然な形で工作機械製造

写真4－1　大連ソフトパークの創業センター

の日平トヤマが展開しているが、そうした事情による[6]。

　私は97年8月末に日平トヤマを訪れたが、クルマを降りてから日平トヤマまで、未舗装の道路を歩き、最後は藪の崖を登った記憶がある。貧弱な農地と荒地の間に、日平トヤマが建っていた。その頃のことを思い出すと、隔世の感がする。その後のわずか5〜6年で劇的に変わったのであった。

　その97年8月末には、億達総公司を訪問し、董事長の孫蔭環氏とも面談した。孫董事長は「当初は大連開発区型の開発を考えていたのだが、時代が変わってきた。あの高新区の中の3km$^2$を買い取り、ソフトパークを建設する」と語っていた。当時、私は「中国でも民間の不動産業者がソフトパークを開発する時代なのか」と時代の変化をしみじみ感じていた。また、その97年8月当時には、このエリアには先の日平トヤマと、もう一つ、建築を途中で止めたのではないかと思わせるコンクリートの打ちっぱなしの廃墟のようなものがあった。この廃墟を思わせた建物が、現在の「創業中心（センター）」となっていった。

### 瀋陽から東軟集団が参加

　98年に大連ソフトパークが正式に開発がスタートして以来、国家からも注目され、「国家火炬計画軟件産業基地」「軟件産業国際化都市」として全国で初めて認定された。現在、全国的に「ソフトパーク」は100カ所ほどとされているが、国家級の「軟件産業基地」は11カ所、国家級の「軟件輸出基地」は5カ所とされている。主要なソフトパークとしては、対日アウトソーシング基地的性格の強い大連の他には、欧米系中心の北京ソフトパーク、通信系の上海ソフトパークが知られる。私は北京、上海のソフトパークのいずれもを見ているが、明らかに大連が最も進んでいると実感している。

　この大連ソフトパークは、億達総公司の全額出資の大連軟件園（ソフトウェアパーク）股份有限公司が保有し、管理している。そして、もう一人の重要なプレーヤーが東軟集団ということになる。

　大連進出を模索していた瀋陽の東軟集団は、開発当初から加わり、大連ソフトパークの中の67haを取得、東軟軟件股份有限公司大連分公司を設立、瀋陽の東大軟件園（Neusoft Park）の経験を踏まえ[7]、大連に新たなNeusoft Park

写真4-2　大連ソフトパークの管理部門のビル

写真4-3　大連ソフトパークの模型

を建設していく。98年には着工、99年7月25日には第1期の建物を竣工させている。

　その後、東軟集団は教育施設の東軟信息(情報)学院(通称：東軟情報学院)、新たな本部棟等、次々に建物を建設し、大連ソフトパークのランドマーク的な存在になっていくのであった。これらの中でも、後に述べる「東軟情報

学院」は際立った事業として注目されよう。

(2) 大連ソフトパークの意義と現状

この大連ソフトパークの進出企業には、以下のような幾つかの優遇措置が提供されている。

① 新規ソフトウェア企業の企業所得税（法人税）は、利益が生じた年から２年間免除、以降３年間半減（通常は30％）。
② 輸出額が全収入の70％を超えれば、企業所得税は10％に減額。
③ 高新技術企業に認定された企業の国内販売の場合の増値税は、実質税負担額が３％を超えた部分を企業に返還する（通常の増値税は17％）。
④ 高新技術企業がソフトウェアを輸出する場合、増値税と輸出関税を免除。技術輸出の場合は、営業税と所得税を免除。

以上は、ソフトパークに対する国家の優遇だが、大連の場合は、さらに、市レベルでの優遇が追加されている。

⑥ 大卒以上の外地人材を採用する場合、大連市の戸籍を無条件で与える。

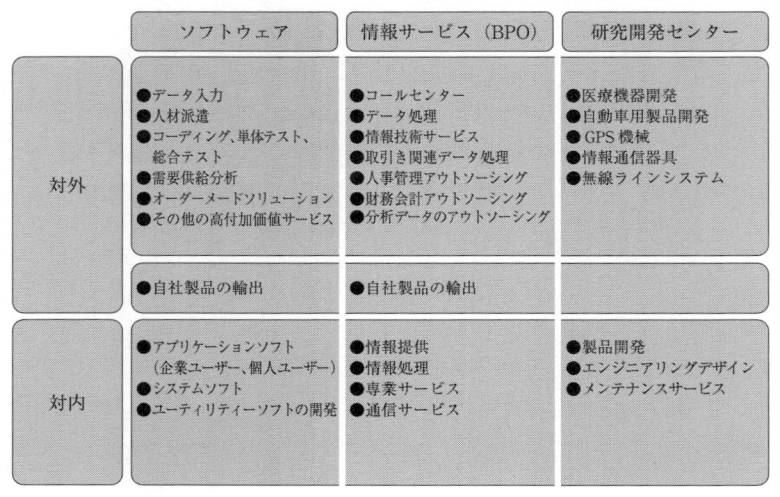

図４―１　大連のソフトウェア、情報サービス産業の輪郭

| | ソフトウェア | 情報サービス（BPO） | 研究開発センター |
|---|---|---|---|
| 対外 | ●データ入力<br>●人材派遣<br>●コーディング、単体テスト、総合テスト<br>●需要供給分析<br>●オーダーメードソリューション<br>●その他の高付加価値サービス | ●コールセンター<br>●データ処理<br>●情報技術サービス<br>●取引き関連データ処理<br>●人事管理アウトソーシング<br>●財務会計アウトソーシング<br>●分析データのアウトソーシング | ●医療機器開発<br>●自動車用製品開発<br>●GPS機械<br>●情報通信器具<br>●無線ラインシステム |
| | ●自社製品の輸出 | ●自社製品の輸出 | |
| 対内 | ●アプリケーションソフト（企業ユーザー、個人ユーザー）<br>●システムソフト<br>●ユーティリティーソフトの開発 | ●情報提供<br>●情報処理<br>●専業サービス<br>●通信サービス | ●製品開発<br>●エンジニアリングデザイン<br>●メンテナンスサービス |

資料：大連軟件園

⑦ パーク内のソフトウェア企業では、会社負担の養老保険などは、社会平均給与ベースで支払う。
⑧ パーク内のソフトウェア企業の従業員で、年収6万元を超えた場合、支払った個人所得税の一部を個人に返還する。

そして、このような枠組みの中で、大連ソフトパークには多くの内資企業、外資企業が進出していく。2006年1月現在、進出企業は約280社、うち4分の1ほどが外資企業とされている。なお、進出する企業は土地の使用権を取得して自前で建設する場合と、ソフトパーク側が用意しているビルに入居するなど多様な受け皿が用意されている。提供されている施設としては、インキュベーション施設である創業センター、ソフトウェア企業向けのオフィスビルの科技ビル、国際新発展ビル等、40万m²の施設が整備されている。なお、GENPACT（GEキャピタル）やSAP、住友電装が入居するGEビルは、GEの要請の下に建設されたオーダーメード型の賃貸ビルである。

### 大連ソフトパークに進出している企業

現在、大連ソフトパークには実に多くの企業が集積しているが、主要な業務は大きく分けて「アプリケーション開発・オープンシステム開発」「組込みソフト開発」「BPO：Business Process Outsourcing」「製品開発センター」「CAD図面作成」などとなっている。

「アプリケーション開発・オープンシステム開発」の部門では、IBM、アクセンチュア、HP、NEC、ソニー、川崎重工、住友電装、トライアルなどの外資の他に、東軟軟件、華新[8]、海輝、清華同方（北京）、中軟（北京）[9]、信雅達（杭州）などの国内の有力企業が進出している。なお、IBMは 従業員規模700人となり、2005年にはパーク内で新たなビルに移転している。

「組込みソフト開発」では、カーオーディオの東大アルパイン、携帯電話の松下通信、プリンターの沖データなどの有力企業の他に、中堅企業の古野電気、メタテクノなどもおり、さらに、エリクソンなどの欧米勢も進出している。

「BPO」に関しては、最近、急拡大の様相を示している。進出企業はGENPACT、Dell、アクセンチュア、SAP、CSK、HPなどがある。

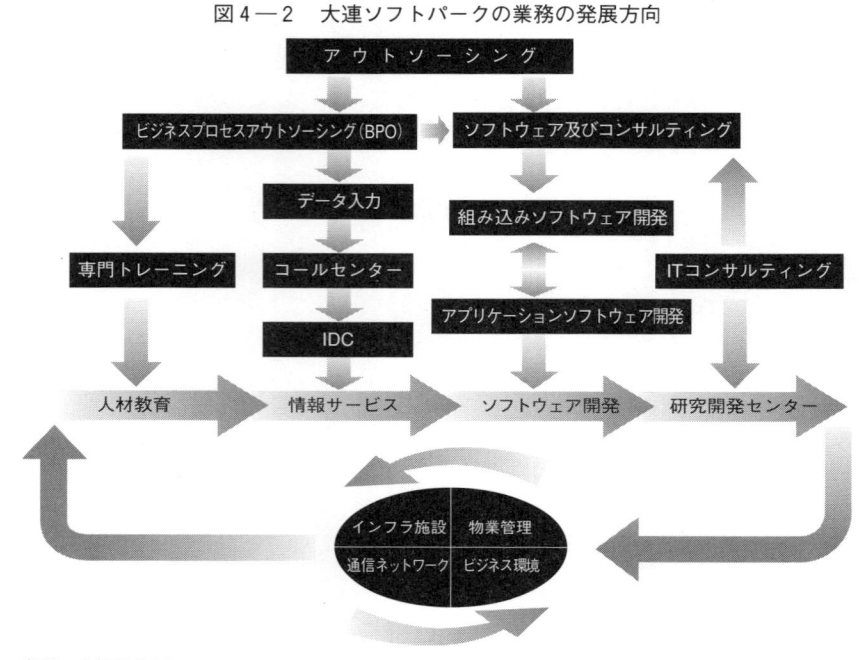

図4―2　大連ソフトパークの業務の発展方向

```
                    アウトソーシング
           ┌──────────┴──────────┐
  ビジネスプロセスアウトソーシング(BPO) → ソフトウェア及びコンサルティング
           │                              ↑
        データ入力                    組み込みソフトウェア開発
           │                              ↑
  専門トレーニング  コールセンター    ITコンサルティング
                      │
                     IDC       アプリケーションソフトウェア開発

    人材教育      情報サービス    ソフトウェア開発    研究開発センター

              ┌─────────┬─────────┐
              │インフラ施設│物業管理  │
              ├─────────┼─────────┤
              │通信ネットワーク│ビジネス環境│
              └─────────┴─────────┘
```

資料：大連軟件園

「製品開発センター」としては、オムロン、アルパイン、松下電器がある。

「CAD図面作成」は、日立造船（大連全数科技）、UEL、フジオーネ・テクノ・ソリューションズなどがある。

現在、この大連ソフトパークで働いている人材の数は、2万人弱にのぼっている。また、2005年6月の大連ソフトパークの調査によれば、進出企業の業務分野は、対日業務51％、国内業務30％、対米業務14％、その他5％とされていた。明らかに、大連ソフトパークは対日業務中心と言えそうである。

なお、この大連ソフトパークの業務の発展方向については、図4―2のような流れとなっている。

### 大連ソフトパークのサービス

大連ソフトパークは、2003年にISO9001の認証を取得している。認証内容は

写真4—4　大連ソフトパークの対日スタッフ／左から岳一笑さん、三上吉彦氏、鈴木薇さん

「パーク開発コンサルティング」「物件管理」「不動産開発」の三つであり、大連ソフトパークのサービスを提供していく際の基礎となっている。現在の主要なサービスは以下の通り。

　**人材資源**——「人材募集」を地元から東北3省、西北部、日本、韓国、香港、シンガポールなどにまで拡げる。「教育」に関しては、学歴教育、専門教育、外国語教育、コンピュータ・トレーニング、ソフトウェア開発者認定などを行う。さらに、人材派遣を行う。

　**市場開拓**——マーケット情報の入手、会議、セミナー、交流活動、展示、プロジェクト毎のコンタクト、産業説明会の開催、訪問接待など。

　**行政管理**——新規登録、会社登録代理、税務手続代理、保険代理、政府とのアレンジ、優遇政策の紹介などを行う。

　**インキュベーション**——小規模事務所の提供、特別租税措置の紹介、公共ビジネスサービスの共有、ベンチャー・キャピタルの紹介などを行う。

　**事業機会の提供**——企業の紹介とコンタクト、対象先への訪問と場の設定、投資コンサルティング等を行う。

　なお、対日業務に関しては、大連軟件園股份有限公司の業務解決方案中心が担当しており、主として三上吉彦氏と岳一笑さんが対応してくれる。

三上吉彦氏（1942年生まれ）は、カーネギーメロン大学の大学院を修了、日本 IBM に定年の60歳まで勤務した。その後、大連外国語学院で日本語講師を勤め、2003年から大連ソフトパークに移籍した。コンピュータソフト開発の専門家であり、また、世話好きであることから、進出日本企業に深く信頼されている。
　岳一笑さんは、大連外国語学院の日本語専攻を卒業後、1年間、日本に留学している。帰国後、瀋陽の東北大学で日本語の教鞭をとり、その後、大連ソフトパークに移籍している。日本語のレベルが高く、日本の事情にも明るい。また、鈴木薇さんは日本人と結婚された中国人であるが、2005年末に退職し、日本に向かった。
　このような方たちが対日業務の前線に立ち、丁寧な対応をしてくれることが大連ソフトパークに日系企業が大量に進出していく背景になっているのである。

**大連ソフトパークの第2期計画**
　この未来型の大連ソフトパークの設計は、イギリスのアトキンズが行った。現在、すでに第1期の3 km²の敷地はいっぱいになってきており、2003年には第2期計画をスタートさせている。場所は大連市街地から旅順に向かう旅順南路沿いであり、第1期分の西側に計画されている。第2期計画の基本理念は「緑のシリコンバレー」というものである。計画敷地面積12km²、総建設面積は400万 m²とされている。コンセプトはドイツのシンクタンクに依頼し、建設の総合計画はアメリカ2社、ドイツ2社、中国1社のコンペを通じて、ドイツのゲースラーが落札した。
　この第2期計画は「専門化」「規模化」「国際化」を原則にし、ソフトウェア開発区、技術研究区、情報サービス区、日本 IT 企業団地、教育トレーニング区、大型企業専用区を中心に建設し、付帯の施設として、公共サービス区、通信技術サービス区、ビジネス開発区、高級住宅区、海岸公園などを配置していく。この第2期は5〜10年をかけて建設していく計画であり、人口5万人を想定している。
　旅順南路というと草深い所とのイメージだが、2005年10月に通りかがると第

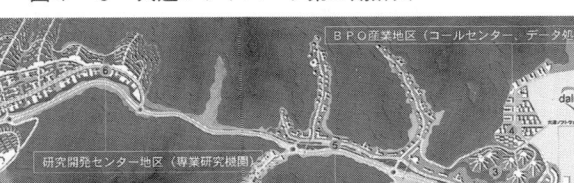

図4－3　大連ソフトパーク第2期計画

資料：大連軟件園

1期地区からクルマで10～15分ほどの距離であり、すでに造成が開始されていた。むしろ、明るい海岸と緑の丘陵に囲まれる魅力的な場所であった。

また、この第2期の一番東端には、2006年に入ってから、大連ソフトパークとシンガポールのアセンダスとが共同で敷地面積35ha規模の「大連ソフトウェアパーク・アセンダスパーク」を開発している。アセンダスとは、世界最強の地域開発グループとして知られるシンガポールのJTC（ジュロン都市公団）の流れをくむものであり[10]、インドのバンガロール、中国の蘇州工業園区[11]を取り仕切った会社として知られている。このアセンダスの場合は、開発ばかりでなく企業の誘致まで手掛ける。2006年6月にはこの第1期分の12万$m^2$の造成が完成する予定となっている。

以上のように、大連ソフトパークは、未来型のソフトパークとして興味深い歩みを示している。大連の民間不動産会社の億達総公司を軸に、もう一人のプレーヤーの東軟集団が加わり、中国における地域開発に新たな可能性を示したものとして注目しなくてはならない。

第4章　大連／ソフトパークと東軟情報学院　151

## 2. 東軟情報学院の設立

　第3章で見たように、瀋陽の東北大学は産学連携、大学の研究成果の事業化に意欲的であることはよく知られている。1991年当時、東北大学の計算機系軟件与網絡工程（ソフトウェアとネットワーク・エンジリアリング）研究室の室長であった劉積仁氏（1955年生まれ）を中心に東方軟件有限公司（現在の東軟集団）を設立、さらに、97年7月には瀋陽郊外に東大軟件園（Neusoft Park）を展開している。この瀋陽の Neusoft Park では、東軟集団と世界の有力企業が合弁、合作を重ね、興味深い展開に踏み出していった。

　以前から370km 南の大連への展開が模索されており、98年には大連ソフトパークの67ha を取得、東大軟件園大連分園の建設に入っていく。その全体については後述するが、その中の最も興味深い事業が、2001年7月に開学した東軟情報学院の設立であろう。

　この点、劉積仁氏は以下のように述べている。「東軟情報学院の進出以前は、大連のソフトウェア産業の規模は小さく、人材もいませんでした。しかし、大連市長や副市長がソフトウェア産業を育成したいという意思を持って、積極的に活動していました。その頃の中国は『製造業の基地』という位置づけで、サービス分野やソフトウェア産業の発展はこれからという印象でした。それでも、サービス分野やソフトウェア産業については、日本に近いので日本のノウハウを利用できるという判断もありました。日本から毎日フライトがあるのは東北地方では大連だけでしたので、大連に進出する魅力があったと言えます。もっとも、大連には国際化された人材が不足していましたので、人材育成のための教育機関として東軟情報学院を大連に設立することから始めました」（補論I）。

　現在、東軟情報学院は正式には、四年制大学の東北大学東軟信息（情報）技術学院と二〜三年制の専門学校である大連東軟信息技術職業学院、そして、2005年10月からは大学院である東北大学研究生院大連分院から構成されている。

　当初の設立目的は、東軟集団への人材供給にあったのだが、開学以来5年を

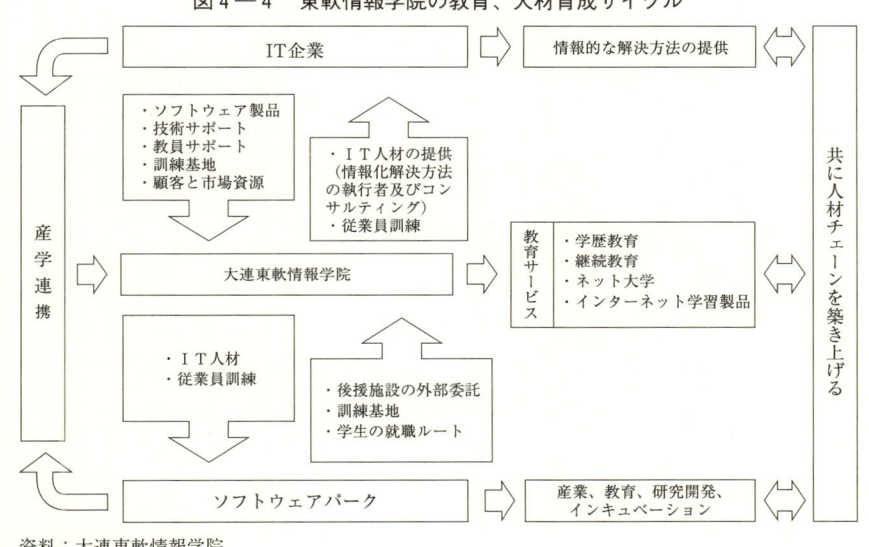

図4—4　東軟情報学院の教育、人材育成サイクル

```
┌─────────┐        ┌───────────────┐
│ IT企業  │  ⇒    │情報的な解決方法の提供│
└─────────┘        └───────────────┘
 ・ソフトウェア製品
 ・技術サポート          ・IT人材の提供
 ・教員サポート          (情報化解決方法
 ・訓練基地              の執行者及びコン
 ・顧客と市場資源         サルティング)
                         ・従業員訓練
                                        ・学歴教育
  大連東軟情報学院              教育    ・継続教育
                              サービス  ・ネット大学
                                        ・インターネット学習製品
 ・IT人材              ・後援施設の外部委託
 ・従業員訓練          ・訓練基地
                      ・学生の就職ルート

 ソフトウェアパーク  ⇒  産業、教育、研究開発、
                          インキュベーション
```

（左側：産学連携／右側：共に人材チェーンを築き上げる）

資料：大連東軟情報学院

経過し、より社会に開かれたものに進化してきている。この節では、未来型の大学を目指す東軟情報学院の概要と目指すところを見ていくことにする。

（1）　東軟情報学院の輪郭

　東軟情報学院からの提供資料によると、「東軟集団は大学から生まれた企業であり、グループの技術と顧客のニーズを基に、全く新しい教育モデルを創り上げ、大連ソフトウェアパークと共同出資で『東軟情報学院』を設立し、教育と産業ソフトウェアパークを有機的に結合させ、『教育と産業、企業の人材サイクル』を形成した」と述べている。

　出資者は東軟集団（60％）、大連ソフトパーク（40％）であった。国立の東北大学が設立した民間企業の東軟集団が、大連の民間企業である大連ソフトパークと合弁して、新たな私立大学を設立したという構図である。設立当初、この東軟情報学院は中国で最初の民営のソフトウェア専門学校であった。現在では中国全土に35校の国家級ソフトウェア職業技術学院の一つにも認定されて

写真4—5　東軟情報学院の正門

写真4—6　東軟情報学院のキャンパス

いる。学生数は2006年1月現在、1万2000人であり、最終的には1万6000人を想定している。中国のソフトウェア職業技術学院では最大の規模を誇っている。なお、2004年4月28日には、国家教育部から全日制四年制普通大学として承認された。

　敷地面積50ha、建物面積35万m$^2$である。教育施設、学生寮、企業の研究施

写真 4 — 7　東軟情報学院の学生寮

設（3棟：東軟集団、アルパイン、HP）などから構成されている。なお、この東軟情報学院は、大連ばかりでなく、広東省仏山市南海区（2002年開学、敷地面積16ha、建物面積11万 $m^2$、学生数3500人）と四川省成都（2003年開学、敷地面積27ha、建物面積5万 $m^2$、学生数2300人）にも展開されている。これらは中国で初めての企業の投資により創られたIT専門学府で、中国初の「ノートパソコン大学」と呼ばれている。全学生がIBMのノートパソコンを保有する全国初の大学ということになる。なお、2006年1月現在、南海と成都の東軟情報学院は正式の四年制大学の承認は得ていない。そのため、3年修了後、大連の東軟情報学院に編入してくる学生もいる。当然、南海、成都共に将来は四年制大学の承認を目指している。また、成都の東軟情報学院はソフトウェアパーク建設を含めて、地元成都市政府の強い要請に応えたものとされている。

## （2）　教育理念と教育体系

東軟情報学院の開学にあたっての「理念」は以下の三つである。

　**教育理念**　教育が学生の価値を創り出す。
　**運営方針**　専門的教育、企業的管理、社会支援・サービス。
　**育成目標**　国際的、実用的、個性的。

写真4—8　東軟情報学院の授業風景

　この理念にしたがって、学院の学生ばかりではなく、社会を対象に生涯教育サービスを提供している。フェース・トゥ・フェース教育に加え、E－ラーニングを組み合わせる総合的な教育サービスを行う。学歴教育としては、二～三年制の専門学校教育、四年制の本科教育、さらに東北大学の分院としての大学院教育を重ねている。さらに生涯学習としてはオンライン大学を編成している。なお、このオンライン大学では50万人の人が学んでいるとされている。

**学科編成**
　四年制本科教育の学科編成（10コース）は以下の通り。
　情報科学科（日本語）
　情報科学科（英語）
　ITビジネスマネジメント科（日本語）
　ITビジネスマネジメント科（英語）
　ソフトウェア・エンジリアリング
　E－コマース
　情報管理システム
　デジタルアート（アニメーション）

日本語科
英語科

また、二～三年制の専科の学科（8コース）は以下の通り。
コンピュータ・ソフトウェア開発
コンピュータ応用
E－コマース
マルチメディア技術対応
コンピュータ日本語
コンピュータ英語
企業情報化管理
アニメーション設計、制作

　これらの中で注目すべきは、語学教育に力が入れられている点であろう。いわば、日本語、英語の出来るコンピュータ技術者の養成が指向されている。本科生の場合、日本語と英語のどちらかを第一専攻、第二専攻として義務づけている。2006年1月現在、本科3～4年生約2000人のうち、第一専攻で日本語を選択した学生は532人、その他は英語を第一専攻にしていた。ただし、全体的な傾向として、日本企業の大量進出という大連の特殊性が働き、日本語専攻の学生が増加傾向にある。

### 学費と図書館、教員

　なお、中国の国立大学の年間の学費は5000～6000元ほどだが、東軟情報学院の場合は年間1万6000元、さらに寮費が加わる。国立大学の3倍ということになる。それでも、入学希望者は殺到している。彼らの判断では、就職が良く、3～4年で回収できるというものであった。実際、中国の大学の就職率は一般的には70％程度であるが、2005年6月の東軟情報学院の卒業生（本科1500人、専科300人）は95％水準を達成していた。

　教員については、外国人専任教員が40人以上を数えている。これは著名な大

写真4—9　東軟情報学院の図書室（学習室）

連外国語学院の外国人教員よりも多い。アメリカ、カナダ、オーストラリア、日本から来ている。日本語教員は7〜8人を数える。

　また、この東軟情報学院の教員編成で興味深い点は、ダブルサラリー制を導入し、企業からの派遣教員を100人以上も導入している点であろう。東軟集団、Cisco、SAPなどのIT企業から導入している。さらに、毎年、20〜30％の専任教員を選抜し、東軟集団の研究開発に従事させ、教員の知識の更新を図っていることも興味深い。

　図書館も「ノートパソコン大学」と言われるだけのことはあり、興味深いものであった。図書館に赴くと、図書は新着雑誌以外は見当たらない。約6万冊の図書は全てPDF化されている。閲覧室ではなく、広大な1万席の学習室が用意され、学生はパソコンをつないで閲覧、学習していた。なお、学内全体にパソコンの接続用ノードは3万カ所用意されている。

（3）　大学生創業センターと個別企業クラス

　実践教育を掲げることだけのことはあり、学内には「大学生創業センター」が設置され、また、4年次学生に対しては「個別企業クラス」が提供されている。

写真4—10　東軟情報学院大学生創業センターの企業

「大学生創業センター」はキャンパスのA1教育棟の一部に設置されている。別名（SOVO：Student Office, Venture Office）と言われていた。これは、主として3年次生以下の学生を対象に企業を創らせるというものである。1社30～50人の学生を集め、会社の設立から指導、当初は大学からホームページの作成などを依頼する。その後、東軟集団などからの受注をこなしながらレベルを上げていくというものである。中には、対日アウトソーシングを意識した会社（陽光公司）もあった。

社長、営業、財務、人事等の担当を決め、会社の設立から運営まで経験させていくことになる。2006年1月現在、この大学生創業センターには7社が入居していた。参加している学生は月に500～2000元ほどの収入を得ていた。また、この大学生創業センターを経験した若者で、すでに独立創業している企業が2社ほど確認された。

また、東軟情報学院は3学期制をとっており、夏休み前後の1カ月を「実践学期」としている。学内での企業実習と学外でのインターンがある。特に、4年次生に対しては「個別企業クラス」が用意されている。例えば、東軟クラス、GEクラス、アルパインクラス、SAPクラス、東芝クラスなどであり、企業側からするとリクルートを兼ねた「予備社員」としている。最大は東軟クラスで

写真4―11　東軟情報学院の敷地の中のアルパイン

あり各事業部毎に40〜90人を受け入れている。その他、アルパインは40人、東芝は60人を2クラスに分けて提供している。各クラスから就職していくことも少なくない。

なお、東軟集団との関わりの深い、アルパイン、HPは東軟集団と共に、東軟情報学院の敷地の中に3棟建設されている「企業棟」に入居しているのである。

「未来」に向けた大学

また、この東軟情報学院は世界の情報系の大学と教育リソースの共有を図っている。アデライド大学、スインブレン大学、シドニー科技大学といったオーストラリアの大学、さらに、ワーウィク大学、ティーサイド大学といったイギリスの大学である。さらに、企業との関係では、東軟集団とCiscoネットワーク技術学院と提携（2000年10月）以来、SUNの新技術研究開発センターと提携（2001年7月）、東芝と戦略パートナー提携してデジタルキャンパスを設立（2001年11月）、BEAと教育業務提携（2002年4月）、オラクル大学と提携（2002年7月）、IBMと教育戦略提携（2002年10月）、日本の旺文社と教育業務提携（2003年3月）[12]、SAPと戦略パートナー提携（2003年4月）と重ねてき

た。

　世界の情報系の大学にとっても、さらには、世界の先端的な企業の教育、産学連携の可能性にとっても、この東軟集団、東軟情報学院との提携は、興味深いものになるのではないかと思う。

　これだけの新たなタイプの大学を設立してきた学長の劉積仁氏に「モデルとした大学はあるのか」と尋ねると、彼は「アメリカの幾つかの大学は参考にはしたが、全くの自分のアイデアで作り上げた」と答えていた。なお、中国のビル・ゲイツと言われる劉積仁氏は東軟情報学院の薫事長であると同時に、東北大学の副学長、東軟集団の薫事長・総裁をも兼務しているのである。

　また、この東軟情報学院にも興味深い日本人がいた。江口朋行氏（1979年生まれ）である。江口氏は佐賀県出身、高校を卒業してすぐに大連に留学、中国語の修得を含めて7年間の留学となった。その後、2004年、この東軟情報学院に就職している。東軟情報学院の職員の唯一の日本人であり、国際合作与交流中心の対日本担当を務めている。このように、中国に新たな活躍の場を見出す若者が登場してくることが、日本と中国の新たな時代を切り開くことになっていくであろう。

　東軟情報学院は2001年9月に開学され、2005年6月に最初の本格的な本科生を卒業させた。就職率は95％にものぼった。大学の評価はやはり卒業生が社会で活躍していくことにかかっている。そうした意味では、この東軟情報学院の評価はこれからであろう。「未来」に向けた大学のこれからが興味深い。

## 3. 大連ソフトパークの企業

　2006年1月現在、大連ソフトパークには約280社が進出している。そのうち4分の1ほどが外資企業とされている。GE、IBM、HP、アクセンチュア、SAPなどの欧米の有力企業が進出し、日本勢も松下電器、松下通信、NEC、ソニー、CSK、住友電装、沖データなどの有力企業に加え、中小企業の進出も少なくない。

　かつて、私たちは現代中国の民営中小企業研究の一環として大連ソフトパー

写真4―12　大連ソフトパークIT事業部の受付

クを扱い、中軟、同州電脳、冰山天翼信息科技の民営企業3社を取り扱ったことがある[13]。今回は大連ソフトパークの代表的な外資企業を中心にケース・スタディを重ね、大連ソフトパークの意義を深めていきたいと思う。

### （1）　進出企業のサポート（大連ソフトパークIT事業部）

1998年に大連ソフトパークが設立されると同時に、その所有、管理、サービス部門として大連軟件園股份有限公司が設立されている。億達総公司の100％出資会社であり、億達の董事長である孫蔭環氏が董事長を兼任している。当初はソフトパークの管理を行うものであったが、次第に他の業務が拡大していく。特に、進出企業の支援が不可欠なものになり、業務の幅が一気に拡がっていった。特に、2003年、IBMが入居して以来、アプリケーション・ソフトの開発支援、BPOの要請が高まっていった。

その結果、大連軟件園股份有限公司の中にIT服務与合作事業部（通称：IT事業部）が設置され、そのような要請に応えていった。その結果、IT事業部の現在の業務は、「アプリケーション・ソフトの開発」「組込みソフトの開発」「BPO業務」「CAD業務」「人材派遣」「教育研修業務」へと拡がっていった。

この間、従業員規模も膨らみ、2003年の40人から、2004年170人、2005年260

人、2006年は300人が見込まれている。売上額規模も2005年には4億元に達し、2006年は7億元が見込まれているのである。

### シミュレーション会社を設立するモデル

現在のIT事業部の業務のスタイルは大きく五つのモデルに分けられている。
「モデル1」は、通常の受注開発である。
「モデル2」は中国の事情のよく分からない企業を支援するというものであり、このIT事業部の特性を象徴する際立ったモデルであろう。

このケースは、2003年にIBMが進出してきてから模索された。IBMは人材の調達、あるいは、中国人をベースにする事業展開のノウハウがなく、大連ソフトパーク側に支援を依頼する。人材の調達、機械設備の準備、場所の設定の全てを大連ソフトパーク側が手配し、あたかもシミュレーションのような会社を設立し、軌道に乗った1年後、IBM側に場所も機械も人材も移籍させるという方式であった。また、移籍後、不都合な人材は返還するという条件になっていた。

このIBMのケースは2003年11月から開始された。当初の従業員は50〜60人であった。その後、このスタイルはうまく働き、2005年、IBMは大連ソフトパーク内の別の場所に700人規模で移転している。完全に独立したということであろう。

そして、このIBMの実績を踏まえて、IT事業部はその後、新たに六つのケースを手掛けている。本章3-(4)で取り扱う沖データのケースもそうしたものである。その他には、MIC、UEL（ユニシス系のCAD）、NSW（日系の6社による共同事業）、NTTコミュニケーションズ、ST（窓の材料メーカー）であり、いずれも日系の企業である。これらの中で、IBM、沖データ、MICの3社はすでに独立している。

この「モデル2」の場合、特に人材の採用が鍵になる。やや経験を深めたIT事業部は、以下のようなやり方をとっていた。

まず、採用の基本的な条件は先方から出してもらう。次にIT事業部が募集にかかり、ペーパーテスト、面接を行い選別する。その情報を日本側に渡し、

日本側が二次面接を行い決定する。なお、その場合、IT事業部も同席し、給与等の相談に応ずる。採用が決まった人材に対し、IT事業部が本人と個別に労働契約等（各種の保険、戸籍管理等を含む）を結ぶ。特に、1年後に当該日系企業に移籍するという同意を得ていく。ただし、この仕組みの最大の問題は日系企業が本当に進出してくるのかという点にある。

この一連のサービスに対して、企業側から一定の管理費を徴収し、さらに、1年後の移籍に際して、その人材から給料の1カ月分を徴収するというものである。やや危ない部分もあるが、当面、関連している企業からは歓迎されているようであった。今後の無理のない展開を期待したい。

### 中小企業の支援

「モデル3」は、大連ソフトパークに入居している中小企業を支援するというものである。特に、アウトソーシング事業は規模がある程度大きくないと仕事を受けられない場合が少なくない。IT事業部が窓口となり、大口の案件を受注し、大連ソフトパーク内の中小企業に配分している。このモデルにはパーク内企業5社（従業員96人）が参加している。また、このモデルの場合、IT事業部は仲介マージン等を徴収していない。完全なサービスということになろう。

「モデル4」は、人材派遣である。現在、IT事業部を通じて派遣している数は約80人、数カ月単位が多い。日本にも20人ほど派遣している。UEL、IBMなどである。

また、この「モデル4」に関連して、東京の日本橋に400$m^2$ほどのスペースを確保し、日本大連ソフトパーク（日本DLSP）という会社を設立している。この会社は大連ソフトパークを中心に、中国企業、日本にいる中国系企業5社で作られたものであり、全体の従業員数は約100人、主としてブリッジSEに従事している。このようなスタイルは中国ソフト企業の大手は自前で行っているのだが[14]、このプロジェクトは中小企業支援を意識したものである。さらに、この延長上に日本で「ミニ・ソフトパーク」を形成することも視野に入っていた。

「モデル5」は、日本製品を中国でいかに販売するかなどの問い合わせに応じるものである。こうした問い合わせも次第に増加している。

**多様な人材の存在**

以上の経験を踏まえ、大連軟件園股份有限公司は、このIT事業部を発展的に新たな組織に変えようとしている。2006年中には、新会社の大連軟件園コンサルティング・サービスを設立していく。その場合は、ここで検討した幾つかの「モデル」をそのまま引き継ぎ、さらに発展させていくことになる。

なお、このIT事業部の人的構成も興味深いものであった。日本人も正社員2人に加え、さらに5～6人が参加していた。正社員の一人は川崎重工の香港、大連の社長を務めた経験のある青木龍男氏（1940年生まれ）であり、退職後、大連に留まり顧問的な役割を演じている。もう一人の正社員は、インターンで中国にやってきて、そのままIT事業部に勤めることになった若者であり、営業として働いている。

また、IT事業部の総経理を務めている大連出身の王守陽氏（1962年生まれ）は、92～97年の頃に大連キヤノンに勤務、さらに、その後、日本に渡り、キヤノンの関連子会社（2年）、流通企業（3年）を経て、2003年末にUターンしている。その後、大連の日系企業を幾つか渡り、2005年5月に現職に就いた。

先に見た大連ソフトパークの対日業務の窓口となっている三上吉彦氏もそうだが、大連は対日業務の蓄積が大きく、多様な人材が育ち、興味深い展開になっている。このように、大連ソフトパークの管理機能として設立された大連軟件園股份有限公司も、経験を深めるにしたがい、興味深い展開になってきたのである。

**（2） 大連分園の管理とBPO（東軟軟件大連分公司）**

先の第3章で見たように、91年に設立された東軟集団は、その後、劇的発展を示した。年々、従業員数は拡大し、2005年末には集団全体で8000人となっている。2006年は1万人を超える計画である。中国のソフトウェア関連企業の従

写真4―13　東軟軟件大連分公司の第1期のビル

写真4―14　東軟軟件大連分公司の現在の本部

業員規模ではトップの華為（深圳、通信関係）に次ぐ3～4番手につけている。特に、東軟集団は日本からのアウトソーシングが多く、2004年には中国ソフトウェア輸出企業の第1位となった（ちなみに、これまでの1位は大連の華新であったが、2004年に逆転した）。2005年も第1位であった。

　この東軟集団、98年に瀋陽から大連への進出を果たしている。大連ソフト

パークの中の67haを取得し、Neusoft Park事業に踏み出している。その管理運営を含めて、東軟軟件股份有限公司大連分公司（以下、東軟軟件大連分公司）が設立されている。

**東軟集団の事業展開**

東軟集団の現在の拠点は、瀋陽、大連、上海浦東、南海、成都に拡がっている。瀋陽、大連、南海、成都はソフトパーク事業が基本になっている。この中でも、特に瀋陽と大連が中心となる。教育事業の東軟情報学院は、大連、南海、成都の３カ所に設置されている。なお、成都のソフトパークは2006年中に竣工する予定である。また、上海は浦東にビルを１棟所有している。

東軟集団全体の売上額は、2003年は22億元、2004年は24億元となった。事業分野別には、2004年は、ソフトウェア部門が73.1％、IT教育・トレーニング部門が5.1％、医療機器とデジタル病院ソリューション部門が21.8％であった。いわば、ソフト、教育、医療機器が東軟集団の３本柱ということになる。特に、東軟集団とフィリップスで開発した医療用CTスキャナーは安価ということもあり、広く普及し、2005年、初めてアメリカにも輸出したことが中国中で話題になっていた。その他、医療機器としては、MRI、X線装置、超音波装置などを手掛けている。

国内のユーザー別に見ると、社会保険関係（36％）、デジタル医療（26％）ネットワークセキュリティ（13％）、企業情報化（７％）、電力（６％）、電信（４％）、金融証券（２％）、税務（１％）、交通（１％）となっている。これらの中でも、デジタル医療分野は急成長分野とされている。

また、輸出は売上高の11.4％であり、大半は対日アウトソーシング事業とされている。今後はさらに日本を視野に入れ、アウトソーシング事業と医療機器を武器に輸出を30〜50％に拡大することを目標にしていた。

また、中国のIT企業は約１万社とされるが、95％は従業員200人以下の中小規模とされる。特に、アウトソーシング事業は一定の規模でないと受けられないという事情があり、8000人を数える東軟集団などの幾つかの有力企業に仕事が集中することになっている。

東軟集団の特徴は「規模が大きいこと」であり、今後の最大の課題は「国際的なブランドを確立」することである。総裁の劉積仁氏によると「中国で勝てれば、世界で勝てる」とされている。わずか十数年にして、東北大学が作った東軟集団は中国を代表するソフトウェア企業に成長していたのであった。

### 大手受注先ごとに事業部を設立

　このような枠組みの中で、98年に設立された東軟軟件大連分公司の最大の役割の一つは、先に検討した「東軟情報学院」の充実であろう。東軟情報学院は2006年1月現在、学生数1万2000人規模まで拡大してきたが、今後は1学年4000人を想定している。この東軟情報学院の運営と発展が大連分公司の最大のテーマであろう。

　さらに、この大連分公司には、東芝からのアウトソーシングを受ける「商用軟件事業部」、HPなど、東芝以外からの受注を受ける「国際事業部」、携帯電話等の組込みソフト開発の「嵌入式軟件事業部」が配置されている。その他東軟集団の子会社として、大連にはコールセンター等のBPO事業などに携わる「大連軟件園産業発展公司」などが置かれている。

　これらを合わせると、大連には約2700人の従業員がいる。うち70％弱が技術職である。ソフトウェア部門については、対東芝向けと、その他企業向けに大別されている。東芝との付き合いは96年からと長い。なお、対東芝向けの商用軟件事業部は1200人ほどで構成されているが、瀋陽750人、大連360人、上海100人であった。

　中国では世界の大手からの委託事業を受けられるほどの規模のところが少ない。そのため、東軟集団に集中してくるが、同時にユーザーどうしがライバルである場合の仕事を引き受けることも多く、大手パートナーに対しては秘密保持のために、個々に新たな事業部を創り、人員を囲い込んで対応している。また、東軟集団から外部への2次発注はしない。このあたりを基本原則にしていた。

　このアウトソーシング事業、人材の確保が最大の課題であり、東軟集団の場合は、集団全体で管理し、各事業部に割り振る形をとっていた。大連ソフト

パークの中は離職率が高い。ただし、彼らも新規の独立というよりも、ソフトパークの中の外資を渡り歩くという場合が少なくない。東軟軟件を辞めて、しばらくして、また、東軟軟件に戻ってくる人材もいる。

現在の日本のソフトウェア企業の場合、オフショアをやっていないと仕事を取れない状況であり、大連の意義は極めて大きなものになっているのである。

**若い日本人技術者の指摘**

この東軟集団にも興味深い日本人がいる。細谷竜一氏（1972年生まれ）である。細谷氏は日本の高校を卒業後、即、アメリカに留学し、イリノイ大学でコンピュータ・サイエンスの修士号を取得している。大学院在学中、東芝から研究員が派遣されてきており、98年、東芝に誘われた。6年ほど東芝の分倍河原の工場でソフトウェアの開発部門に所属し、開発した技術を現場に投入する仕事をしていた。研究しつつ、現場に行くという仕事であった。

東芝は早くから東軟集団と仕事をしており、出張で瀋陽に行くことも多かった。瀋陽に通うにつれ、「アメリカはもういい。中国もいいな」と思うようになっていった。幾つかの可能性を模索し、四川大学に教員で行くことを決意し、東芝に辞表を出したところ、引き止められる。

写真4—15　細谷竜一氏

その時、東芝ソリューションの社長から、「在職のまま、東軟集団の大連」に行くことを勧められる。東軟情報学院の存在も魅力であった。2004年末に夫人と共に、大連に着地している。
　現在の細谷氏の肩書は「東軟集団有限公司商用軟件事業部首席知識官」というものであり、大連で東芝からの受注をうまくさばけるように仲介、調整を行うというものである。夫人も東芝のソフト技術者であったことから、大連の東軟軟件では細谷氏の隣のブースに座っている。経験の深いソフト技術者の若い夫妻が、中国大連の地で日本と中国をつなぐ仕事に従事しているのであった。
　その細谷氏から興味深い指摘をいただいた。「中国へのアウトソーシング事業がうまくいかないと、日本のIT産業は競争力を失う。日本の技術者も冷静に事態を理解し、中国と付き合っていかないと難しい。日本のIT産業は世界的にはローカルであり、国をまたいで仕事をした経験がない。中国と接することが初めての国際化である。中国とうまく付き合えれば、世界とも付き合える。日本の経営者は大丈夫なようだが、意外に若い技術者が難しい」。
　この難しさを解きほぐしていくにはどうするか。大連ソフトパークの様々な経験が、新たな可能性を導いていくことを期待したい。

### （3）　対日アウトソーシングとアジア拠点の形成（GENPACT）

　GEと言えば、アメリカを代表する総合電機メーカーであったが、その後、家電部門等は縮小、撤退し、現在では、ファイナンス、放送、医療機器、ソフトウェア開発など多方面にわたる展開に踏み込んでいる。特に、2004年には、従来事業を根本的に整理し、事業分野を大きく以下の六つの領域にまとめあげた。

| | |
|---|---|
| GEインフラストラクチャ | 風力発電等 |
| GEヘルスケア | 医療機器関連、横河メディカルを買収 |
| NBC | テレビ放送 |
| GEコマーシャルファイナンス | 金融 |
| GEコンシューマ＆インダストリアル | 伝統的電機部門 |
| GEコンシューマ・ファイナンス | 消費者金融、ほのぼのレイク |

これらの事業の中で、日本で意欲的に取り組んでいるのは、コンシューマ・ファイナンスの部門である。
　もう一つ、近年のGEにとっての大きな変化は、98年にインドでスタートさせたBPO業務が意外な拡大を見せ、このBPO部門での自社ブランドを確立していくために、この部門の株式の60％を放出、新会社GENPACTを2005年1月1日にスタートさせたことであろう。60％の株式は、General Atlantic Partners、Oakhill Capital Partnersといったファンドが握った。これ以後、GENPACTはGE以外のBPO業務をもスタートさせることになる。
　なお、GENPACTの名称は、General+Inpactの造語である。あるいはGlobal Business Inpactの略とも言われている。

### GENPACT（大連）の歩み

　GEのBPO業務は、アメリカのGEをサポートするものとして、98年にインド（2005年末現在、1万4000人）で開始される。その後、2004年までに大連、ハンガリー（200人）、メキシコ（3000人）でも開始され、2005年にはルーマニアでもスタートさせた。世界的な経験を深める中で、BPO業務の管理体制、品質保証のノウハウを身に着け、2005年以降、GEの社内業務から、それ自身を独立させていこうとしている。それがGENPACTの設立ということになる。
　現在のGENPACTの世界的なフォーメーションとしては、インドは対米関係、メキシコも対米関係、ハンガリー、ルーマニアは対欧関係、そして、アジア業務は大連が担うことになっている。当初、GEのアジアのバックオフィスは日本に置かれていたのだが、2000年に大連に移行された。日本のコストが高いこと、また、北東アジアを視野に入れ、韓国もターゲットにしていたことが大連への移行を促した。大連への展開については、第1に、大連は東京、ソウル、北京、上海といった北東アジアの主要都市に2時間30分以内の距離であること、第2に、朝鮮族が多く日本語人材が豊富なこと[15]、そして、第3に、大連は中国東北最大の金融センターであることなどが決め手となった。
　以後の歩みは以下の通り。

写真4—16　大連ソフトパークの GE ビル

| | |
|---|---|
| 2000年8月 | 大連オフィスは13人の陣容で、大連市内の森ビルの一室でスタートする。メンバーはインド、東京で研修を重ねた。 |
| 2001年 | GE の日本業務の移管を模索する。従業員は398人に増加。 |
| 2002年 | 日本市場が拡大。従業員は836人。当初の森ビルが手狭になり、大連ソフトパークに依頼して、GE ビルの建設に着手。 |
| 2003年 | これまで GE キャピタルの仕事が中心だったが、以後、医療機器、エジソン生命の仕事が増加。従業員909人。大連ソフトパークの GE ビルに移転。 |
| 2004年 | GE 中国のサポートも開始。日本、中国、香港、韓国をカバーする。 |
| 2005年 | 11月に社名を GENPACT（大連）に変更。従業員1400人。 |

**大連のコールセンター業務の実態**

　日本語人材の多い大連で、GE キャピタルと言えば「コールセンター業務」が中心と思われていた。事実、GE キャピタルは2001年初めに大連で外資企業初のコールセンターを設置している。当初は30人ほどの人員を集め、東京で研修させて2001年6月にパイロット・スタートした。2002年末には150人規模に

拡大している。そして、このコールセンター業務で GE キャピタルは多くの学習をしたようである。

　GE キャピタルのコールセンター業務は、ほのぼのレイクとエジソン生命を対象に実施してきた。特に、ほのぼのレイクの経験は大きかった。コールセンター業務には、「インバウンド」と「アウトバウンド」業務がある。

　「インバウンド」は、ユーザーからの問い合わせに応えるというものである。例えば、ほのぼのレイクの ATM を利用しているユーザーから機器の利用法を尋ねられる。いくつかのやり取りをし、ダメな場合、近くの ATM を紹介するところまで進めなければならないこともある。この一連の作業を「現場」が見えない大連から進めることは容易ではない。このように、「インバウンド」は日本の事情がわからず、遠隔地にいる中国人では非常に難しいことが痛感された。

　この点、新規のユーザーに「お礼」の電話を入れるなどという「アウトバウンド」のエジソン生命の場合は、事前に相手の情報を保有しているのであり、問題は少ない。

　また、2003年頃には、IBM、Dell、アクセンチュアなどの有力企業が大連に進出し、ヘッドハンティングを受けるなどして、人材が集まりにくくなっていった。そのため、2003年頃からコールセンター業務は縮小し、現在では50～60人規模にしている。逆に、これに似た業務としては、GE の日本にパソコン等の操作の問い合わせなどがあった場合、当方がサポートするという「IT ヘルプデスク」をやはり50～60人規模で設置している。

　大連で大掛かりに「コールセンター」業務を行っていると見られていた GE キャピタル（現、GENPACT）は、多くの学習はしたものの、業務としてはそれほど大規模なものではなかったのである。


## GENPACT のコアビジネス

　むしろ、現在の GENPACT（大連）の主要業務は、「金融サービス」「IT サービス」「財務オペレーション」「物流関連」となっている。2006年1月末現在の従業員数は約1400人。200人ほどは管理部門だが、残りの1200人は実際の

オペレーションに携わっている。

　　金融サービス　　主としてほのぼのレイクのカードビジネスをサポートするものであり、一部にコールセンター業務も含まれる。従業員は約500人。
　　ITサービス　　BPO業務が主体。先のITヘルプデスクも含まれる。従業員は約150人。
　　シェアサービス　財務オペレーション、財務分析等。従業員約300人。
　　物流関連　　　サプライチェーン、ソーシングサポート業務、オーダー管理、マーケティング予測・分析。従業員約200人。

　現在の従業員の平均年齢は26歳。人材育成には相当に力を入れており、日本語能力、その他の資格等に対してはかなりの優遇を与えている。社内にビジネス・トレーニング・センターを設け、会計（簿記1級、2級）、パソコン、日本語、英語のトレーニングを無料で提供している。また、地元の東北財経大学と連携し、MBA、MDA（会計）を卒業した場合、それなりの優遇を提供している。

　今後の展望としては、特に、中国でカードビジネスが飛躍的に拡大することが期待され、金融サービスが急拡大する。さらに、今後は日本からの財務のアウトソーシングも相当程度進むものと見られる。そのためには人材の確保と育成が不可欠であろう。2007年には従業員規模3000人を視野に入れていた。

　対日本については、財務のアウトソーシングの拡大を視野に入れ大連の営業部隊（30人）に加え、2005年には晴海にGENPACT JAPANを設立した。当面、5人ほどの陣容で対応していくことになる。

　大型のコールセンターと思われていたGENPACT（大連）は、わずか6年ほどの経験にしかすぎないが、時代の流れの中で興味深い事業展開を進めているのであった。

### （4）　新たな開発拠点の形成（沖データ）

　沖電気工業は東京品川で1881年に創業した日本の通信機器メーカーの草分けの一つである。NTTが民営化される頃までは、富士通、NECなどと共に「通

信5社」と言われていた。だが、その後は多方面の展開を重ね、現在の主要事業分野は、情報、通信機器、電子デバイス部門などに展開している。

2006年3月期の連結の売上額は6805億円、従業員数は連結で2万1175人、単体では5496人である。

現在の沖電気グループの中国展開は、沖電気北京事務所、沖電気上海事務所、沖データ北京事務所の他に、沖電気実業（深圳）有限公司、上海分公司、北京分公司、沖電気香港有限公司、沖電子（香港）有限公司、日沖科技（上海）有限公司、日沖電子貿易（上海）有限公司、常州沖電気国光通信機器有限公司、沖電気軟件技術（江蘇）有限公司、上海分公司、日沖電子科技（昆山）有限公司の14事業所から構成されている。

この中でも、ここで取り上げる沖データの扱うプリンターの生産拠点は沖電気実業（深圳）有限公司となる。ただし、沖電気実業（深圳）の立地する深圳経済特区の蛇口は宅地化、都市化の進展が著しく、2006年10月には深圳経済特区外に移転することになっている。

### 沖データの世界展開

沖電気の100％出資子会社である沖データは、プリンターを世界に販売する会社として94年に設立されている。資本金は145億円、2005年3月期の連結の売上額は1411億円に達する。2005年末の世界に展開する事業所の売上額と従業員は、ヨーロッパ1013人、売上額810億円、アジア・オセアニア2355人、76億円、北米・南米570人、日本1054人、290億円とされている。全世界で約5600人の規模となる。

プリンターは日本企業のお家芸ともされ、日本各社がしのぎを削っている。個人向けのプリンターは、エプソンとキヤノンが競り合っているが、低コスト化が著しく、また消耗品の使用量も少なく、沖データにとってはうまみがない。そのため、沖データのターゲットは基本的にはオフィス向けであり、モノクロのSIDMタイプと呼ばれる複写のできるドットプリンターと、NIPタイプと呼ばれるカラープリンターを主体としている。

世界シェアで見ると、SIDMタイプの場合は、エプソンが51％、第2位の沖

写真4—17　沖データの入居している科技ビル

データが29％であり、NIPタイプの場合は、HP、エプソンに続き、沖データは第4位の8.4％のシェアである。世界的に見ると、モノクロのドットプリンターは縮小気味であるのに対し、カラーが伸びていることから、沖データとしても、目標を「2×4」として取り組んでいる。この「2×4」とは、世界の売上額を2000億円にする、利益を200億円にする、世界シェアを20％にする、世界シェアを第2位にする、というものである。

　現在のプリンターの生産拠点は、日本の福島、中国の深圳、タイのアユタヤ、イギリスのスコットランドの4拠点であり、タイはカラー機、深圳はモノクロ機である。

　開発拠点は全世界4拠点、日本の高崎、ロンドン、アメリカのニュージャージー、そして、この大連となる。ロンドン、ニュージャージーはローカライズといった色合いが強く、それぞれ、ヨーロッパ、中東、アフリカ市場向け、南北アメリカ市場向けをカバーしている。最大の開発拠点は高崎であり、新製品開発に従事している。高崎の開発要員は400人を数える。

　そして、世界市場が拡大していること、また、中国市場も拡大していることを受けて、新たな開発拠点として中国大連に着目した。この大連は高崎に次ぐ第2の開発拠点の形成を意図している。

**IT事業部の支援により設立**

　2005年9月1日、登録資本は沖データの全額出資の70万ドルで日沖信息（大連）有限公司を大連ソフトパークの科技ビルの中に設立した。2005年10月、従業員30人でスタートした。

　この沖データの場合、先の3―（1）で見た大連ソフトパークIT事業部の「モデル2」のケースであったことが興味深い。

　実質的には、1年前の2004年11月15日にスタートしている。IT事業部が場所（現在地）、人材（5人）を集め、沖データの枠組みの中で事業を開始、1年間の間に従業員30人規模に拡大させた。この準備期間の間は、沖データ側は家賃と派遣人員の人件費を払うというものであった。人材については、沖データの要請に基づいてIT事業部が集め、最終的には沖データ側が決定していった。IT事業部側も、その前にIBMで一応の経験を重ねていたが、この沖データのケースが意識的に事業化した第1号の「モデル2」であった。

　沖データ大連の任務は、第2開発拠点というものであり、しばらくはモノクロプリンターの開発に従事し、力をつけながら、カラープリンターのローカライズといった手順を踏んでいくようである。2006年1月末現在の従業員は約30人、技術スタッフは、ソフト技術12人、ファーム技術9人、評価3人、その他3人であり、通訳3人である。日本側の常駐は3人（日本人2人、沖電気の経験のある中国人1人）の構成である。早めに100人体制になることを目標にしていた。当面は、体制固め、ISO9001の取得を目指していた。

　中国、及び大連に着地しての印象は、以下のようなものであった。「中国のカラー市場はまだ小さい。当方は欧米では強いが、中国はまだの状況。当面、モノクロから入って、いずれカラーに向かう。中国に技術拠点ができれば、サポートもしやすい」と意気込んでいた。

　また、大連の印象は「日本語のレベルは高いが、技術と日本語の両方ができる人は少ない、大連ソフトパークはIT事業部の支援が助かる、科技ビルも日系企業が多く、安心できる」と指摘していた。

　科技ビルの正面にある東軟情報学院に対しては「実績が乏しく、評価しにく

い、今後の課題」としていた。

業務用のプリンターで世界に展開してきた沖データの次の課題は、将来の大市場である中国市場への参入と、さらに中国の人材を起用した新たな技術開発であることはいうまでもない。

### (5) 人材を求めた進出（住友電装）

住友電装と言えば、自動車用ワイヤーハーネスの有力企業として知られている。世界シェアは14％、世界第3位に位置している。ユーザーはトヨタ、日産ホンダといった日本勢に加え、GM、フォード、フィアット、現代等、世界の企業の大半にわたる。一般に自動車工場に近接して立地する傾向が強く、日本国内で十数工場、世界では28カ国、102社を展開している。日本国内のシェアは35～40％、世界では14％程度とされている。海外生産が全体の80～85％を占めている。

2006年3月期の連結の売上額は4415億円、従業員数は連結で4万1997人、単体では3489人となっている。

このような配置の中で、近年、中国の比重が高まってきた。中国には16工場、約2万人が従事している。天津、上海、蘇州、武漢、福州、恵州、香港などに展開しているが、大規模な生産拠点としては、広東省恵州（7カ所、従業員7000～8000人）、蘇州（5000～6000人）がある。

**住友電装の世界展開**

これら世界に展開する生産拠点に供給する多様なソフトウェアを、どこかで調達しなくてはならない。そのような要請から住友電装（本社、四日市）の子会社として、90年に住友電装コンピュータシステム（本社、名古屋）が設立された。名古屋の従業員は約200人、国内に150人分ほどの外注先を抱えているが、日本の人件費は高く、アジアへの展開を模索していった。

住友電装コンピュータ・システムの海外子会社は、インド（90年）、フィリピン（2002年）、中国の3カ国に展開している。インドは合弁企業であり、120人規模、主として工場の生産管理ソフトを生産している。フィリピンは30

人規模、住友電装がグローバルに利用するCADシステムの生産。そして、2004年、中国上海に対中国進出工場のサポートを意識して、管理、調達、設計部門を20人規模で立ち上げている。住友電装コンピュータ・システム全体として、ソフト開発に携わる人数は全世界で600人ほどになる。

中国上海の会社名は上海住友電装咨詢服務有限公司、1年ほどの経験を重ねて、中国のソフト開発の可能性は痛感するものの、人材調達に苦しむ。特に、日本語人材と上流工程の技術者の取り合いに苦しんだ。そのため、日本語人材の豊富な大連に新たな可能性を求めて進出することになる。

大連についての印象は「教育がしっかりしている、ITのレベルもある程度いっている、温厚な人が多く離職率も低い、インフラのコストも上海に比べて20〜30%低い」というものである。

2005年3月、上海住友電装咨詢服務有限公司の分公司として設立登記し、2005年5月にスタートした。場所は大連ソフトパークの中のGEビルの6階の一室である。従業員数は25人、近い将来には50人をイメージしている。事業分野としては、上海は中国工場のフィールド・サービス、大連は当面、日本向けに特化し、その後に中国向けに拡大を考えている。

また、住友電装は中国全体に数多くの「現場」を持っているが、この点はソフト開発にあたっても大きな「強み」と受け止めていた。現状、中国のソフト開発は「下流」工程が主流だが、今後、「上流」工程に踏み込んでいくためには「現場」が必要との認識であった。それは、極めて的確なものと言わねばならない。

### 大連の人材採用の状況

大連進出にあたっての人材の採用は、大連ソフトパークの人材紹介部門、市内の人材市場、新聞広告、Web上での募集などを行った。また、大連で毎年2〜3回開催される募集会にも参加した。さらに、大連ソフトパークが主催する哈爾濱までの「採用ツアー」にも参加した。大連の募集会には毎回、2〜5万人の応募者が押しかけてくる。また、哈爾濱までの「採用ツアー」には30社程が参加し、各大学で500人は集めて開催される。

当社の場合、垂直立ち上げを狙い、当面、経験者の中途採用とした。スタートしてそろそろ1年が経過するが、いまのところ離職者はいない。新卒の採用はこれからと考えている。
　また、大連ソフトパークは、日本の東京、大阪でも募集会を開催している。日本にいる中国人ソフト技術者を採用しようというのである。この会にはほぼ200人が参加してくる。5年以上の経験者が多く、魅力的な募集会であり、当方も積極的に参加している。
　採用後の教育に関しては、社内外のセミナーに参加させるが、最も効果的であるのは、日本への出張と受け止めていた。また、社内では週に2回、各1時間30分の日本語講座を開いている。
　現状、25人の従業員の中で、日本語を話せるレベルが10人、その他の15人も日本語を読めるレベルである。駐在の日本人は支店長の伊藤保氏のみ。伊藤氏によると「困ったことがない。日本にいるのと変わらない」というのであった。
　また、支店長の伊藤氏を補佐するのが、大連出身の楊建華氏。中学生の時から第一外国語として日本語を学び、88年に大学を卒業、6年ほど大連でソフト開発に従事していた。その後、95年に日本に渡り、大阪（2年）、東京（8年）のソフト会社で技術者として働いてきた。日本に10年いたことになる。その頃、子供が小学校に入る年齢になり、日本に残るか、中国に帰るかの選択を迫られ、2004年末に大連に戻ってきた。
　このような子供の入学の前後に、日本に渡った技術者たちは大きな選択を迫られるのである。2005年5月、この分公司立ち上げの時から、揚氏は入社し、伊藤支店長の右腕として働いているのであった。このような人材が、大連には広く存在しているのである。

**大連ソフトパークの評価**
　分公司は大連ソフトパークの GE ビルの6階にいるが、ソフトパークにいることに大きなメリットを感じているようであった。伊藤氏に言わせると「ここの資源は決定的に良い」というのである。
　①　会社設立から一連のサポート体制がしっかりしている。

② 人材紹介の仕組みもしっかりしている。
③ 勉強会、研修会も充実している。
③ 日系企業向けに開催されている「ITクラブ」の情報交換が良い。30～40社を対象に、2カ月に1回のペースで開催されているが、ここで得られる情報が一番心強い情報になっている。
④ 大連ソフトパークの三上吉彦氏、IT事業部顧問の青木龍男氏はたいへん頼りになる。

なお、このような受け止め方は、大連ソフトパークに入居している各所で聞かれる。なによりも「人の環」が拡がっていることが、最大の投資環境と言えそうである。日本経験の長い大連ならではの環境ということであろう。

分公司も設立してまだわずか1年、優れた大連ソフトパークの環境の中で、新たな可能性を追求していくことを願う。

## (6) 中小企業の進出（メタテクノ）

日本の中小のソフト会社の多くは、人材調達に苦しんでいる場合が少なくない。全体的な傾向として、日本を含む先進国では、若者はソフト開発に携わろうとしなくなってきた。そのような中で、日本の中小ソフト会社はアジアに広く人材を求めだしている。日本語人材の豊富な大連は、その一つの焦点になってきているようである。

### 大連とスリランカに進出

大連摩達科技有限公司の日本側の主体は、東京の岩本町に本社のあるメタテクノである。創業は84年、資本金4000万円、キヤノンの資本が10％程度入り、主としてキヤノンのプリンター、コピー機の組込みソフトの開発に従事してきた。

岩本町の本社の陣容は約40人、その他、キヤノンの事業所の近くに事業所を配置している。キヤノン本社のある大田区下丸子、武蔵小杉、キヤノン研究所のある静岡県駿東郡、さらに、長野市にも事業所（30人）を保有している。国内は合わせて従業員約210人、その他に協力会社に200～300人がいる。長野の

写真4—18　大連メタテクノの職場

事業所は、社内に長野県出身者が多く、Uターンの受け皿として設置した。この事業所はキヤノンばかりでなく、エプソンも視野に入れている。

このようにメタテクノはキヤノンを主力に歩んできたのだが、ソフト技術者の確保は次第に難しいものになり、2001年にアウトソーシング、あるいは派遣人材の確保を意図して、大連とスリランカに進出している。

スリランカはあくまでも「人材確保」が目的であり、英語圏であることからインド進出の先取りと位置づけている。コロンボ大学の卒業生を採用している。現状、従業員は約30人、うち半数の15人は日本に研修派遣し、日本語業務に就かせている。

大連は、登録資本10万ドル、メタテクノ80％、イーランド（20％）の日日独資で、2001年6月設立、2001年9月から大連ソフトパークの科技ビル6階の一室で操業開始した。目的の第1は、人材の確保であった。もう一つの理由は、メタテクノがキヤノンに偏りすぎでいることを是正したいという意図もあった。

現状の大連の従業員は23人、うち9人は日本のメタテクノに研修派遣されているのである。

人材確保を目的にメタテクノは大連に進出した。新卒採用は年々早くなり、6月卒業であるにも関わらず、昨今は、前年の10月頃に決まってしまう。特に、

大連で人気があるのは大連理工大学、大手が先を争って採用してしまう。メタテクノの「売り」は、従業員の40％が日本に行っているということである。大連の大学生にとって外国に行けることは、最優先である。

大学で合同説明会を開き、希望者を集めて試験を行う。10月に内定を出しても、20％ぐらいは辞退されてしまうのが実態のようである。

### メタテクノのパートナー

ところで、このメタテクノのパートナーであるイーランドの存在も興味深い。イーランドの社長の張学斌氏は大連人、日本のCSKのソフト技術者として十数年働いた。その後、日本で独立創業し、2000年にイーランドを設立している。このイーランドはブリッジSEなどに従事し、メタテクノの協力企業でもあった。日本のイーランドの陣容は30人ほどである。

このイーランドはその後、大連に外資として進出している。現在の従業員は100人を超え、拡大中であり、事業規模は日本より大きなものになっている。大連に進出している日系企業からの受注、また、日本本社は日本から受注した場合のブリッジSEとして機能しているのである。

このように、日本で10年前後、ソフト技術者として働いた後、日本で会社を立ち上げ、さらに、中国にも会社を持ち、日中の橋渡し的な事業に踏み込むケースが増加している。それは、日中間に新たなビジネスチャンスが拡がっていることを意味しよう。その受け皿の一つとして、大連ソフトパークが機能しているのである。

ここまで検討したように、日本語人材の豊富な大連は、大連ソフトパークという魅力的な受け皿を形成し、日本のソフト関係の企業を惹きつけている。日本企業の大連ソフトパークへの進出の目指すところは様々だが、大半の企業は新たな可能性を深く感じているようであった。それは、日本と大連の長い交流の賜物であるように思う。

特に、大連ソフトパークには東軟集団と東軟情報学院がある。また、近くには大連を代表する国家の重点大学の一つである大連理工大学もある。進出日

企業はそれらとの新たな関係を形成し、中国進出、産学連携の次の階段を登っていくことが求められる。これまでの「安くて豊富な労働力」「ソフト技術者」の先には、さらに豊かな可能性が横たわっているのではないかと思う。

1) 大連の発展の足跡、現状等は、関満博『日本企業／中国進出の新時代』新評論、2000年、を参照されたい。また、早い段階で大連の情報産業化を計画したものとして、邢連明主編『大連信息化建設方略』大連理工大学出版社、1997年、がある。さらに、現在の大連のソフト産業を概観したものとしては、何徳倫『大連は燃えている』エスシーシー、2005年、がある。
2) 大連経済技術開発区の概要は、関満博『中国開放政策と日本企業』新評論、1993年、第2章、関、前掲『日本企業／中国進出の新時代』第4章を参照されたい。
3) このあたりの事情は、関満博『現代中国の地域産業と企業』新評論、1992年、第6章、関、前掲『中国開放政策と日本企業』第2章を参照されたい。
4) 高新技術産業開発区政策に関しては、関、前掲書、第2章を参照されたい。
5) この松下電器（中国華録）のケースは、関、前掲『日本企業／中国進出の新時代』第7章を参照されたい。
6) 億達総公司と日平トヤマの関係は、関、前掲書、第5章を参照されたい。
7) 瀋陽の東北大学と東軟集団、Neusoft Park の2000年頃の状況は、関満博『北東アジアの産業連携』新評論、2003年、第7章を参照されたい。
8)、9) 華新、中軟については、関満博編『現代中国の民営中小企業』新評論、2006年、第4章で検討してある。
10) JTC に関しては、関満博・吉田敬一編『中小企業と地域インキュベータ』新評論、1993年、第6章を参照されたい。
11) 蘇州工業園区に関しては、関満博編『台湾IT産業の中国長江デルタ集積』新評論、2005年、第3章を参照されたい。
12) この旺文社との提携は、中国市場における英語教育関連のEーラーニング、Eーテスティング事業の展開にあたり、業務提携を行うものである。
13) 関編、前掲『現代中国の民営中小企業』第4章。
14) このような中国ソフト会社が日本に進出し、ブリッジSE に従事しているケースは少なくない。こうしたケースについては、関編、前掲書、第7章を参照されたい。

# 第5章　大連理工大学の展開

　先の第4章では、遼寧省大連のソフトパークと東軟学院を中心とする動きを見てきた。瀋陽の東北大学から生まれた東軟集団が大連に進出し、1998年に大連ソフトパークの開発がスタートした。2001年7月には東軟集団が東軟情報学院を大連で開設し、活発な産学連携が行われていることは既に説明した通りである。

　しかし、大連にはもともと、大連理工大学、大連海事大学、大連水産学院、東北財経大学、大連医科大学、遼寧師範大学、大連交通大学（元、鉄道学院）、大連化学物理研究所などの大学、研究機関が集中している[1]。

　その中でも大連理工大学は遼寧省きっての名門大学であり、そのお膝元の大連で東軟集団や東軟情報学院が果敢に活動していることには、大きな刺激を受けたであろう。東北大学と東軟情報学院を意識し、大連理工大学も近年、活発な産学連携を展開している。この章では、大連理工大学の産学連携の取り組みと、そこから生まれた大学発ベンチャー企業を見ることから、中国の産学連携の一つの動きを理解していくことにしたい。

## 1. 大連理工大学の産学連携

### （1）　大連理工大学の輪郭

　新中国成立前から大連にあった旅順工大や南満高専などの高等教育機関が整理され、大連大学が1949年4月に設立されるが、大連理工大学は大連大学の工学院（工学部）として設立された。翌50年7月には大連大学が解体され、大連大学工学院は大連工学院となり、独立した大学として運営されることになった。その後86年には大学院が設置され、88年には大連理工大学に改称されている。

　現在の大連理工大学の敷地面積は全体で300.7ha、そのうち大連高新技術園

区(大連高新区)にある本部キャンパスは211.4ha である。その他に大連市内の都心キャンパスが10.6ha、大連経済技術開発区内のキャンパスが78.7ha となっている[2]。

　大連理工大学の学生数は2006年7月時点で、学部生1万8428人、大学院生1万0219人(修士7226人、博士2993人)、その他(遠隔教育1万5800人、MBA など社会人大学院5664人等)約3万人、合計約6万人という大規模な大学である。教職員3229人のうち教員は1666人、教授が約400人で、そのうち科学院士・工程院士(アカデミー会員)が10人いる。科学院士・工程院士についてはその他に、双聘院士と呼ばれ、本籍は北京大学など他大学に置き、年に3〜4カ月間、大連理工大学で研究と教育を行う研究者も11人いる。

**大連理工大学の歩み**

　大連理工大学は、1960年から国家教育部(日本の文部科学省)直轄の重点大

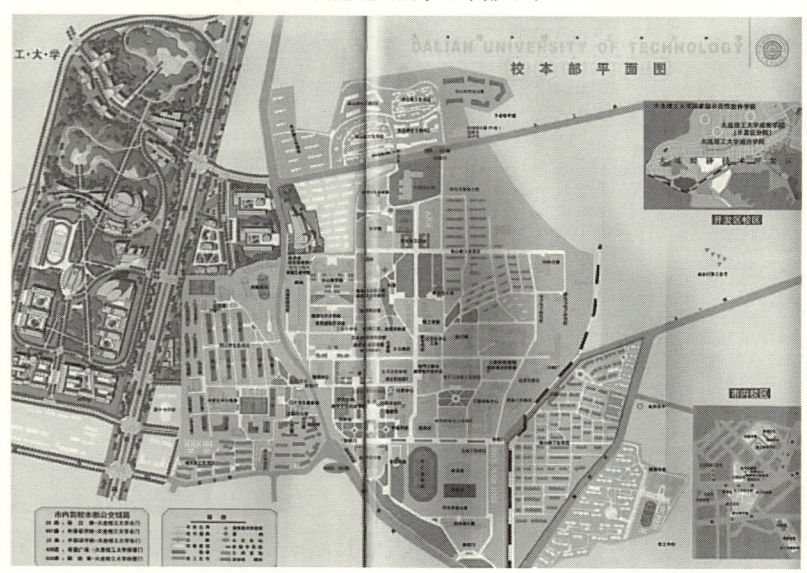

図5―1　大連理工大学の本部キャンパス

資料：大連理工大学

学となっている。教育部直轄の大学は、かつては約35校、現在でも約70校とされ、中国全体で約2000校と言われる大学の中でも特別な地位を占めている。ちなみにそれ以外の大学は国家各部（日本の省に相当）直轄または各省直轄となっており、第3章で取り上げた東北大学もかつては国家冶金部所属の大学であった。

　大連理工大学はその後も特別な地位を占め続け、90年代初めの「211プロジェクト」（21世紀研究プロジェクト）の対象となった全国約100校の一つでもあった。さらに、98年5月に江沢民前国家主席の主導で推進された「985プロジェクト」の対象となる38校にも選ばれている。「985プロジェクト」は2004年から第2期に入り、その中で大連理工大学は13のプロジェクトを遂行している。これらのプロジェクトの対象となったのは全国でも限られた有力大学であり、国家から重点投資された結果、ハード面でもソフト面でも改善がなされ、近年の発展につながったとされる。

**大連理工大学の学部構成**

　教育部直轄の重点大学である大連理工大学は化学関係や、港湾都市大連を背景とする船舶工学や港湾土木などを中心に、理工系の総合大学として歩みを重ねてきたが、近年、電子・情報関係やソフトウェア関係といった分野にも力を入れつつある。その現在の全体構成は以下の通りである。

```
化工学院・石油化工学院┬──化学系
                     ├──化学工程系
                     ├──高分子材料系
                     ├──化学工芸系
                     ├──化工機械系
                     ├──催化化学与工程系
                     ├──精細化工系
                     └──材料化工系
```

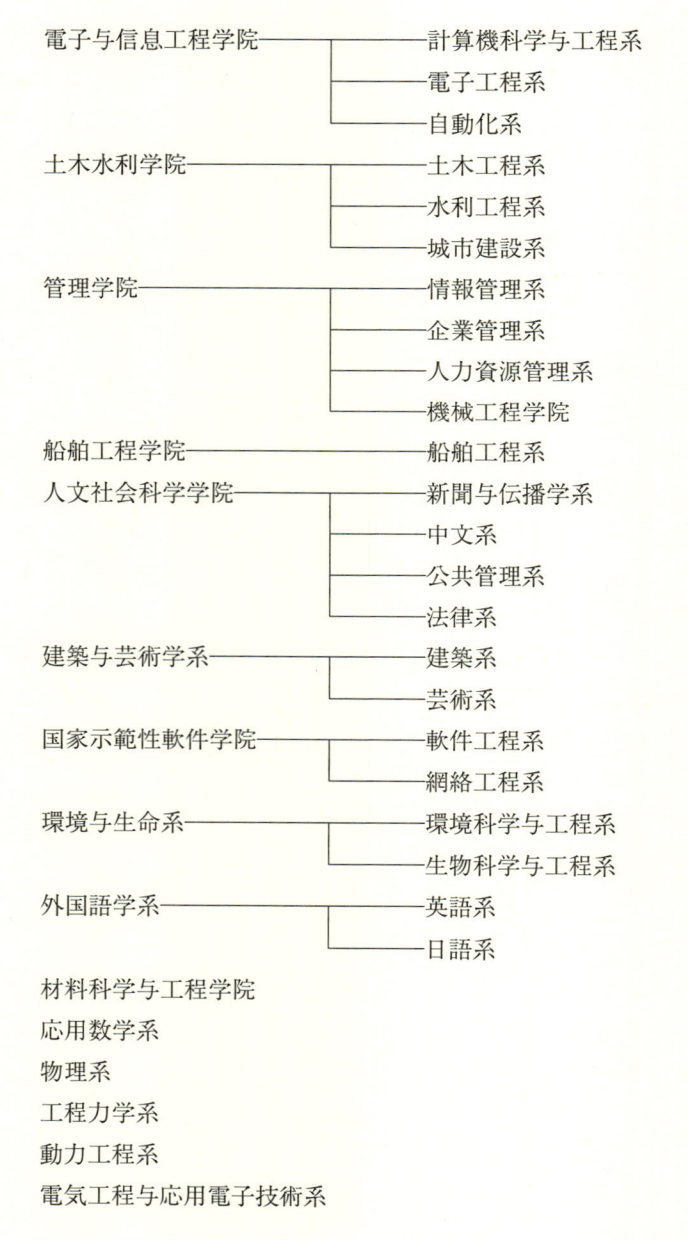

- 電子与信息工程学院
  - 計算機科学与工程系
  - 電子工程系
  - 自動化系
- 土木水利学院
  - 土木工程系
  - 水利工程系
  - 城市建設系
- 管理学院
  - 情報管理系
  - 企業管理系
  - 人力資源管理系
  - 機械工程学院
- 船舶工程学院
  - 船舶工程系
- 人文社会科学学院
  - 新聞与伝播学系
  - 中文系
  - 公共管理系
  - 法律系
- 建築与芸術学系
  - 建築系
  - 芸術系
- 国家示範性軟件学院
  - 軟件工程系
  - 網絡工程系
- 環境与生命系
  - 環境科学与工程系
  - 生物科学与工程系
- 外国語学系
  - 英語系
  - 日語系
- 材料科学与工程学院
- 応用数学系
- 物理系
- 工程力学系
- 動力工程系
- 電気工程与応用電子技術系

経済系
体育教学部
国際文化交流学院
国防教育学院
城市学院
継続教育学院

　このように、大連理工大学は大きく18学院34学系で研究と教育を行う総合理工系大学である。その中でも特に計算数学、等離子体物理、工程力学、機械製造及其自動化、水工結構工程、港口・海岸及近海工程、応用化学、船舶与海洋結構物設計製造、管理科学与工程の9学科が国家重点学科となっており、理工系の幅広い分野に強みを持つことがわかる。

**大連理工大学の研究環境**
　大連理工大学には四つの国家の重点実験室、二つの教育部の重点実験室、国家レベルの造船技術研究センターや振動強度測定センターが置かれるなど、国家的な研究施設が置かれている。その主なものは以下の通りである。

| | |
|---|---|
| 国家重点実験室 | 海岸及近海工程国家重点実験室 |
| | 三束材料改性国家重点実験室 |
| | 精細化工国家重点実験室 |
| | 工業装画結構分析国家重点実験室 |
| 国家工程研究中心 | 船舶製造国家工程研究中心 |
| 国家大学科技園 | 大連理工大学：七賢嶺国家大学科技園 |
| 国家級技術移転中心 | 大連理工大学技術移転中心 |
| 国家級技術中心 | 国家振動与強度測試中心 |
| 教育部重点実験室 | 精密与特種加工教育部重点実験室 |
| | 工業生態与環境工程教育部重点実験室 |

この他にも省レベルでも四つの実験室と六つの工程技術中心（センター）が置かれている。研究費については、図5―2にもある通り、毎年順調に伸びている。2005年の研究費は4.18億元（約62億円）、2004年の3.65億元（約55億円）に比べて14.5％の増加である。2005年の内訳は、国家からの研究費は全体の約38％の1.6億元（約24億円）、企業からは国家を上回る2.6億元（約38億円）を得ている。

### （2）　産学連携の4段階の発展
　大連理工大学は優れた研究水準を生かし、設立当初から地元企業と密接な関係を築いてきた。しかし、中国の場合、大学と企業の従来の関係は人材育成が中心であった。大連理工大学が優秀な人材を育成し、それらの人材が地元企業に供給されることで、大連の経済発展に貢献してきたということであろう。このような人材育成に加え、より本格的な産学連携が始まったのは80年代に入ってからであった。以来、四半世紀、その間、大きく四つの段階を経て現在に

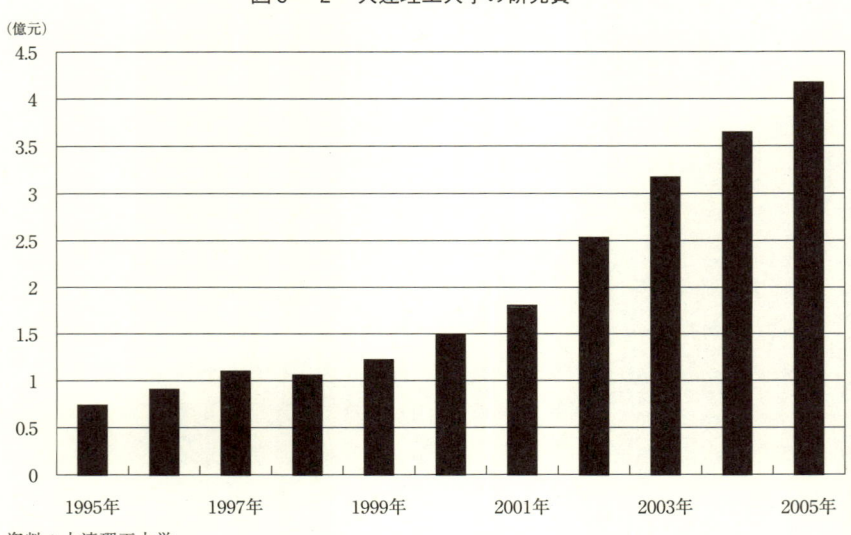

図5―2　大連理工大学の研究費

資料：大連理工大学

至っている。ここでは、時代とともに発展していった大連理工大学の産学連携の歩みを4段階に分けて説明しよう。

**産学連携の第1段階：教員と企業との個別的な連携**

80年代に始まった産学連携は、教員と企業との間の個人的な関係に基づくプロジェクト単位の連携であった。具体的には二つのパターンがあり、一つは企業独自では解決できない技術的な課題を、大学に研究を委託して解決するというものである。もう一つは、大学の教員が発明した特許を実用化するため企業を起こしたり、企業に実用化を委託したりするというものである。このような産学連携の関係は、中国の他の大学の産学連携でも一般的なものであり、大連理工大学でもいまだに主要なスタイルになっている。

この方式の問題点としては、企業側もしくは大学側のニーズがある時に行われ、プロジェクトが終われば連携関係は終了してしまうため、継続的な関係が築けない。また、このような関係の場合、開発は基本的に大学側だけで行われることから、企業のイノベーション能力は高まらない。他方、大学側にはイノベーションを実用化するノウハウが蓄積されない。そのため、このようなスタイルの産学連携に対し、大連理工大学科学技術処の鄭学鋒副処長（1963年生まれ）は、「各教員が趣味で勝手にやっている部分もある」と述べている。

**産学連携の第2段階：産学連携の委員会の設置**

80年代から始まった産学連携はある程度の成功を収めつつあったものの、さらなる発展を目指し、大学と遼寧省政府や大連市政府との間で産学連携の新たなモデルが模索された。その中で成立したのが産学連携の委員会である。2000年5月に遼寧省レベルの、同年7月に大連市レベルの、二つの「校企合作委員会」（学「校」と「企」業の連携の委員会）が成立した。校企合作委員会は現在では東北大学や西安交通大学など各地の大学にも設置されているが、大連理工大学が設置したのは清華大学に次ぐ、中国で2番目の早さであった。

省レベルの校企合作委員会の代表は遼寧省の経済委員会が務め、大連理工大学の12学科と省内の23社がメンバーとなった。遼寧省校企合作委員会の場合、

企業側メンバーは鞍山製鉄や遼寧石化などの国有大企業がほとんどで、現在では28社が参加している。大連市校企合作委員会の企業側メンバーは同じく28社だが、電子・電機や機械などの分野が多く、中国華録松下電子信息（華録集団と松下の合弁のDVDメーカー）のような合弁企業も一部に含まれている。ただし、外資100％の企業はメンバーにはなれない。

　企業側メンバーについては、活動に熱心ではない企業を新規の企業と入れ替えることで、常に活発な取り組みが行われるように努力している。この入れ替えは校企合作委員会の理事会が決定している。理事長は政府高官、副理事長の1人は大連理工大学副学長、もう1人の副理事長は企業側の代表である。委員会の経費のほとんどは省政府または市政府の支出であり、企業からは毎年3000元（約4万5000円）を徴収しているだけである。事務局機能は大学内に置かれている。

　これらの委員会が産学連携の基盤となり、大学と企業が定期的に交流することでマッチングが行われる。毎年の年度大会には政府の高官、大学の教授、企業の幹部が参加して会議などが催される。大学側は最新の研究成果を発表し、企業側はこれまでの問題点や技術的なネックについて報告する。その後、大学側と企業側が直接交渉し、次年度の産学連携の計画がまとめられる。

　このような産学連携のプラットフォームができたことで、大学側は開発した技術をどこの企業に持ち込めばよいのか、企業側も課題を大学のどの教員に持ち込めばよいのかがわかるようになった。第1段階の産学連携の場合、大学と企業の関係は、実質的には特定の教員と企業幹部の個人的関係に依存していたため、大学側に埋もれている技術などが数多くあった。しかし、このような組織ができたことで、大学と企業のマッチングがスムーズに行われるようになったとされている。

　この校企合作委員会から生まれたものとして、「大工領先集団」がある。もともとは第1段階レベルの産学連携で、大連理工大学の教員と江蘇省徐州市の企業が化学分野で連携していた。その成功に目をつけた大連市の科技局が大連市の校企合作委員会に働きかけて、大連理工大学と江蘇省徐州市の人民政府が連携して大工領先集団を設立した。ただし、大連理工大学の初期の産学連携を

彩ったこの大工領先集団は2000年代初頭には深圳の展示会に出展するなど目立つ存在であったが、現在ではあまり活発に活動しているわけではない。

**産学連携の第3段階：基礎的な研究拠点の設置**

産学連携の第2段階は第1段階に比べて、毎年の計画に基づく継続的な産学連携という意味では一つの階段を登るものであった。しかし、基本的にはプロジェクト単位の連携であるため、わずかな状況の変化によって連携関係が失われる可能性もあった。そのため、より継続的な関係を築くことを目指し、2003年から「共同研究開発中心（センター）」を設置することになる。

共同研究開発センターには2種類あり、一つは国家により認定された企業の技術センターの分院が大連理工大学内に置かれるスタイルである。この国家認定の共同研究開発センターは、主に国有大企業との共同研究を行っている。八つの国家認定の共同研究開発センターは以下の通りである。

瀋陽黎明航空発動機集団有限責任公司国家級技術中心大連理工大学分中心
瀋陽鼓風機廠国家級技術中心大連理工大学分中心
大連造船重工有限責任公司国家級技術中心大連理工大学分中心
大連新船重工有限責任公司国家級技術中心大連理工大学分中心
渤海造船重工有限責任公司国家級技術中心大連理工大学分中心
大連氷山集団国家級技術中心大連理工大学分中心
瀋陽機床股份有限公司国家級技術中心大連理工大学分中心
瓦軸集団国家級技術中心大連理工大学分中心

もう一つは大学と企業が協力して大連理工大学内に共同研究開発センターを置くもので、このスタイルの共同研究開発センターは14件を数える。ただし、共同研究開発センターとは言っても、研究開発自体は大学側が行い、企業側は資金提供をする代わりに研究成果を得るという形になる。

第2段階の校企合作委員会の下での産学連携は、毎年成果を報告する必要もあるため、単年で成果が出るような種類の研究開発がほとんどであった。しか

し、共同開発センターはより継続的な関係であるため、長期的な研究開発を共同で行うことが可能になった。

**産学連携の第4段階：実用化に向けた開発拠点の設置**

共同開発センターには長期的な研究をしやすいというメリットはあるものの、企業側としてはすぐに成果を上げたいという希望もある。そのため、共同開発センターとは別に、実用化を目的とした研究を行う「研究院」を設置することになった。研究院は2004年から計画されていたものの、実行までは紆余曲折を経てようやく2006年にスタートした。このような試みは中国初である。扇風機メーカーの瀋陽鼓風機集団との研究院は2006年5月に発足して50人体制、同年7月から始まった遼河石油勘探局（中国石油天然気集団公司の傘下企業）との研究院は40人体制となっている。

研究院の研究者も大連理工大学の教員が中心であるが、企業からも研究者が派遣され、中国国内ばかりでなく外国からも研究者を集めている。実際に、ドイツ人研究者が2人在籍している。研究院の設置後2年間は出向扱いになり、大学からの研究者は大学の給与プラス研究院のボーナス、企業からの研究者は企業の給与プラス研究院のボーナスを得ることになる。また、外部から招聘した研究者は大学の研究者と同じ扱いになる。設置後2年経った研究院は株式会社化し、独立した法人として運営される予定であり、株式会社化する際に研究者が転籍するかどうかは本人の意思による。

## 2．産学連携を支える組織・制度

### （1）　大連理工大学の組織

私たちに大連理工大学の産学連携について説明してくれたのは、科学技術処のメンバーであった。科学技術処の人びとは大連理工大学の職員であり、教員と企業の人びとをつなぐ役割を果たしている。この科学技術処の下に科技園やTLOなどの組織があり、産学連携を強力に推進している[3]。

科学技術処

　李俊志氏が処長を務める科学技術処は、もともとは理工系の大学教員の評価組織であり、理工系学部がある大学には全て設置されている。科学技術処は学長の直轄組織であるため、トップが決めた方針を機敏に実行する体制が整っている。科学技術処の人員は22人、彼らの下にTLO（技術移転機関）や岩手大学との共同機関[4]などの組織も置かれ、科技園の第1期棟（A棟）内で一つのオフィスを共有している。2006年10月末に科技園の第3期棟（C棟）が完成すれば、科学技術処などはそちらに移転し、それぞれ独立のオフィスを構え、人員も拡大する予定になっていた。

写真5—1　科学技術処と岩手大学との共同機関の看板

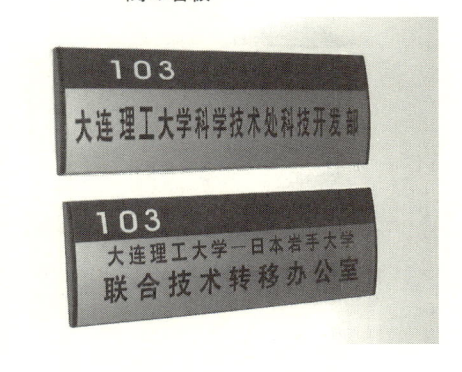

科技園（サイエンスパーク）

　大連理工大学の科技園の第1期は、大連理工大学が6000万元（約9億円）を投資し、2haの敷地に延床面積1万8500m²の科技園大厦A棟を建設した。この建物は2003年5月に完成、2006年8月現在で25社が入居している。隣の5階建ての建物はオフィスとインキュベーション施設になっており、大連理工大学科学技術処のほか、科技園管理委員会や科技園有限公司などの管理組織も入居している。さらに、もう一つの12階建ての建物には、ホテルや国際会議場などの機能が収められている。

　第2期は1.5haの敷地に2万2000m²の科技園大厦B棟を建て、2005年10月から供用している。B棟には20社の企業のほか、校企合作研究センターも入居している。これらの第1期、第2期は大学の資金で建設したが、A棟とB棟に入居している計45社以外にも、各研究室内で企業化された約70社の企業が入居待ちをしており、大学の自己資金だけでは発展のスピードに対応できなくなっ

写真5―2　大連理工大学科技園大厦A棟

てしまった。そのため、第3期と第4期は民間資本で建設することになった。

　第3期は6440m²の敷地に、4万m²の大連理工大学七賢嶺国家大学科技園大厦（C棟）を建設中である。この建物は当初2006年5月から使用できる予定であったが、計画の変更などもあり同年10月末から供用が開始される。建物の名称である「七賢嶺」は、大連高新園区を支える七つの知的基盤という意味である。その七つの知的基盤とは下記の通りである。

① 　大連理工大学科技園
② 　大連海事大学科技園
③ 　大連医科大学科技園
④ 　東北財経大学科技園
⑤ 　大連水産学院科技園
⑥ 　大連化物所科技園
⑦ 　入居企業

　第4期は1.2haの敷地に5万1000m²の大連理工大学国家技術移転中心大厦（TLO棟）が完成しつつある。現在A棟に入居しているTLOは、2006年末の

TLO 棟の完成と同時に移転する予定である。また、その際に A 棟で TLO と同居している科学技術処などは C 棟に移転する。

### 技術移転中心（TLO）

　科技園の建設に対する国の認可と同時に、TLO も国の認可を受けている。TLO は大連理工大学で研究開発された成果を実用化するために設置されており、企業に対するコンサルティングや、実用化に必要な研修なども行っている。最近では大連理工大学単独の研究開発の成果だけでなく、岩手大学などとの国際的連携による成果を国内企業で実用化するため、「連合技術移転中心」が A 棟の 5 階に置かれている。

　TLO が整備される以前は、大学における研究開発成果は基本的に大学に帰属するものとされる一方で、特許の申請費用や維持費用は教員が個人で負担していた。それが TLO によって、成果は研究開発を行った個人に帰属することになり、特許の申請や維持にかかる費用は大学がまかなうことになった。特許については2006年 8 月時点で申請177件中、80件の特許を取得している。

　これらの研究開発から生まれた利益については、一般的には 3 分の 1 が個人に、 3 分の 1 が研究チーム全体に、残りの 3 分の 1 が大学に配分される。個人と研究チームの間での配分などは難しい問題もあるが、今のところこの比率が、個人のやる気を引き出しつつも、全体の調和も取れる良いバランスであるという判断であった。

### 大連中小企業科技服務中心（中小企業向けサービス・センター）

　2002年11月には、大連理工大学が100万元（約1500万円）を拠出して、中小企業向けのサービス・センターが設置された。幾何量測定中心（真円率などの精密測定室）など14の実験室が用意され、検査や測定の機器を中小企業向けに無料で開放している。2006年 8 月までに148社の利用があり、その中には大連市開発区の日系合弁企業が材料の実験を行った例もある。

（2） 大学と企業の人材交流

　産学連携の推進に伴い、共同で研究開発をするだけでなく、企業から大学へ、また大学から企業へと人材を派遣することで交流を深める動きがある。企業側から派遣された人びとは大学で最新の機器を活用した実験等を行い、大学側から派遣された人びとは企業で実務を経験する。こうした人材交流が、今後の産学連携をさらに推進する力となるであろう。

　かつての人材育成は、大学で教育した人材を新卒として企業に供給するだけであった。しかし、中国の産業で求められる技術レベルが向上するとともに、高レベルの人材が不足するという問題が生じてきた。高度な教育を受け、実務経験も豊富な人材を外部からスカウトすることは、特に人材豊富な北京や上海以外の地域では非常に困難である。そのため、企業は自社内の経験豊富な人材を大学に派遣し、高度な教育を受けさせてから自社に戻すことで、高レベルの人材の確保を行うようになった。

　企業が大学に人材を派遣するメリットは二つある。一つは最新の技術情報に触れることである。多くの中国企業は基本的に国内のビジネスに従事しているため、獲得できる情報も国内レベルにとどまっている。しかし、大連理工大学は世界レベルの研究を行っているため、世界の最先端の情報が集まっている。もう一つは大学の優れた研究設備を活用できることである。大連理工大学は各種の国家プロジェクトに関与しているため、中国国内で最高レベルの設備や施設が整っている。これを活用できることも企業にとって重要なメリットである。

　遼寧石化など石油関係の企業からは中級幹部を毎年1000人以上受け入れており、1～2カ月の研修を行っている。こうした短期の研修以外に、大学院の修士課程で2年間受け入れる場合もあり、工学修士号を取得したり、MBAを取得したりする者も毎年数十人ずついる。これらを合計すると、毎年2000人以上が企業から派遣されてくる。

　こうした企業から大学への派遣に対し、2004年には大学から企業へ若手教員を派遣する制度を作った。この制度のために、大連理工大学は毎年100万元（約1500万円）を拠出し、企業への派遣にかかる交通費や宿泊費などを全額、大学側が負担するようにしている。企業で実務を経験することは若手教員の評

価にとって重要項目になり、初年度の2005年には35人が派遣されている。この派遣の期間は受け入れる企業のニーズによるため、半年から数年間におよぶ場合もある。

## 3. 大連理工大学の企業

以上のような試行錯誤を重ねながら、大連理工大学は教員の保有するシーズをすくい上げ、興味深い大学発ベンチャーを生み出している。この節では、それらの代表的なケースを取り上げ、大連理工大学の産学連携の特質というべきものを見ていくことにする。

### （1） 工程管理のソフトウェア開発（大連華鉄海興科技有限公司）

大連華鉄海興科技は、大連理工大学CIMS中心（センター）から生まれた企業である。大連華鉄海興科技の董事長の劉暁泳氏（1956年生まれ）は、大連理工大学管理学院の教授であり、大連理工大学CIMSセンターの主任も務めている。

劉教授の専門は機械工学と管理工学であり、1988年から92年まで工学博士号取得のためドイツのドルトムント大学に留学したが、そのことが大連理工大学CIMSセンターの設立の契機になった。劉氏はドイツでの経験を基に、「大連理工大学は著名な大学だが、プロジェクト遂行能力

写真5―3　劉暁泳氏

が不足している」ことを痛感したのであった。そのため、帰国後に大学と企業をつなぐ存在としてCIMSセンターを設立した。CIMS（Computer Integrated Manufacturing Systems）とは、受注から納入までにかかわる一連の流れをコンピュータで管理することで、大連理工大学CIMSセンターでは主に、船舶や列車などの工程管理などのソフトウェアを提供している。

### CIMSセンターからの企業化

2002年に投資会社からの出資を受け、CIMSセンターで培った技術を企業化したのが大連華鉄海興科技である。開発拠点は大連ソフトパーク内にあり、CIMSセンターと兼任の教員に加え、学生40人と従業員50人の90人が在籍している。この50人の従業員のうち約半数は劉教授の元学生であり、学生時代から当社の業務を担当し、卒業後、そのまま就職している。これとは別に、北京に30人規模の販売拠点がある。北京に進出したことから北京にある同業の企業に注目され、出資を受けることになった。そのため現在では、劉教授が持つ技術出資分の10％強以外の資本は、北京の1社が出資しており、総資本額は400万元（約6000万円）となっている。

主な取引先は、中国北方機車車両集団、大連機車車両、洛陽機車廠、北京二七機車廠などの列車関係が多いが、大連鋼鉄集団や撫順鋼鉄集団などの製鉄所、大連機床廠などの工作機械メーカーも顧客となっている。また、ドイツやアメリカなどの企業との取引はあるが、日本企業との関係はほとんどない。以前、日本企業からプログラミングの仕事の依頼があったが、より高度な業務の受注を目指していたため断ったこともあったようである。

### 大学との関係

大連華鉄海興科技は大学発のベンチャー企業であるが、大学からの出資は受けておらず、当社と大学との関係は対等の協力関係にある。CIMSセンターに所属する教員で当社の仕事にも関わっている人びとには、基本的には大学から給与が支払われている。他方で、当社の研究成果の一部はCIMSセンターでも利用されているため、当社との協力関係は大連理工大学の研究開発の水準を高

めることにつながっている。学生は無給で働いているが、実務経験を積むことで良い就職先を得られることから、学生にとってもメリットがあり、大学にとっても優秀な学生を集められるメリットがある。

大連華鉄海興科技のような大学発ベンチャーは大連理工大学には100社前後あるが、いずれの会社も設立当初は大学の出資を受けることはなく、初めは教員がリスクを負って創業する。当社は劉教授がリスクを負い、その後は企業から出資を受けて運営している。その他の企業の中には、ある程度軌道に乗ってから、大学が出資する場合もある。中国の大学の産学官連携、大学発ベンチャーは、このような形態をとっている場合が多い。

### (2) PDP用素材の独占的企業（遼寧中大超導材料有限公司）

遼寧中大超導材料は、プラズマディスプレイパネル（PDP）用の電極保護膜材料や各種薄膜形成用基板に使用されるマグネシア単結晶を生産する企業である。資本金は500万ドル（約6億円）、王寧会教授（1954年生まれ）が30％、中国五鉱発展有限公司が25％、龍騰有限公司が25％、大連理工大学が20％出資している。

写真5―4　王寧会氏

**酸化マグネシウムに着目し企業化**

王氏は電気工学やメカトロニクスが専門である。南通龍騰から耐熱性の高い素材の生産の自動化についての研究が王教授に委託されたことが、遼寧中大超導材料の出発点であった。龍騰は台湾の中国鋼鉄公司の傘下企業であり、上海市の北側の南通市に進出している。王教授が製鉄用の耐

熱性の高い素材を研究していたところ、マグネシア単結晶の原料である酸化マグネシウム（MgO）に行き着いた。酸化マグネシウムは、全世界の埋蔵量の95％が中国、そのうち90％が遼寧省にあり、特に大連と瀋陽の中間の営口の周辺に集中している。

王教授の酸化マグネシウムの単結晶化の研究は各方面から注目を集め、2002年からは国家科学部の国家級プロジェクトに指定され、100万元（約1500万円）単位の研究予算が付いた。2002年10月には、酸化マグネシウムの精製からマグネシア単結晶への加工、販売まで手がける遼寧中大超導材料が設立されることになった。王教授は技術出資として30％の株式を持ち、総経理も務めている。龍騰とともに出資をしている中国五鉱発展は、鉱物の採掘権や輸出許可権を与える企業である。遼寧中大超導材料に対する国家の支援は手厚く、無償で5haの工場用地が提供され、企業所得税（法人税）などは免除、輸出許可の取得でも優遇されている。

2003年春のSARSの影響で操業開始は2003年7月に遅れたが、遼寧中大超導材料は従業員わずか7人で毎年70億元（約1050億円）の売上がある。7人は全員が博士号を取得しており、北京大学や上海交通大学など中国を代表する名門大学から集められている。彼らには年俸にプラスして、龍騰や中国五鉱発展の株式も配分される。従業員がこのように少ない理由は、生産が自動化されているため研究開発の人材だけで十分であることと、会計や法務をアウトソーシングしているからである。会計や法務のアウトソーシング先には大連理工大学発のベンチャー企業もあり、その関係は「Win-Win」（互恵関係）であると王教授は述べている。

### マグネシア単結晶と酸化マグネシウムの販売

マグネシア単結晶は1kg4万ドル（約480万円）と、金1kg（約250万円）の2倍近い価格であり、プラズマディスプレイパネルのコストの3分の1を占めると言われる。そのマグネシア単結晶を、遼寧中大超導材料は47本のラインで月1.7トン生産している。日本メーカーのプラズマディスプレイパネル用のマグネシア単結晶は、タテホ化学工業によるほぼ独占的な供給体制である。し

かし、タテホ化学工業は主に海水から抽出した酸化マグネシウムを原料としているため、コスト的には遼寧中大超導材料の方が優位である。当社はプラズマディスプレイパネル用のマグネシア単結晶を、韓国のサムソン電子やLG電子に納めているほか、松下電器や富士通とも取引について交渉中である。

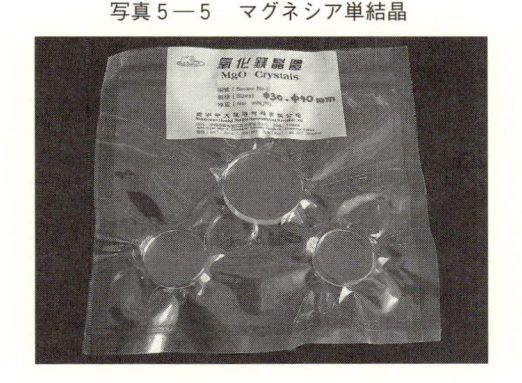

写真5−5　マグネシア単結晶

マグネシア単結晶の原料として重要な酸化マグネシウムの鉱山は、王教授が私有化を進めており、既に月産10トン分の鉱山を王教授は所有している。これらの酸化マグネシウムは、中国五鉱発展を通じて日本にも輸出しており、酸化マグネシウムの対日輸出シェア15％を占める。日本への輸出については住友商事や三菱商事とも交渉したが話がまとまらず、現在では当社と中国五鉱発展が協力して、直接に日本の顧客を開拓している。

**大学との関係**

大連理工大学では、大学から課せられたノルマを達成すれば、企業活動などを行うことは自由である。大学によるノルマとは、年間30万元（約450万円）の研究費を獲得することと、授業を1科目担当し、博士課程の学生2人と修士課程の学生9人を指導しながら、国際的な学術雑誌に年間4本の論文を掲載するというものである。この学術論文には、指導する学生が書いたものも含まれる。ただし、このノルマに対する対価は、月額数千元（数万円）の給与にすぎない。

そのため、王教授のような才覚のある教員は、企業活動に熱心に取り組むことになる。企業活動を行う場合に、大学の名前を自由に使用するには許可が必要とされる。また、特許についても、申請や維持の費用は大学が負担してくれる。特許の内容が大学における専門分野であれば、特許収入は大学が管理し、

個人には3分の1が支払われる。一方で、特許の内容が大学における専門と異なる場合、特許収入は全額個人に支払われる。王教授の場合、生産の自動化などについての特許は専門分野の範囲であるが、酸化マグネシウムの単結晶化などについての特許は専門分野外となる。現在の目標としては、国際特許を10個取得し、マグネシア単結晶についての独占的な地位を固めたいということであった。

### （3） 制御システムの開発（大連理工計算機控制工程有限公司）

大連理工計算機控制工程は、大連理工大学の計算機控制研究所長である仲崇権教授（1966年生まれ）が中心となって設立した制御システム開発の企業である。仲教授は電子与信息工程学院の副院長も務めている。

#### 大連理工計算機控制工程の歩み

大連理工計算機控制工程は、計算機控制研究所で開発された技術を企業化したものである。計算機控制研究所では、863計画の一環として、88年から清華大学、浙江大学、中国科学院瀋陽自動化所と共同で「智能温度数字」の開発プロジェクトをスタートさせた。863計画に基づく国家の支援を得たことで、研究費などの支給を受けただけでなく、業界内の調整が順調に行われ、この分野における中国初の国際規格の取得につながった。

写真5—6　仲崇権氏

91年には初の製品として、ISAバスの温度測定ボードの開発に成功した。97年には大連理工大学を通じ、それまでに開発した製品を企業等に納入し、開発段階から実用化段階に入った。これらの製品はDUTシリーズ（Dalian University of Technologyの頭文字）と呼ばれている。DUT3000とDUT4000は、2003

年の中国第2次北極探査や中国第2次南極探査でも、氷の下の温度測定や気温と水温の関係の調査などに使用された。

この間、2000年からEPA（Ethernet for Plant Automation）の国際標準取得への申請作業が続き、2005年3月の投票で95.8％の賛成票を獲得して、同年5月にEPA分野における世界で14番目、アジアでは日本に次ぐ2番目、中国では初の国際標準としての承認を得た。

国際標準獲得の目処がつき、市場が成長していることもとらえ、2004年7月に仲教授は大連理工計算機控制工程を設立した。当社は計算機控制研究所の研究成果を活用していることもあり、大連理工大学は技術出資分として13％の株式を所有している。その代わりに、社名に「大連理工」という名前を入れる許可を得ている。企業名に大学の名前が入ることは、企業にとっては信用力を高めるのに役立つが、大学側としてはブランド毀損のリスクなどを恐れて、安易な名称使用を許可しない。その意味で、「貴重な例である」と仲教授は述べていた。資本金の残りの87％は仲教授個人の出資となっている。

**製品とサービス**

計算機控制研究所時代はDUTシリーズなどの個別の製品を開発していたが、大連理工計算機控制工程として企業化した際に、統合的な制御システムとしてのEPAの開発に方針転換した。単品での納入の場合、需要変動による売上の波が大きいが、統合的なシステムとして納入することで、メンテナンスなどのサービスにより安定的な売上を確保することができるからである。これに関して、2006年1月までに当社は27件のEPA関係の特許を取得している。

企業化したことで製品自体の開発スピードも上がり、企業化以前はDUT6000まで約15年間で6シリーズしか開発できなかったのに対し、企業化後にDUT7000の他、DIOシリーズやTACシリーズを製品化した。温度制御システム以外にも、そこで培ったシステム開発技術を活用し、生産管理、顧客管理、在庫管理などの各種の企業向けシステム開発にも進出している。

これまでに納入したものは温度制御関係がメインであり、倉庫の空調管理などの分野で多数の納入実績がある。温度管理分野では、三洋電機が校企合作委

写真5—7　EPAシステム

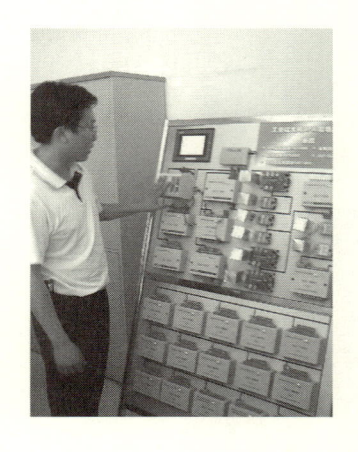

員会に参加し、炊飯器やポットの温度制御ソフトの開発に関わったこともある。

売上額は2003年の160万元から、企業化後の2004年には2.5倍の400万元と増加し、2005年にはさらに1.75倍の700万元と、急激な成長を遂げている。2006年7月末時点でも600万元の売上高を上げており、毎年約2倍の成長ペースである。

今後の方針としては、ハイエンドの製品は三菱電機やオムロンなどの日系企業が強く、市場もあまり大きくないため、ここでは今のところ競争しない。ミドルレンジの製品では、ドイツのシーメンスやアメリカのハネウエルが強いが、市場が大きくて魅力的である。この分野の年間売上高で、シーメンスは10億元（約150億円）、ハネウエルも7億元（約105億円）と中国で大きな市場を確保しているが、大連理工計算機控制工程はここに拡大の余地を見出している。

当社はシーメンスやハネウエルに対して製品のコスト面で優位性があり、サービスについても中国人の気質を理解しているという強みがある。機能的にもほぼ同等であるが、ブランド力や販売力がないのが弱みである。

**企業の運営**

私たちは大連理工計算機控制工程には2度訪問しているが、2006年1月に訪問した際には、教員6人、技術者14人、ワーカー2人、大学院生18人の体制であった。同年8月に再訪すると、教員は6人のままだが、技術者17人、ワーカー5人、大学院生50人となっていた。大学院生は計算機控制研究所と掛け持ちであるため常駐しているわけではないが、400m²のオフィスはやや手狭になりつつある雰囲気であった。

大連理工計算機控制工程は大連高新区の中の創業園（インキュベーション・パーク）に入居している。賃貸の場合、年間20万元（約300万円）の家賃とい

うことであったが、分譲価格が1㎡あたり3000元であるため、400㎡で120万元（約1800万円）ならば購入した方が安いと判断し、入居時に購入している。この建物は高新区が開発したものである。120万元は半分を現金で支払い、残り半分は銀行から資金を調達して支払っている。この創業園に入居していることで税の優遇措置があり、2005年は50万元（約750万円）の税の還付を受けた。

写真5－8　創業園の建物

図5－3　大連理工計算機控制工程の組織図

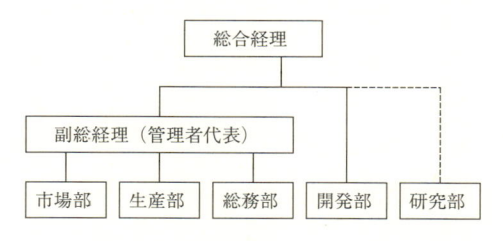

図5－3のように、管理者代表の副総経理の下に総合部、生産部、市場部があり、研究部は総経理の直轄である。市場部長である李卓函氏は、仲教授の学生としてEPAの開発に従事し、そのまま大連理工計算機控制工程に入社した。彼は2005年11月までは研究部に所属していたが、2005年12月から市場部を任されている。市場部の主な役割としては、各種の展示会、雑誌やインターネットでの広告、学会発表などでの広報活動である。「市場部の人数が少なく、経験がない」ことが研究開発型企業としての当社の弱みであると李氏は述べている。

販売は、全国11の代理店を通じて行っている。これらの代理店は、もともとは大連理工計算機控制工程の顧客であった。代理店の一つである浙江省洞頭県思徳高新技術産品有限公司は、仲教授の教え子が経営していることもあり、浙江省だけでなく上海や江蘇省までの広い範囲をカバーしている。売上の約30％が上海地区であることから、思徳高新技術産品は最も重要な代理店と言える。

大連理工計算機控制工程の製品は受注生産ということもあり、前金制で代金

回収を行っているため、代理店を利用する際にありがちな代金回収の問題は特に生じていない。また、販売は代理店を通じて行っているが、技術サポートについては大連理工計算機控制工程から直接に人を派遣している。今のところ、顧客から代理店へ問い合わせがあって初めて取引になるケースがほとんどであるが、今後は代理店に営業機能を持たせたい意向であった。

部品などの調達も市場部が担当しており、深圳市蛇口区に営業所を置いている[5]。深圳の営業所には3人のスタッフがおり、深圳周辺でICチップなどの調達を行っている。このICチップは主に外国製だが、中国国内では深圳が一番安く、北京の「秋葉原」と呼ばれる中関村は深圳よりやや高く、大連になるとさらに高くなるようである。しかし、納期等の問題もあり、将来的には北京にも営業所を開設する予定である。

計算機控制研究所時代には特に意識されていなかったが、大連理工計算機控制工程として企業化されたことで、研究開発や管理についての標準化の必要性を感じた。そこで企業化と同時に全社的な取り組みを行い、2005年8月にISO9001の認証を取得した。また、瀋陽の企業がヨーロッパ向けに輸出するシステムに同社の製品が組み込まれることになったため、2005年12月にはCE（欧州指令準拠）マークも取得している。

### 大学との関係

教員と大学院生は、大連理工計算機控制工程と計算機控制研究所を兼務しており、両者はある面では一体の存在である。仲教授は講義を週3コマ担当しており、研究や大学院生の指導も行っている。彼の将来の夢としては、企業を大きくすることよりも、大学の研究と企業の橋渡しをすることで、大学の基礎研究の成果を応用化することにつくしたいということであった。

大連理工大学が計算機控制研究所に対して投資した成果を評価して、大連理工大学科技園有限公司が、大連理工計算機控制工程の株式の13％を所有している。大連理工計算機控制工程における研究成果は当社に帰属するが、大学も出資分に見合う配当を得ていることから、大学側にもメリットがある。また、研究所は資金難のため測定器などを購入する余裕がないが、当社は10万元以上も

する測定器を何台も購入し、研究所の教員や大学院生にも開放している。

このように、計算機控制研究所から大連理工計算機控制工程を企業化したことは、企業側だけでなく大学側にもメリットがある。

### （4） 熱エネルギー関係の設計と技術サポート（大連理工滙能熱力工程有限公司）

大連理工滙能熱力工程と大連理工滙能技術服務は、能源工程研究所の陳貴軍教授が99年に設立した、プラントにおける冷却水や水蒸気の回収など、熱エネルギー関係の企業である。大連理工滙能熱力工程は装置の設計を担当し、大連理工滙能技術服務は技術サポート担当しているが、両社は一体の存在である。

#### 企業の概要

大連理工滙能熱力工程と大連理工滙能技術服務は、陳教授が93年に特許を取得したプラントにおける水蒸気の回収に関する技術が基盤となっている。99年に大連高新区内で創業し、2003年から現在の大連理工大学科技園大廈A棟5階に移転した。設計や研究開発は陳教授を中心に能源研究所で行っており、14人の従業員は営業活動やアフターサービスなどに従事している。ただし陳教授の元学生で従業員になっている人は1人だけで、彼は設計後の省エネ効果の測定を担当している。

写真5—9　製品（吸収換熱器）

大連理工滙能熱力工程と大連理工滙能技術服務を合わせて事業部は四つあり、熱力事業部は大連理工滙能熱力工程の業務、服務事業部は大連理工滙能技術服務の業務を担当、購買事業部と財務事業部は共通している。これら全体を、能源研究所の張軍氏が総経理としてまとめている。

私たちに説明してくれた邱巍鼎氏は、熱力事業部の責任者であり、かつては発電所に勤務していたが、2001年からこちらで働いている。大

資料：当社パンフレット

連理工滙能熱力工程の取引先には発電所もあり、邱氏は業界内で知名度のある当社に魅力を感じて転職した。

大連理工滙能熱力工程は顧客からの要望に基づいて設計をし、製造は大連染化機械廠などの企業に外注している。主なユーザーは北京燕京啤酒などのビールメーカー、雲南大理造紙などの製紙メーカー、瀋陽化工などの化学メーカーであり、中国全土の300社以上に納入している。瀋陽のブリヂストンにも、2001年に二次蒸気回収装置を納入した実績がある。

### 大学との関係

大連理工滙能熱力工程と大連理工滙能技術服務の株式のほぼ全額を董事長の陳教授が保有しており、大連理工大学の出資は技術出資としてのごくわずかなものである。ただし、当社も先の大連理工計算機控制工程と同様、社名に「大連理工」と入れるため、若干の出資を大学から受け入れたままである。競合について、特許に基づくため当社と全く同じ技術の企業はないが、類似の技術を持つ企業は中国国内にも多数ある。その中で顧客を獲得するためには、大学の看板は重要な要素の一つということであった。

ハイテクパーク内から大連理工大学科技園大厦に移った理由も、大学との連携を強めるためであった。科技園大厦の家賃は1 $m^2$ あたり1日1.4元（約21円）、これは市内の一等地に比べて6分の1の値段である。大連理工滙能熱力工程と大連理工滙能技術服務の合計で150 $m^2$ であることから、わずか月額6000元の負担であり、暖房費も込みである。また、入居企業はいわゆる「二免三減（半）」の企業所得税の減免措置などの優遇も受けられる[6]。

科技園大厦に入居するメリットは金銭面だけでなく、ITインフラが整っており、大学の図書館をすぐに利用することができ、陳教授や張総経理との連絡も取りやすいことにある。大連理工滙能熱力工程と大連理工滙能技術服務の成長にとって、大学教員の持つ技術が欠かせない。大学院生が年間3～4人は当社の仕事にかかわり、現場の経験を積みながら論文を書くこともある。

このように、大連理工滙能熱力工程は大連理工大学との関係をうまく使いながら、興味深い発展の方向をたどっているのである。

（5）　クレーンの設計と技術サポート（大連益利亜工程機械有限公司）
　大連益利亜工程機械は、高順徳教授（1962年生まれ）を中心に大連理工大学機械工程学院の5人の教員が2005年に設立した、クレーン車や港湾用クレーンの設計と技術サポートを行う企業である。

　企業化までの歩み
　高氏は85年に当時の大連工学院機械系を卒業した後、85年から91年まで大連起重機廠研究所で設計員として勤務した。同じ頃、大連理工大学機械工程学院の工程機械研究所は大連起重機廠や徐州重型機械有限公司、長沙中聯重工科技発展有限公司とクレーンに関する共同研究を行っていた。
　91年に高氏が大連理工大学機械工程学院工程機械研究所に戻ると、中国機械工程学会の工程起重機分会におけるネットワークを生かして、大学や研究機関との連携も推進した。工程機械研究所と他の大学・研究機関との連携を示したものは以下の通りである。

```
大学─┬──同済大学
　　　├──武漢大学
　　　├──吉林大学
　　　├──重慶大学
　　　├──上海交通大学
　　　├──上海海事大学
　　　├──太原科技大学
　　　├──西南交通大学
　　　├──武漢理工大学
　　　├──瀋陽建築大学
　　　├──哈爾濱工業大学
　　　├──北京建築工程学院
　　　└──山東建築工程学院
```

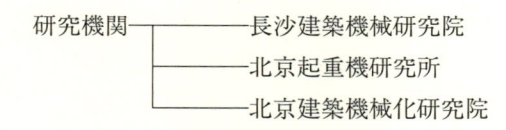

```
研究機関 ─┬─ 長沙建築機械研究院
         ├─ 北京起重機研究所
         └─ 北京建築機械化研究院
```

　当時の中国のクレーン設計技術は、国際水準から比べると劣っていたため、共同で外国企業の新製品の分析・評価を行った。大学どうしは競合関係にもあるが、同済大学は油圧技術に強みがあり、武漢大学は港湾用クレーンに強みがあるなど、相互補完的な側面もある。現在でも、プロジェクトによっては協力するケースもある。

　このような産学連携、大学間連携を進める中で、98年に画期的な大型クレーンを開発した。これは工程機械研究所と徐州重型機械が共同開発したもので、「QUY150履帯起重機」と呼ばれている。これは中国初の国際水準の能力を持つキャタピラ自走式クレーンである。この150トン吊りのクレーンの開発成功を受け、2002年から工程機械研究所と徐州重型機械が共同で70トンから200トン吊りまでの4機種の開発を行い、2005年には製品化している。

　工程機械研究所は長沙中聯重工科技発展とも共同研究を進め、2005年からは300トンから800トン吊りのクレーンを開発する共同プロジェクトに入り、2006年下半期には600トン吊りの超大型クレーンが製品化される予定である。自走式のクレーンだけではなく、大連大起集団公司と共同で1900トン吊りの大型造船用クレーンも設計した。

　**企業の運営**

　いつくかのタイプのクレーン車の製品化に成功したこともあり、2005年5月に大連益利亜工程機械を設立した。2006年8月現在、当社は教員6人、大学院生31人、従業員18人で運営されている。総経理は解春禹氏（1971年生まれ）で、彼は2006年7月までは大連理工大学科技園の管理委員会に務めていた。前任者の初代の総経理も科技園の管理委員会からスカウトされて来ていたが、科学技術処に戻るために解氏と交代した。

　設計のプロセスは、企業側が市場ニーズにしたがって大連益利亜工程機械に

設計を依頼し、企業の開発チームと共同で開発と設計を行う。全体的な設計や仕様は大連益利亜工程機械が行い、油圧機構などのデータを基に、市販部品の中からどのような部品を組み合わせられるかを企業側に提案する。その提案の中から企業側が具体的に選択し、最終的な製品の設計を決めた上で企業側が製造を行うことになる。

写真5－10　QUY150履帯起重機

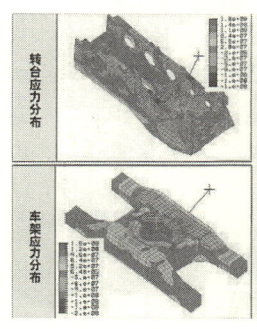

資料：当社パンフレット

　大連益利亜工程機械の強みは、大学の研究所を背景としているため理論の基礎ができており、データの信頼性が高いことである。大学は最先端の情報と高い技術を持ち、企業は製造のノウハウを持っている。そこで、その両者をつなぐ存在として、大連益利亜工程機械に大きな役割がある。実際に、企業化したことで売上額は急速に伸び、2006年8月末までに2005年の売上額の2倍を達成し、2006年の売上額は前年比3倍になると予想していた。

　解氏が考える当社の課題は、「人の考え方や理念の共有が難しいこと」と「前向きな企業文化を作ること」である。そこで、定期的なミーティングの中で教育を行うだけでなく、実践の中でも課題を克服できるように努力している。実践の中での細かい工夫としては、スローガンを作ったり、掲示をしたりすることで、働く人びとの意識を変えようと努めている。

写真5－11　壁に掲げられたスローガン

### 大学との関係

　大連益利亜工程機械の株式は、

20％を大連理工大学が持ち、残りの80％を創業メンバー5人が所有している。大学側は利益から配当を得る一方で、科技園大厦B棟で3階の2部屋を使用している当社に対し、研究経費を活用して賃料をまかなっている。

現在31人いる大学院生には、大連益利亜工程機械から若干の手当てが支払われるものの、基本的には無給で働いている。それでも、学生にとっては現場の経験を積むことができ、大学で研究をしているよりも様々なチャンスに恵まれている。18人の従業員のうち6人は大連理工大学の元学生であり、共同研究を行っている相手先企業に就職した学生もいる。

大連益利亜工程機械で印象的であったのは、総経理が2代続けて科技園の管理委員会出身であることであった。科技園の管理委員会の人間も含め、科学技術処に勤めている人びとは、多様な研究者と接触する機会があるため、様々な技術に対する理解がある。研究者は技術面に強みがある一方で管理面を軽視することが、大連理工大学でも大学発ベンチャーの課題となっている。そこで、技術に対する理解があり、管理面で強みのある人材として、科技園の管理委員会など科学技術処関係の人材が管理者として求められている。

ここまで検討したように、理工系の総合大学として幅広い研究の蓄積のある大連理工大学は、その研究成果を活用して産学連携を行い、多くの大学発ベンチャーを生み出している。これらの大学発ベンチャーは、有力な特許を持った教員などが、ほぼ単独で出資して企業化したものである。しかも、その教員は企業の経営者と大学の教員を兼務しているため、大学の研究所と大学発ベンチャーの垣根が非常に低い。このことこそが、中国の産学連携を勢いのあるものにしている。

しかし、今回見た大学発ベンチャーの多くで、マーケティング面や管理面での課題を抱えていた。いずれの企業も技術力はあるものの、市場競争という面ではマーケティングの能力が必要であり、企業化して規模が拡大するほど管理の能力も必要となる。創業に必要な技術力とは別のものが求められる段階になっている。そのため、企業から人材を獲得するとともに、科学技術処の人材なども活用することが求められている。

このように、大連理工大学は教員の保有しているシーズの企業化を積極的に推進し、大学発ベンチャーを大量に生み出している。大連理工大学の看板を利用する、大学院生を受け入れる、大学教員以外の人材を管理要員として起用するなど、大学発ベンチャーの特色ともいうべき取り組みが重ねられているのであった。近間に中国の産学連携の最大の成果と言われる東北大学の東軟集団が進出しており、それに大きな刺激を受けながら、大連理工大学も興味深い取り組みに踏み出しているのであった。

1） 大連の大学は、関満博『日本企業／中国進出の新時代』新評論、2000年、第3章を参照されたい。
2） 大連経済技術開発区の概要は、関満博『中国開放政策と日本企業』新評論、1993年、第2章、関、前掲『日本企業／中国進出の新時代』第4章を参照されたい。
3） 科技園は、関満博編『現代中国の民営中小企業』新評論、2006年、第7章を参照されたい。
4） 大連理工大学と岩手大学との連携は、鋳造技術を専門とする教員の交流から、2003年3月に大連理工大学鋳造技術研究センターと岩手大学地域共同研究センター（現、地域連携推進センター）とで部局間協定を締結したことに始まる。2006年5月23日には、全学的な大学間協定に発展した。岩手大学は日本の大学中で、産学連携が最も進んでいると言われており、大連理工大学との交流によってますます将来が期待される。
5） 深圳に関しては、関、前掲『中国開放政策と日本企業』第2章、関満博『世界の工場／中国華南と日本企業』新評論、2002年、第3章を参照されたい。
6） 「二免三減（半）」などの優遇措置は、関、前掲『中国開放政策と日本企業』第2章、関満博『中国長江下流域の発展戦略』新評論、1995年、第2章、関、前掲『世界の工場／中国華南と日本企業』第1章を参照されたい。

## 第6章 上海における産学連携

　先の各章では、北京市と遼寧省の瀋陽市や大連市における産学連携の展開を見てきた。これらの地域は、早い時期から産学連携に積極的に取り組んでおり、特に、清華大学、北京大学、東北大学および東軟集団などが大きな成果を生み出したことはよく知られている。これに比べて、上海市における産学連携はそれほど注目されていないが、その取り組みも実に幅広いものである。

　上海は中国最大の商業都市として、首都の北京と比較されることが多い。北京は全国の政治の中心だけでなく、文化・科学・教育の中心でもある。大学や研究機関が集中し、北京は科学研究で全国の先導的な役割を担い、特に基礎研究や自然科学の分野においては圧倒的な強さを持つ。これに対して、商業の中心である上海は、研究開発や科学技術などの面において比較的劣っているが、そこにも上海交通大学、復旦大学、同済大学といった名門大学が所在しているほか、大手企業も応用研究を中心に活発な技術開発を行っている[1]。そして、有力理工系大学を中心に、産学連携の活動が着実に進められている。

　この章では、上海の大学における研究開発と産業連携の現状を検討した上で、上海交通大学の産業連携活動に注目し、その全体の取り組み、および溶接研究所という大学内の研究機関が展開した具体的なケースを見ることにしたい。

### 1. 上海の大学における研究開発と産学連携

#### （1）上海の大学の概況と研究開発の現状

　1978年の改革開放以降、中国政府は「科学技術は生産力である」をスローガンに、科学技術の振興とハイテク産業の発展を促進してきた。政府主導の一連の研究プロジェクトが打ち出されたが、それを担っているのは、主に国立の研究機構と大学である。中でも、大学における研究開発の活動は、国家の科学技

表6―1　上海の実施主体別R&D経費の推移

| 区分 | 2000 | 2001 | 2002 | 2003 | 2004 | 2005 |
|---|---|---|---|---|---|---|
| 合計（億元） | 76.73 | 88.08 | 102.36 | 128.92 | 170.28 | 213.77 |
| 大学 | 7.43 | 10.44 | 11.81 | 17.19 | 18.92 | 23.72 |
| （％） | (9.7) | (11.9) | (11.5) | (13.3) | (11.1) | (11.1) |
| 研究機構 | 25.58 | 27.76 | 27.2 | 38.43 | 43.27 | 44.91 |
| （％） | (33.3) | (31.5) | (26.6) | (29.8) | (25.4) | (21.0) |
| 企業 | 41.44 | 47.61 | 61.03 | 70.49 | 105.23 | 143.86 |
| （％） | (54.0) | (54.1) | (59.6) | (54.7) | (61.8) | (67.3) |

注：研究機構は国立研究所のみ。企業には外資系企業も含まれる。
出所：『上海統計年鑑』各年版

表6―2　上海における大学の概況（2005年現在）

| 区分 | 学校数 | 在校生数 | 専任教員数 |
|---|---|---|---|
| 合計 | 59 | 442,620 | 31,441 |
| 総合大学 | 3 | 68,946 | 7,522 |
| 理工系大学 | 24 | 182,519 | 12,317 |
| 財政・経済系大学 | 17 | 86,809 | 4,319 |
| 師範系大学 | 2 | 35,755 | 3,163 |
| 政治・法律系大学 | 3 | 13,871 | 1,095 |
| 農林系大学 | 2 | 15,495 | 949 |
| 語学系大学 | 2 | 13,019 | 864 |
| 芸術系大学 | 4 | 7,800 | 834 |
| 医薬系大学 | 2 | 4,302 | 378 |
| 体育系大学 | 1 | 3,932 | 374 |

注：在校生数には大学院生、および成人大学の学部生が含まれていない。
出所：『上海統計年鑑』2006年版

術体制に重要な地位を占めるようになり、大きな役割を果たしている。

　上海においても、近年、研究開発の規模は経済発展につれて急速に拡大しているが、政府所属の科学研究機構の重要性は低下しつつあるのに対して、大学と企業の役割が高まっている。表6―1のように、2005年のR&D経費は214億元と2000年に比べ3倍近く拡大したが、研究機構の占めるシェアは逆に33.3％から21.0％まで落ちたのに対して、企業のシェアは54.0％から67.3％に上昇した。この間、大学のR&D経費はこの5年間で3倍弱増加したため、11％前後のシェアを保っている。

　上海は中国の経済センターとして、以前から人材が集まるところであるが、大学の数や規模などが北京と比べて劣っている[2]。とはいえ、改革開放以来、

表6―3　上海の理工農医系大学における研究開発の概況（2005年）

| 区分 | 研究開発機構<br>（件） | 研究テーマ<br>（件） | 当年の人力投入<br>（人年） | 当年の支出経費<br>（億元） |
|---|---|---|---|---|
| 合計 | 173 | 17,507 | 14,275 | 31 |
| 研究分野別（％） | | | | |
| 　自然科学 | 16.2 | 16.5 | 14.9 | 12.0 |
| 　工程技術 | 32.4 | 58.2 | 51.7 | 79.3 |
| 　医学科学 | 49.1 | 22.6 | 31.9 | 7.8 |
| 　農業科学 | 2.3 | 2.7 | 1.5 | 0.9 |
| 研究活動種類別（％） | | | | |
| 　基礎研究 | － | 21.6 | 25.0 | 13.1 |
| 　応用研究 | － | 39.8 | 44.4 | 36.9 |
| 　試験開発 | － | 18.0 | 12.9 | 17.5 |
| 　研究・試験成果応用 | － | 9.4 | 8.2 | 9.3 |
| 　その他技術サービス | － | 11.3 | 9.5 | 23.3 |

出所：『上海科技統計年鑑』2006年版

　上海の教育事業は急速な経済成長とともに発展し、大学の施設とレベルは顕著にアップした。80年当時、上海の大学は49校、在校の学生数は7.7万人、専任教員数は1.9万人であったが、2005年現在、大学は59校、在校生数は44.3万人に達しており、専任教員数も3万人を超えている（表6―2）。大学の数はそれほど増えていないものの、学生の数からみれば、大学の規模が二十数年間で6倍近く拡大したことになる。

　これらの大学のうち、表6―2に示されているように、理工系大学は大きな存在感を見せている。大学の在校生数と専任教員数をみると、24校の理工系大学はそれぞれ5割と6割を占めている。また、総合大学の3校は上海交通大学、復旦大学と上海大学であるが、上海交通大学はもともと理工系が強い大学でもある。その他の単科大学としては、理工系の同済大学、華東理工大学、東華大学（旧、中国紡績大学）、文系の華東師範大学、上海外国語大学、上海財経大学などが全国的に有名な大学であり、いずれも国家の重点大学（国家教育部直属）である。

　中国の大学は重点大学と普通大学に分別され、前者には政府から莫大な援助資金と研究資源が集中的に投下されている。大学の重点化政策としては「211工程」というプロジェクトがある。これは21世紀へ向けて100校程度の重点大学と重点学科を作ることを目指しているものであり、95年から進められている。

上海における59校の大学のうち、11校がこの「211工程」に入っている。さらに、もう一つ世界一流大学の育成を核心とする「985工程」という、日本のCOEに相当する支援プログラムがあり、上海交通大学と同済大学、復旦大学の3校がそれに選ばれている[3]。

上海における大学の研究開発の現状は表6－3に示されたとおりである。そこからも理工系大学が中心的な役割を果たしていることをうかがえる。研究分野別の状況をみると、医学関連の研究開発機構は一番多くなっているが、研究テーマ、投入される人力と支出される経費においては自然科学と工程技術（エンジニアリング）のほうが圧倒的に多い。また、これらの研究活動は主に応用研究と基礎研究に集中していることも一つの特徴である。

(2) 大学における産業連携の動向

中国では、「大学発ベンチャー」企業の数は5000社を超えているとされるが、有力企業の大半は北京に集中しており、北京大学の方正や清華大学の同方、紫光のような代表的な企業は、海外でも広く知られている[4]。これに比べて、大学発ベンチャー企業をはじめ、上海における産業連携は目立ったところが少ない。

しかし、実際、上海における産学連携の活動も以前から大いに進められている。というのは、上海においても、産業界の研究開発力が比較的に弱体であるため、地元の各大学や国立研究機構に依存するしかないからである。中でも、大学の重要性は高まりつつある。近年、教育規模の急速な拡張につれて、大学の役割はすでに「人材育成」から「知的創造と貢献」へと展開され、企業との産学連携を通じて地域の経済発展に寄与しようとしている。

大学と企業との産業連携の状況を正確に示す統計データはないが、大学の財源別研究経費に関する統計は、ある程度企業との関連度合いを反映している。表6－4は上海における理工農医系大学の研究経費を財源別で比較したものである。2005年の統計項目が90年代とは異なっているとはいえ、この十数年間の変化をみると、企業や社会事業団体からの委託の研究経費に占めるシェアは高くなる傾向にあることから、大学の研究開発活動は主に企業向けであることが

表6―4　上海の理工農医系大学研究経費の財源

| 区分 | 1990年 | 1995年 | 2005年 |
|---|---|---|---|
| 合計（億元） | 1.76 | 4.62 | 30.93 |
| 財源別の割合（％） | | | |
| 　主管部門 | 16.5 | 4.2 | 4.5 |
| 　国家経済、科学委員会 | 12.4 | 4.2 | 13.0 |
| 　国家自然科学基金 | 5.2 | 5.0 | 6.2 |
| 　国務院その他部門 | 6.7 | 6.9 | 3.5 |
| 　省・市・自治区 | 9.4 | 9.2 | 12.5 |
| 　企業・社会組織の委託 | 30.1 | 49.7 | 53.1 |
| 　国際合作 | ― | ― | 5.9 |
| 　その他 | 19.7 | 20.9 | 1.2 |

注：1990年と95年は投入されたR&D経費、2005年は支出された研究課題の経費。
出所：『上海統計年鑑』『上海科技統計年鑑』各年版のデータより算出。

明らかであろう。

　2003年、上海市教育委員会は地元の大学における産業連携の現状を調査し、一定の規模と技術レベルがあり、かつ正式に認定されている産学連携の施設を集計した[5]。これによると、上海交通大学をはじめとする11の大学には125カ所の産学連携施設があり、そのうち、54カ所（43.2％）は市内の企業や団体組織との合作、34カ所（27.2％）はその他の地域との合作、23カ所（18.4％）は海外との合作となっている。これらの産学連携施設には、宝山鋼鉄、上海汽車、上海電気、江南造船といった地元の大企業と連携して作られた研究センターや共同実験室が多いことが特徴である。

　最近、上海市政府の主導で、地元の有力企業と大学との協力体制がますます強化されている。例えば、2005年1月、復旦大学、上海交通大学、同済大学、上海大学、上海工程技術大学の5校は上海汽車、上海電気、上海広電、上海電信などの大手企業8社と戦略的パートナシップを締結し、「グリーン・エネルギー」をはじめとする十数項の共同研究課題、及び大学院生の共同育成などについて契約を交わした。

### 大学経営の「校弁企業」

　本書の各章で検討されたように、大学発ベンチャー企業（校弁企業）が活発

表6―5　2004年校弁企業の総収入最も多い大学トップ10

(単位：億元)

| 区分 | | 企業収入総額 | 利潤総額 |
| --- | --- | --- | --- |
| 1 | 北京大学 | 223.5 | 8.4 |
| 2 | 清華大学 | 170.3 | 7.8 |
| 3 | 浙江大学 | 44.8 | 2.0 |
| 4 | 東北大学 | 34.1 | 5.2 |
| 5 | 同済大学 | 26.1 | 1.0 |
| 6 | 石油大学（華東） | 21.3 | 0.3 |
| 7 | 哈爾濱工業大学 | 20.4 | 0.7 |
| 8 | 武漢大学 | 18.3 | 1.4 |
| 9 | 復旦大学 | 16.6 | 2.2 |
| 10 | 西安交通大学 | 14.6 | 0.6 |

注：校弁企業は科学技術型企業のみ。
出所：教育部科技発展中心『2004年全国普通高校校弁産業統計分析報告』

化していることは、中国の産学連携における大きな特徴の一つである。その背景には、国有企業や民営企業の技術が育っておらず、大学とのレベル差が大きいという実情があり、大学には「研究費用は自分で稼ぐ」という考えが浸透していることがある。

　上海においても、実際、理工系大学を中心に大学発の校弁企業はたくさん誕生している。こうした校弁企業の活動は北京の大学ほど突出していないが、地元の大学にとって、校弁企業が技術移転の主要なチャンネルとなる一方、一つの大きな収入源にもなっている。

　中国では、校弁企業は科学技術型企業と非科学技術型企業に分けられている。後者は、主にイノベーションとは無関係の商業や不動産等のサービス企業（技術サービスを除く）を指す。2004年度の統計資料によると、全国592校の大学が経営管理する企業数は4563社で、そのうち、科学技術型企業は2355社で全体の51.6％を占めている[6]。表6―5は、これらの科学技術型企業の総収入に基づいた大学のランキングである。中でも、たくさんのベンチャー企業を持つ北京大学と清華大学の両校は、群を抜いた企業収入と利潤総額でNo1とNo2となっている。

　他方、上海の名門校である同済大学と復旦大学は、北京大学や清華大学には及ばないものの、上位5位と9位を占めており、大学発ベンチャー企業の実力

を見せている。

　復旦大学にはいくつかの有名な校弁企業がある。例えば、上海復旦復華科技股份有限公司は94年発足した復旦大学科技開発総公司から改制された企業であるが、93年に上海証券取引所に上場した。これは全国の校弁企業の中で最も早く株式市場に上場を果たしたケースであった。上場の際、社名を「上海復華実業股份有限公司」に変更したが、2001年に現在の社名になった。現在、同社の主な業務はソフトウェア開発、医薬品の開発と製造となっているが、不動産開発などにも取り組んでいる。上海の嘉定地域で、全国初の民営ハイテクパークである国家級の「復華高新技術園区」を建設した実績を持つ。

　その他に、香港の新興企業用株式市場に上場した復旦大学の校弁企業が2社ある。2000年に上場した上海復旦微電子（マイクロ・エレクトロニックス）股份有限公司は98年設立、業務内容は通信関連製品、スマートカード、バイク用電子部品などASIC（特定用途向け集積回路）製品の開発などである。近年はICカードチップ事業に注力しているが、工場を持たない経営モデルで、生産は各OEMメーカーに任せている。もう一つの企業は2002年に上場した上海復旦張江生物医薬股份有限公司である。同社は96年に設立し、本社を上海浦東張江ハイテクパークに置いてある。バイオ医薬品の研究開発・生産、その関連技術の開発がメインであるが、遺伝子工学を利用した薬物及び光レーザー治療の研究にも従事している。

　他方、同済大学の校弁企業には、同済科藍、同済同捷、同済海納、同済経済、同済宏揚、同済豊宇、同済楼宇といった企業があげられるが、最も有名な企業は上海同済科技実業股份有限公司である。同社の前身は同済科技実業総公司であり、93年に所有制改革で株式会社に転換され、同済大学が持株の上場企業である。建築設計、工事工程の請負い、工事工程管理、工事現場爆破、室内内装工事と設計等が主な業務であり、いわゆる中国のゼネコンである。同社の知名度はそれほど高くないが、2004年の収入額が15億元で、全国校弁企業の中で東北大学の東軟集団に続いて第6位となっている。

　また、同済大学には地元の関連企業と組んで合弁企業を創立するケースもある。99年、同済大学は2500万元の出資金で最大の株主として、市内にあるバス、

水道、環境保全設備などの有力会社と合弁で「上海環保（集団）有限公司」を設立した。この会社は大学の技術力を武器に、汚水処理や廃棄物処理を中心に環境技術の研究開発、設計、設備の生産などに従事しているが、社名には大学の名前に関連する文字を入れていない。このようなケースはまだ少ないが、新しいタイプの産学連携が模索されていると捉えられる。その背景には、大学は教育と技術イノベーションという本来の職務へ専念すべきという議論が沸きあがっているからである。

**産学連携の新たな拠点**

「校弁企業」は上述のように産学連携の象徴的な存在として持てはやされてきたが、近年、国際的に通用する技術移転システムの構築へと制度改革が行われている。その結果、90年代後半から、大学を中心に創られている技術移転機関（TLO）と科技園（サイエンスパーク）が産学連携の主な拠点になりつつある。中でも、政府はトップクラスの大学が運営するサイエンスパークの整備に力を入れている。

上海においても、理工系総合大学を中心に八つの技術パークが設立されており、そのうち、復旦大学、上海交通大学、同済大学、東華大学、上海大学、上海理工大学が創立したサイエンスパークは国家レベルの大学科技園として認可されている（2006年10月現在）。設立の経緯や規模などにおいて、各大学のサイエンスパークは異なっているが、各自の得意分野を生かしている。

復旦大学はコンピュータ・ソフト、バイオと医学など、上海交通大学はIT技術、エネルギー、ナノテクなど、同済大学は燃料、建築材料、環境保全など、東華大学は紡績、化学など、それぞれ異なる分野に重点を置いている。また、これらのサイエンスパークに共通する特徴としては、①大学と地元政府（区政府が中心）に所属する企業と合弁で設立した管理会社によって運営されている、②パークには研究センター、創業センター、インキュベータ、産業基地といった施設が揃っているが、いくつかの市街地に分散されていることがあげられる。

このように、大学のサイエンスパークを拠点に、産学間の連携と産業クラスターの形成が大学と企業の枠組みを超え、地域経済と密着した形で進められて

いる。また、その他の産学連携の促進機構として、理工系大学を中心に技術移転センター、工程研究センターといった機構や施設も設けられている。そのうち、上海交通大学と華東理工大学の技術移転センターは、国家級のものとして認定されている。

**市政府の支援策と制度改革**

　近年、上海市政府が力を入れている戦略の一つは、「科教興市」戦略である。つまり、今後長年にわたる科学技術と教育の振興で、上海市の社会と経済を振興していく戦略と施策のことである。この戦略の下で、市政府は大学や研究機構から民間企業への技術移転システムを確立し、産学連携をいっそう強化しようとしている。

　実際、研究開発成果の実用化に関する取り組みはすでに90年代から始まっている。例えば、93年に中国科学技術部と上海市政府によって設立された上海技術交易所は、国内初の地域と業界をまたがる国家レベルの技術移転機関として、技術移転分野における国内のリーダー的な存在となっている。取引参加者はメンバー制をとっているが、会員は全国の各地域に広がっており、会員数は現在300社を超えている。また、会員の一部は企業であるが、大半は大学や研究機関で、上海の有名大学はほとんどメンバーとなっている。近年、その年間取引金額はすでに100億元を超えており、技術や研究成果の産業化と商品化に大きく貢献している。なお、技術交易所の役割は特許ベースの取引に限らない。企業の需要に応じて情報を集め、大学や研究所などの関係機関に情報を提供したり、または仲介、市場調査、企業診断などの技術サービスやアドバイスを行ったりすることも少なくない。

　他方、技術市場の発展を促進するために、技術移転ファンドのTTMF（Technology Transfer Management Fund、技術市場基金）が設けられている。これは「上海市技術市場条例」（1995年施行、1997年と2003年改正）に基づいたもので、大学研究所、技術ハイテク型の企業に対して半年～1年間の資金を提供し、銀行貸付と同様利息を徴収する。資金規模は数千万元で、ファンドの運営は金融面では銀行、技術面では上海技術取引所がそれぞれ担当している。

このファンドの役割は民間資金の呼び水であり、技術取引の契約を取り交わされた会員企業が、さらに銀行から資金を調達できるための環境整備と考えられている。
　また、産学連携の仲介機関として、「上海市ハイテク技術成果転化サービスセンター」という施設がある。同センターは98年6月に公布された「上海市ハイテク技術成果転化の促進に関する若干規定」によって設立され、市科学技術委員会に所属する事業団体である。その後、この「若干規定」は99年、2000年と2004年に改正されているが、様々な優遇策と促進措置を講じて、地元にある大学と研究所の研究開発成果の産業化を促している。
　さらに、最近、市政府は新たに発展の計画や税制などの優遇策を打ち出して、産学連携を促進しようとしている。例えば、2006年5月に公布された「上海中長期科学と技術発展計画綱要（2006―20年）」には、企業が大学や研究所に技術開発と研究などを委託する経費は、技術開発費として認められている。また、法人企業に転換された研究機構に対して、企業所得税、研究開発用の土地の使用税や不動産税が5年間免除されることも明記されている。そして、技術移転や技術開発に関連する技術的コンサルティングやサービスによる収入も、その営業税が免除されることになっている。

## 2．上海交通大学の取り組み

### （1）　上海交通大学の歩みと輪郭

　上海交通大学は1896年に開校され、中国で最も古い歴史を持つ大学の一つである。開校された当時は、南洋公学と命名されたが、1910年代後半に南洋大学、さらに上海工業専門学堂と改称された。さらに、1921年に交通大学に改名された。日中戦争中は重慶に一時的に移転したが、戦後は、混乱期を経て上海に復帰した。1956年国務院の決定により、西北教育支援のために60％の人員が西安に移転され、交通大学西安分部、上海分部と称された。そして、1959年7月、上海交通大学と西安交通大学がそれぞれ正式に成立した。
　上海交通大学は理工系の名門校として北の清華大学と並び称されているが、

写真6—1　上海交通大学の歴史的な図書館

理工系のみならず、医学、農学、文学、経営、経済、法学、教育などの学科も併せ持っており、その総合力と研究能力は国際的にも評価が高い。2005年7月に上海第二医科大学と合併し、上海交通大学は中国屈指の本格的な総合大学となり、その規模がさらに拡大している。

　85年当時、上海交通大学の在校生は9000人前後の規模しかなかったが、2006年現在、全日制在校学生の総数は約3万8000人、そのうち学部生1万8000人、大学院生1万8100人、留学生2000人となっている。専任教員2800人のうち教授が約700人、中国科学院士・工程院士（アカデミー会員）がそれぞれ15人、20人という豊富な教授陣を擁する。専任教員のうち、博士学位を持つ教員は半数を占めており、そして海外での留学経験のある教員は約4割となっている。また、専任教員の構成をみると、2004年現在、2752人の教員のうち、工程技術分野が1290人（47％）と最も多い。その他の人数分布は、人文社会科学781人、自然科学405人、農業科学75人、医学科学43人、その他158人となっている。

　現在、大学全体の敷地面積は356haで、五つのキャンパスによって構成されている。そのうち、上海市の中心部に位置する徐家匯キャンパスは大学創業の地であり、本部などを置いているが、面積は2.3haしかない。黄浦江の近くに

写真6—2　上海交通大学のキャンパス

新設された閔行キャンパスは、メインのキャンパスとして、85年から建設され、総面積284haの巨大な学園都市となっている。

**学部構成と研究機構**

100年以上の歴史と伝統を誇る上海交通大学は、船舶工学、材料学、機械製造と設計を中心に理工系の総合大学として発展してきたが、近年、ソフトウェアや医療・バイオ関係、さらに法学や経営管理といった分野にも注力している。現在の全体構成は以下の通りである。

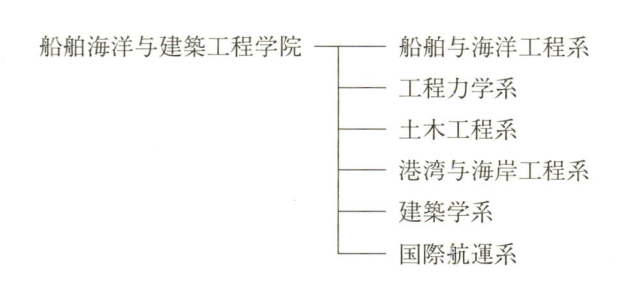

```
船舶海洋与建築工程学院 ┬── 船舶与海洋工程系
                      ├── 工程力学系
                      ├── 土木工程系
                      ├── 港湾与海岸工程系
                      ├── 建築学系
                      └── 国際航運系
```

- 機械与動力工程学院
  - 機械工程与自動化系
  - 動力与能源工程系
  - 工業工程与管理系
  - 核科学と系統工程系
  - 航空航天工程系
- 電子信息与電気工程学院
  - 自動化系
  - 計算機科学与工程系
  - 電子工程系
  - 信息検測与儀器工程系
  - 電気工程系
- 材料科学与工程学院
  - 材料科学系
  - 材料工程系
- 化学化工学院
  - 高分子科学与工程系
  - 化学工程系
  - 化学系
- 生命科学技術学院
  - 生物技術系
  - 生物医学工程系
  - 生物工程系
- 農業与生物学院
  - 植物科学系
  - 資源与環境系
  - 園林科学与工程系
  - 動物科学系
  - 食品科学与工程系
- 経済与管理学院
  - 市場営銷系
  - 運営管理系
  - 組織管理系
  - 会計系
  - 管理科学系
  - 経済与金融系

医学院
薬学院
信息安全工程学院
理学学院
軟件学院
微電子学院
環境科学与工程学院
法学学院
外国語学院
人文学院
媒体与設計学院
国際与公共事務学院
塑性成形工程系
体育系
成人教育学院
国際教育学院
技術学院
网絡教育学院

　このように、上海交通大学は合計20の学院（学部）と二つの学系を有し、理、工、医、農、文などの領域に跨る総合大学である。中でも、特に船舶と動力システム、工程力学、工業自動制御、複合材料と金属材料加工、電子工程といった工学の分野は、国内でトップレベルの水準を誇る。国家教育部2001年の認定により、工程力学、機械製造及其自動化、機械設計及其理論、材料学、材料加工工程、動力機械及工程などの22学科が国家重点学科となっている。また、汽車設計製造、電力系統及其自動化、免疫学、血液学、薬物化学などの36学科が上海市重点学科となっている。

　研究施設をみても、上海交通大学は国内最高水準の研究能力を持っていることがわかる。下記のとおり、六つの国家重点実験室、四つの国家工程研究中心、

三つの教育部重点実験室など、国家レベルの研究施設が多く置かれている。

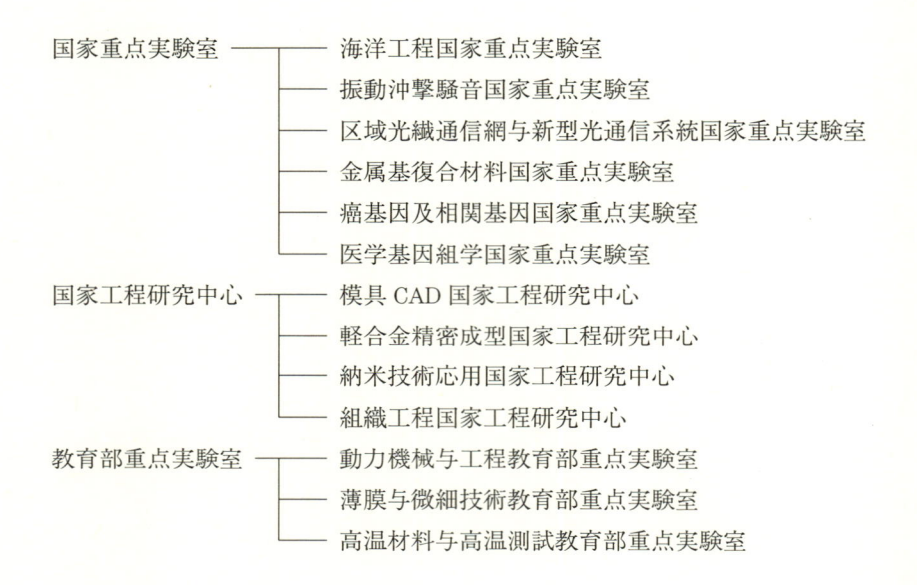

- 国家重点実験室
  - 海洋工程国家重点実験室
  - 振動沖撃騒音国家重点実験室
  - 区域光繊通信網与新型光通信系統国家重点実験室
  - 金属基復合材料国家重点実験室
  - 癌基因及相関基因国家重点実験室
  - 医学基因組学国家重点実験室
- 国家工程研究中心
  - 模具CAD国家工程研究中心
  - 軽合金精密成型国家工程研究中心
  - 納米技術応用国家工程研究中心
  - 組織工程国家工程研究中心
- 教育部重点実験室
  - 動力機械与工程教育部重点実験室
  - 薄膜与微細技術教育部重点実験室
  - 高温材料与高温測試教育部重点実験室

そのほか、交通部や衛生部の重点実験室、上海市の重点実験室もあり、また、多国籍企業と共同で設立された実験室もいくつかある。大学内の研究機関として、海洋水下工程科学研究院、汽車科学与工程研究院、計算機科学技術研究院など八つの独立した研究院が置かれている一方、各学部の下にも数多くの研究所や研究センター、実験室などが設置されている。他方、海外との交流も盛んであり、これまで20カ国と地区の世界著名大学80校との学術交流協定、国際企業・研究機関30社の提携協定を締結している。

こうした強力な研究体制を背景に、近年、上海交通大学では毎年3000件を超える科学研究プロジェクトに関わっており、投入される研究費は8億元を超えている。その研究成果として、全国各大学2005年の科学技術論文の発表数では、上海交通大学は1万3381本の論文（うち、国内発表数は7187本）で全国一となっている。

(2) 産学連携の展開と現状

　上海交通大学は理工系の名門として、早い時期から地元企業を中心に産業界と密接な関係を築いてきたが、本格的な産学連携は80年代に入ってからのことであった。最初の産学連携は、企業が独自で解決できない技術的な課題を大学に委託することが中心で、また大学の各学部や研究所が独自で、あるいは教員個人ベースで行われているものが一般的であり、短期間に終わるものが多かった。その後、大学自身が主体となって各学部や個人の壁を越えた産学連携のプラットフォームを作り上げ、またそれを支える組織と制度を次第に形成した。

　こうして、大学と企業とのより継続的な連携関係が維持されるようになり、長期的な共同研究開発、または共同運営の技術センターや実験室などの施設も増えている。他方、大学の高い研究能力と技術力を生かした起業活動も活発に行われており、大学全体の産学連携は本格化している。

　近年、上海交通大学の研究開発活動は経済発展の要求に応じて著しく拡大している。85年には大学全体の研究経費は2000万元しかなかったが、2004年では8億元を超えている。研究資金が急速に増加しただけでなく、研究内容や研究目的なども大きく変化した。従来では、計画経済の下で、上海交通大学はその他大学と同様に、その研究内容は国からのトップダウンで決まっていたが、現在は先進性やマーケットニーズなどの観点から評価される仕組みに変わった。

表6－6　上海交通大学2004年科学技術研究プロジェクトの情況

| 区分 | プロジェクト数（個） | （％） | 当年投入経費（百万元） | （％） |
|---|---|---|---|---|
| 合計 | 3,330 | 100.0 | 848.4 | 100.0 |
| 国家973計画 | 40 | 1.2 | 8.6 | 1.0 |
| 国家科技難関突破項目 | 12 | 0.4 | 4.1 | 0.5 |
| 国家863計画 | 180 | 5.4 | 50.4 | 5.9 |
| 国家自然科学基金 | 370 | 11.1 | 43.0 | 5.1 |
| 主管部門 | 191 | 5.7 | 121.9 | 14.4 |
| 国務院その他部門 | 216 | 6.5 | 75.6 | 8.9 |
| 省・市・自治区 | 546 | 16.4 | 124.4 | 14.7 |
| 企業・社会組織の委託 | 1,552 | 46.6 | 322.6 | 38.0 |
| 国際合作 | 99 | 3.0 | 47.4 | 5.6 |
| 自主課題 | 124 | 3.7 | 50.3 | 5.9 |

出所：上海交通大学『2004年統計資料匯編』

特に、応用研究の場合は企業側のニーズに基づいている。表6—6に示されているように、研究プロジェクト数や投入経費において、国から依頼されているものは合わせても半数ほどしかない状況である。逆に、企業向けの研究開発は一番多くなっている。

**自動車関連の産業連携**

上海交通大学は専門的な知識および地理的な優位性を生かして、地元の有力企業と組んで共同研究開発を行っていることが目立っている。例えば、上海は中国の自動車生産の主な拠点の一つであるが、上海交通大学も自動車分野において高い研究力を備えている。同校は1936年に自動車の専門学科を設置してから関連の研究領域をすべて備えるようになり、これまでたくさんの専門人材を育成してきた。近年においてその研究能力はいっそうレベルアップされ、閔行キャンパスには1万m²の自動車実験用ビルが建設されている。こうした専門的な研究能力を背景に、上海交通大学はこれまで地元の自動車メーカーと深い連携関係を築いてきた。

94年、上海汽車（自動車）集団は上海交通大学と共同で「汽車科学与工程研究院」を設立した。名誉院長は上海市の副市長が兼任するほど、この研究院は市政府の強い支援を受け、新しいタイプの産学官連携を切り拓くものとして注目されている。同研究院は上海汽車集団から多くの研究プロジェクトが委託され、同社とドイツのフォルクスワーゲン（VW）との合弁企業「上海大衆」、および米国のゼネラルモーターズ（GM）との合弁企業「上海通用」が生産する乗用車の国産化に大きく貢献した。

こうした実績もあって、97年に上海汽車集団は1000万元を投資し、さらに大学と共同で自動車エアコン、製造技術、精密鋳造、エンジン、金型の五つの工程センターを立ち上げた。これらの工程センターは毎年「上海汽車工業科技発展基金会」から研究費を受け取り、これまで多くの応用研究を実施してきた。

他方、近年において上海交通大学は上海華普汽車との技術提携も注目されている。上海華普汽車は、民族系自動車メーカーの雄として知られている吉利汽車の子会社である。2005年3月、上海華普汽車と上海交通大学は戦略的なパー

トナーシップを結ぶことで合意し、9月に共同で「上海華普汽車－上海交通大学連合汽車工程研究院」を設立、ハイブリッド技術などの自主技術開発を進めてきた。そして、同年の11月、上海華普汽車は中国で初めて独自の知的財産権を有するハイブリッド車を発表した。このハイブリッド車は、上海華普の自社ブランドである「海尚305」をベースに、上海交通大学の技術を応用して開発されたものである。さらに、2006年9月に自主開発したモデル「海域506」という車が生み出された。これは国内において初めて大学が直接関与して開発された車で、産学連携の新しい成果として評価されている。

そのほかに、大学の各学部や研究機構も自動車メーカーなどと密接な連携関係を築いている。「機械と動力工程研究学院」に所属する「汽車工程研究院」は、米国のCM社と共同で「動力技術研究院」「車身（ボディ）製造技術実験室」、宝山鋼鉄と共同で「汽車板使用技術連合実験室」を設立した。金型技術が専門とする学部「塑性成形工程系」は、上海汽車集団と共同で「汽車模具（金型）工程中心」、米国のフォード社と「Ｃ３Ｐ（CAD/CAM/CAE&PDM）連合実験室」を設立した。さらに、上海交通大学が自ら中心となって自動車関連の企業を設立するケースもある。2004年、上海交通大学は上海交通運輸集団、上海環境衛生集団、上海航空工業集団と共同で出資し、上海交大神舟汽車設計開発有限公司というゴミ収集車などの特殊自動車を設計する企業を設立した。

以上は自動車関連の産学連携を見てきたが、実際、他の分野においても、江南造船集団、上海医学集団、上海電気集団、上海軽工集団などの大手メーカーを中心に、地元企業との共同研究と技術開発を盛んに行っている。また、富士通ゼネラル、オムロン、旭光学、日立化成などの日本企業、および多くの欧米企業との共同研究をも展開している。

**国家技術移転センター**

上海交通大学国家技術転移センターは、産学連携の一環として2001年4月に設立され、同年の11月に国家級のものとして認定された。その主な目的は、大学と産業界の連携を促進させ、研究開発成果の産業化と実用化を通じて社会と地域の活性化に貢献するということであるが、技術移転のサービスを提供する

仲介機関である。事業内容は、大別して次の六つの分野から構成される。①大学と国内外の企業、研究機関との共同技術開発、技術移転の支援、②海外先進技術の取り入れと二次開発、③海外の技術研究状況の調査、④知的財産管理、⑤人材の交流と育成、⑥総合的なコンサルティングサービスの提供。その中で、重要な仕事の一つは、大学の研究成果に関する情報をこまめに企業側に公布する一方、社会や企業のニーズをスムーズに大学の教員や研究者に伝えることである。

　このように、上海交通大学国家技術転移センターは産学間の技術移転と提携、海外との技術交流などを担当しており、大学の産業連携において中心的な役割を果たす部門である。近年、同センターはその活動を着実に周辺地域に拡大している。これまで、浙江省の嘉善市と杭州市の余杭区、江蘇省の江陰市と無錫市にそれぞれ分センターを設立し、周辺地域の産業や企業との産学連携を深めている。他方、国際技術移転と技術提携にも重点を置いており、積極的に海外の大学や研究機構と提携している。特に、日本の大学や企業との交流や産学連携が多いのが特徴で、スタッフの中に日本語に精通している者、または日本とのビジネス経験豊富な人材も多数いる。

**日本との国際産学連携**

　上海交通大学と日本の九州地域との産学連携は、興味深い展開を見せている。2002年12月、上海交通大学と九州大学は、日中間の技術連携の仲介に関し合意に至った。これは両校が日中相互の企業間、企業と大学間の技術連携を仲介するものであり、さらに、上海周辺地域と九州地域間のビジネス連携と人材交流の強化にもつなげようとしている。例えば、2003年、上海交通大学から九州大学に「中国の漁船に載せる海水製氷装置の技術を探して欲しい」という相談が持ちかけられ、九州大学のチームが調査、検討した結果、この技術を保有していた福岡県にある企業に中国での事業展開を勧めた。日本国内では、沿岸漁業の衰退とともに船舶用製氷機の需要は激減する一方、中国では沿岸漁業は盛んで大きな市場があった。中国において製氷機の部品の電圧が安定しない等の問題があったが、九州大学の研究者によるアドバイスでこの問題を克服し、2005

年に中国で合弁企業を立ち上げた[7]。このようなケースは、基礎技術の有効利用が減少している日本と、海外技術の導入で発展を目指す中国が生み出した国際産学連携の好例であるといえる。

また、両大学間における国際産学連携の活動を通じて、上海の経済発展に貢献できるようなケースも出ている。九州大学は深刻な電力不足に悩む上海市を対象に、省エネルギー化推進のためのシステム導入実証というプロジェクトを、九州電力、西日本技術開発と共同でJETROの「先導的貿易投資環境整備実証事業」に提案し、2005年から取り組んでいる。その他にも、九州大学知的財産本部（IMAQ）と上海交通大学国家技術転移センターが主な窓口となって、様々な地域交流、技術連携およびビジネス展開などを行っている。

写真6—3　上海交通大学の高科技ビル

**サイエンスパークの役割**

前述のように、中国では、大学の科技園（サイエンスパーク）はすでに産学連携において中心的な役割を果たすようになっている。上海交通大学にもいくつのサイエンスパークが建設されている。

「上海交通大学サイエンスパーク」は99年12月に創設され、2001年5月に国家科学技術部と教育部に国家級大学科技園として認められた。同パークは慧谷科技園、張江科技園、敏谷科技園、新華科技園の四つの園区から構成されているが、それぞれ市内の四カ所に置かれており、一カ所にまとめるような普通のパークとは異なる。また、パークの主な施設はオフィスビルであり、その建築

面積はトータルで約53万m²である。中には、本部キャンパスの周辺に形成されている慧谷科技園のように、賑やかな市街地に点在する幾つかのビルから構成されているものもある。例えば、最初に建設された「上海慧谷ハイテク創業センター」というビルは、元の紡績工場を改造したビルで、建築面積はわずか1.4万m²しかない。こうしたビルにはIT関連を中心とする企業が数百社が入居しているが、大半は上海交通大学の教員または大学院生が創立したベンチャー企業である。

　他方、上海交通大学が深く関与している「上海紫竹科学園区」という新型サイエンスパークも設立されている。同パークは上海紫江（集団）有限公司、上海交通大学、上海市閔行区政府、上海聯和投資有限公司の共同出資により、2001年9月に設立、2002年6月から建設が開始されている。地理的には上海市中心区域の閔行区東南に位置し、園区の南と東は黄浦江に囲まれている。第1期の敷地面積は約13km²で、R&Dセンター、大学パーク、グリーンパークの三つのエリアから構成されるが、大学パークの核になるのが上海交通大学閔行分校である。ここに科学研究、行政管理の主体を移管し、最終的には3.3km²の敷地面積を持つ上海交通大学のメインキャンパスになる。この大学パークには、華東師範大学閔行分校がすでに開校されているほか、台湾新竹交通大学工業研究院、清華大学上海微電子研究院など知名度の高い大学、研究機関を入居させる計画もある。

　図6—1のように、大学パークはR&Dセンターと産業区に隣接しており、知識、人材と産業の集積効果が発揮されることが期待されている。R&Dセンターというエリアには、INTEL中国本部とアジア太平洋エリア研究開発所、マイクロソフトアジア工程院上海分院、東レ繊維研究所（中国）有限公司上海分公司、花王（中国）研究開発センター、ヤマハ発動機研究開発（上海）有限公司、オムロン伝感控制研究開発（上海）有限公司といった海外大手メーカーの研究施設が設けられているほか、国内ハイテク企業と研究開発機構も多数進出している。産業区は、マイクロエレクトロニクス、ソフトウェア、光電子技術、デジタル技術、ナノテク、バイオテクノロジーを中核とするハイテク産業の育成基地と位置づけられており、関連する国内外の企業を誘致する方針であ

図6－1　上海紫竹科学園区の計画図

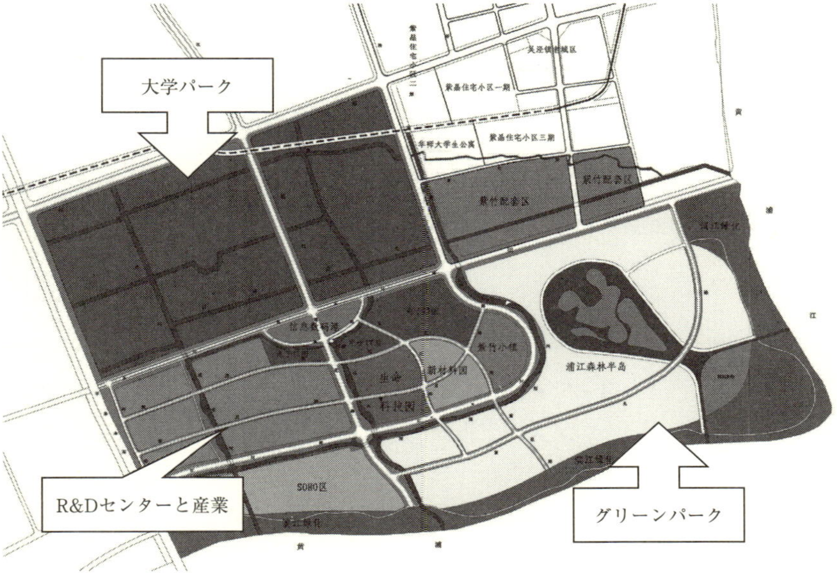

（大学パーク）
（R&Dセンターと産業）
（グリーンパーク）

資料：上海紫竹科学園区

る。こうした環境の中で、上海交通大学およびパーク内の研究機構が入居企業の需要に応じて専門的な人材を育成するほか、関連学部の設立、インキュベーション施設の設立なども行いやすくなる。このような産学連携の仕組みが園区の大きな特徴となっている。

　なお、上海紫竹科学園区は、上海紫江グループとその関連企業の出資比率が50％に達しており、民間色の強い園区といえるが、地元企業、政府と大学が共同で企画し、開発することは上海だけではなく、中国全土でも多くない。その意味で、同パークは産、学、官を一体化した新型のサイエンスパークであり、産学官連携の典型的な事例ともいえる。

（3）　大学発ベンチャー企業

　すでに述べたように、中国では、大学自身が研究成果を産業化する動きが盛んであるが、中国屈指の理工系名門大学として知られている上海交通大学にも、

第6章　上海における産学連携　237

これまで多くの大学発ベンチャーが誕生している。

　上海交通大学の校弁企業に関する具体的な数字は不明だが、今でも200ほどあると言われている。ただし、80年代や90年代前半に設立された貿易やサービス関連の校弁企業には、経営状況が悪化しているものが少なくない。そのため、最近、これらの企業は売却、廃止、休業などによって整理されている。もう一つのタイプの科学技術型校弁企業に対しても、資本関係の整理などで所有制改革が行われているが、こうした企業の経営状況は比較的好調であり、中には大きなグループにまで成長した企業もある。

**上場した2社の校弁企業**

　上海交通大学発のベンチャー企業の中で、最も有名なのは「上海交大昂立股份有限公司」という中国最大の生物製剤保健品メーカーの一つである。創始者は現在の社長を務める藍先徳氏と、他の上海交通大学の教員3人である。彼らは上海交通大学を卒業後、同大学に勤務していたが、発酵工学グループを結成し、昂立1号（オンリーワン）飲料を開発した。同製品は、バイオテクノロジーを駆使して開発された健康飲料であり、栄養を補充するだけでなく、免疫力を増強する効果もあるという。この画期的な研究成果をそれまでのように眠らせる気はなかった4人は、90年頃に事業化に乗り出した。大学側も、株式の4割を所有するという条件で出資し、総額36万元の資本金で92年に「上海交通大学生物製品有限公司」が正式に設立された。

　その後、マーケティングの展開や製造技術の向上に注力しながら、上海市内の病院や医科大学、免疫研究所などの外部機関に臨床テストを依頼し、テスト結果を新聞や専門誌などで紹介した。また、同製品は93年の第2回上海科学技術博覧会、94年の第1回全国健康飲料博覧会でそれぞれ金賞を受賞した。こうして、その効能が消費者に知られるようになり、93年頃から売上額が大幅に増え、急成長を遂げた。製品の「昂立1号」「昂立多邦」などは、国内販売だけでなく、香港、シンガポールなどにも販売されている。

　97年に株式会社の「上海交大昂立股份有限公司」が設立され、登録資本は1.5億元となった。筆頭株主は上海交通大学であったが、上海大衆交通（集

団）股份有限公司、上海茸北工貿実業総公司などの八つの企業と団体が株主になった。そして、2001年7月に上海証券取引所に上場、登録資本はさらに2億元に増加している。

　その後、2003年に上海交通大学は16.5％であった持株を1％にまで減らして、形式上、同企業の経営管理から完全に手を引いた形となった。それは校弁企業の所有体制改革の一環として評価されているが、実際には売却された株は大学のもう一つの上場している校弁企業の手にあるため、実質的には「上海交大昂立」は依然として大学が所有する企業とされている。

　上海交通大学から「上海交大昂立」の株を受け取った企業は「上海交大南洋股份有限公司」である。同社も92年に設立された株式会社であるが、いち早く翌年の6月に上海証券取引所に上場している。その前身は83年に設立された「上海交通大学南洋国際技術公司」であり、上海の各大学の中で最も早く誕生した校弁企業の一つとされている。92年6月、上海交通大学は傘下の四つの工場、10社の科技公司および5社の合弁企業の持ち資産を南洋国際技術公司に統合させると同時に、同社を「上海南洋国際実業股份有限公司」と改称した。当時、大学の学長が董事長、副学長や党委書記などが副董事長という具合で、取締役会のメンバーや経営陣の大半は同大学の関係者となっていた。

　その後、99年、社名を「上海南洋国際実業股份有限公司」から「上海交大南洋股份有限公司」に改称したが、業務内容は依然として、ハイテク製品の生産販売から、工業園区の開発、工事工程の請負い、委託加工、国際貿易、リース、投資、人材育成・研修までと幅広く経営している。上場した当時、上海交通大学が52.7％の株を握っていたが、その後43.7％まで減らして今日に至っている。また、上海交通大学の代わりに同社は17.7％の持分で「上海交大昂立」の最大株主となっているが、他にも傘下に50％以上の株を保有する子会社が9社ある。

　なお、「上海交大昂立」と「上海交大南洋」は、全国の校弁企業の中でも比較的大きい企業である。2004年の全国校弁企業に関する統計をみると、「上海交大昂立」と「上海交大南洋」の収入額がそれぞれ6.8億元、5.5億元で、全国科学技術型校弁企業の中で第14位、第15位となっている。

## 3. 溶接工程研究所の取り組み

　上海交通大学には研究院、研究所、研究センターといった学校内の研究機構が多くあり、大学における産学連携の活動は、主にこれらの研究機構をベースに展開されている。中でも、「溶接工程研究所」という研究機関は産業界との交流も非常に深いものとして知られており、これまで興味深い産学連携を実施してきた。

### （１）　溶接工程研究所の概況

　溶接工程研究所（以下、溶接研究所）は、上海交通大学の「材料科学与工程学院」に所属している。1959年に設立された歴史のある研究所であり、この分野において国内屈指の研究力を備えている。「材料科学与工程学院」は材料研究と応用において国内の知名度が非常に高いが、その前身は52年に設立された「冶金系」で、78年に「材料科学与工程系」に改称したという経緯がある。同学院には材料科学系と材料工程系の二つの学科しかないが、「金属基復合材料国家重点実験室」と「高温材料与高温測試教育部重点実験室」のような国家レベルの実験室が同学院に設置されている。また、溶接工程研究所のほかに、複合材料研究所、材料科学与工程研究所、鋳造研究所も設置されている。

　現在、溶接研究所には二十数人の研究員が在籍しているが、うち教授と助教授がそれぞれ8人、9人である。同研究所は「材料科学与工程学院」に所属する研究機構であることから、学部生の教育には直接携わっていないが、修士と博士課程の学生約90人を指導している。

　また、所内には、溶接ロボット知能化技術、溶接システム・エンジニアリング、レーザー高速溶接などの六つの研究室が置かれている。各研究室にはレーザ溶接機や溶接ロボットなど世界一流メーカー製の機械設備が一通り備えられている。

　長い歴史を持つ溶接技術を駆使して、溶接研究所はこれまで300以上の研究プロジェクトを担当し、数百本の学術論文を国内外で発表した。また、国家レ

ベルと省レベルの発明賞や科学進歩賞などの賞も多く受賞した実績を持つ。

　他方、国際交流も盛んであり、中でも大阪大学接合科学研究所、ドイツのアーヘン大学溶接研究所、ハノーバー大学材料研究所などの研究機関との交流が深い。さらに、海外の企業との交流も進んでいる。例えば、2006年6月、日本の常石造船株式会社（広島県）と溶接研究所は、科学研究と教育の交流と協力に関する協定を締結し、年2回の共同研交流会の開催および共同研究或いは試験を実施することに合意した。これを通じて、日本の産業界との連携関係が強化されることが期待されている。

### （2）　産学連携の展開

　溶接・接合技術は、鉄道、造船、自動車、工作機械、家電、建設など幅広い分野で重要な役割を果たす基盤技術である。中国も以前から溶接関連の技術を重視し、早くも1952年に哈爾濱工業大学で国内初の溶接学科を設立した。当時は旧ソ連の協力によるところが大きかったが、その後、同様の専門学科が各地の理工系大学に設けられ、専門教育と研究能力が次第に確立されるようになった。50年代に溶接に関する教育と研究を開始した大学は、清華大学、上海交通大学、西安交通大学、西北工業大学、天津大学、大連鉄道学院ぐらいであったが、70年代末には17大学にまで増えた。さらに、溶接学科を有する大学は90年代初期頃40以上もあった。しかし、その後、ほとんどの大学が同学科を材料科学や成型関連の学科に発展させた。現在、学部レベルの溶接学科が残されているのは哈爾濱工業大学のみとなっている。

　上海を中心とする華東地域において、溶接技術に関する研究は50年代から上海交通大学が中心となっており、地元の産業界での知名度と影響力が非常に大きい。面談に応じてくれた溶接研究所の所長呉毅雄教授（1952年生まれ）は、現在、上海溶接学会の理事長、上海溶接協会の副理事長を務めるほか、中国溶接学会の副理事長も兼任している。なお、地元ではもう一つの大学、上海工程技術大学も溶接関連の教育と研究に取り組んであるが、その大学はもともと上海交通大学の機電分校であった。

　実際、上海交通大学溶接研究所は設立した時点から企業との協力関係を築い

てきた。改革開放以来、溶接研究所は優れた研究能力を生かして、地元企業を中心に活発な産学連携を展開してきた。これまで協力関係を結んだ企業は100以上で、中には華東計算技術研究所、上海江南造船、江南重工、上海大衆汽車（VW）、上海鍋炉、上海離合器（クラッチ）廠といった地元企業のほか、万向集団、南通三九溶接設備、武昌造船、蘭州石油化工機械などの地方の企業、またはキャタピラなどの外資系企業もある。

さらに、溶接研究所は上海江南造船、上海溶接機廠、上海冠達爾鋼結構、上海徳通機電、北京中科電気などの企業と共同で、ロボット技術応用連合実験室、電子束溶接（EBW）連合実験室や技術センターなどの共同研究機構を設立している。

このように、溶接研究所と産業界との連携関係は非常に深い。実際、研究開発に投入されている経費の7割は企業から来ている。大学全体の場合、その比率は4割未満（表6—6）であることから、同研究所の産学連携は学内においても目立っていることがわかる。

トルクコンバータのケース

溶接研究所がこれまで実施してきた産学連携の中、最も成功したケースは自動車のトルクコンバータに関する研究開発である。一つの研究プロジェクトに投入された研究費および生まれた経済効果をみると、この産学連携の規模と成果は、上海交通大学のみならず、上海の各大学においても稀であるといわれている。

トルクコンバータは、車の中で動力を伝達する重要な部品である。つまり、エンジンの出力を必要なときに、必要な量を変速機構（ミッション）に伝える役目を持つパーツである。だが、内部構造が複雑となっているこの部品の製造は難しく、特に高度な接合技術が要求されている。

97年、上海汽車集団は米国のGMと合弁で「上海GM」を設立した。初めて市場に投入する車は、「別克（ビュイック）」という高級セダンであったが、国産化率40％の壁を越えなければならなかった。トルクコンバータも国産化される部品の一つであったが、それを生産するメーカーは、上海汽車集団傘下の

「上海離合器(クラッチ)総廠」であった。この企業は、80年代末から「上海VW」にクラッチなどの部品を提供することによって技術を磨いてきたが、高級セダンに使われるトルクコンバータを製造するには新たな技術と設備が必要となっていた。

そこで、98年、上海離合器総廠と溶接研究所は、「ビュイック」用のトルクコンバータの溶接生産ラインについて、共同開発の協力関係を結んだ。研究所は溶接技術を提供するのに対して、企業は1200万元の研究費を一度に投入するほか、研究用の設備、場所などを提供する。開発の内容は7種類の溶接接点と6種類の溶接方法に及ぶが、研究成果は双方に帰属するものとし、また経済効果はすべて上海離合器総廠に帰属すると定められていた。

こうして、溶接研究所は企業の協力を得ながら、総力をあげてこの研究プロジェクトに取り組んだ。国内では同様の溶接生産ラインと関連の技術資料がないため、多くの問題と課題に直面していたが、これまで蓄積された知識と技術力を生かして、99年に溶接技術と設備の開発に成功した。そして、2000年に国内初のトルクコンバータ生産ラインが完成し、年生産能力は10万個に達した。当時、同部品の輸入価格は税込みで約1900元であるのに対して、自主生産の場合は1200元であることから、輸入代替効果はかなり大きい。また、同生産ラインで作られたトルクコンバータの欠陥率は25〜46PPM (Parts Per Million) ほどであることから、品質的にもまったく問題がなかった。2001年以降、上海汽車集団はトルクコンバータの輸入を停止し、全品を国内生産に切り替えた。

このように、溶接研究所と上海離合器総廠の共同開発は莫大な経済効果を生み出し、大きな成功を収めた。研究成果としての「トルクコンバータ溶接コア設備と相関技術」はその後、上海市科学技術進歩賞一等賞(2001年)、中国国家科学技術進歩賞2等賞(2002年)を受賞した。また、研究所はこの技術開発に基づいて、いくつかの特許も取得した。

しかし、2002年に上海離合器総廠がドイツのZF Sachs社と合弁されたことによって、両者の産学連携はやむを得ず中断された。溶接研究所としては、関連技術の研究を継続したいのだが、十分な研究費が得られないままでいる。他方、ZF Sachs社はヨーロッパ最大のトルクコンバータを生産する企業として

高い技術開発力を持っており、イノベーションなどは合弁企業の内部で行う方針のようである。

### (3) 産学連携の特徴と仕組み

　溶接技術はモノづくりに欠かせない基盤技術の一つであり、工業生産に広く使用されている。そのため、溶接研究所は設立の時から企業との密接な協力関係を維持し、産学連携を実践してきた。当初、技術協力の内容は技術の指導が中心であったが、最近は企業も力をつけてきたため共同研究と開発が多くなっている。こうした活発な産学連携は業種や技術の要因が大きいといえるが、その他にもいくつかの特徴が見られる。

　共同研究や技術指導の相手企業は地元企業が中心で、しかも有力な国有企業または外資系企業が多いことが一つの特徴である。だが、溶接研究所にとって、これらの企業との連携関係は受身の立場で形成されることがほとんどである。産学連携において、パートナーの選択には信頼関係が非常に重要であるが、企業から研究所への協力依頼は、上海交通大学の卒業生が中心となる人脈関係に大きく依存している。また、50年近くの歴史を持つ溶接研究所自身がこれまで多くの人材を育成し、優れた研究成果を送り出したことで、産業界に高く評価されていることも重要な要因となっている。

　もう一つ大きな特徴は、産学連携の方式にある。つまり、単なる専門技術や研究成果などを企業側に譲渡するのではなく、委託開発と共同開発の形で行われることがほとんどである。中でも委託開発が一番多いが、その場合、特定の溶接技術に関する開発のみではなく、関連溶接設備の提供、研修と人材育成なども含まれる。というのは、溶接技術の開発は生産現場で実用されることが前提であるため、単純な技術移転よりも、ターン・キー方式のほうが適当であるからである。そのため、溶接研究所は関連設備の製造に詳しい担当者を置き、外部の協力企業との連携や取引関係を強化しながら、委託先の要求に対応している。

　他方、共同開発の場合は、具体的な問題を解決するような技術開発というよりも、基礎研究に基づくイノベーションが少なくない。その場合も企業側が提

案するテーマで共同開発を進めるが、開発過程においては研究所が主導権を握る。また、研究成果は双方のものになるが、連名の際は上海交通大学の名前が先になる。逆に、うまくいかない場合もあるが、研究所がそのリスクを負うことはあまりない。

なお、中国の大学では、校弁企業のように研究成果を内部化することは一般化しているが、溶接研究所は企業経営は専門外であると考え、自ら起業するまたは外部の企業と共同で経済実体を設立することはしない方針である。

このように、上海交通大学の溶接研究所は高い研究能力と広い人脈関係を利用しながら、地元企業を中心に、興味深い産学連携の活動を展開しているのである。

ここまで検討したように、研究開発拠点として大学を頼りたいという企業側のニーズを背景に、上海交通大学をはじめとする上海の有力理工系大学も専門知識と研究成果を生かして、活発な産学連携の活動を行っている。中には、大学が直接企業を設立して技術シーズを産業化することもあれば、研究機関が中心となって企業と共同で技術を開発することもある。前者の場合、多くの校弁企業は技術移転が目的ではなく、ビジネス展開にあることは明らかである。そのため、近年、大学の企業経営が基礎研究の空洞化を招くことが懸念されている。なお、後者のような共同研究による産学連携は、研究成果の産業化に有効なチャネルであるが、その場合は大学の教員へのインセンティブが重要なポイントになると考えられる。

実際、産学連携を大学の立場から見れば、教員や研究者のインセンティブは経済的利益というよりも、共同研究などによってより多くの論文発表や学術成果を達成することにある。近年、中国の大学では管理体制の改革が行われた結果、教員の業績を評価する細かな得点制が採用され、成果主義が浸透している。中には、外部から得た研究費の多さも評価される項目の一つである。産学連携による共同研究の場合、企業から投入される資金は、教員個人のところにそれほど残らないが、業績評価の対象になることで、そのインセンティブがかなり大きい。さらに、論文などの成果が得られると、教員の職階、給料、昇進など

も有利になる。

　このように、中国の急激な産学連携はますます注目されているが、その背景には、市場経済への移行過程で大学の役割が一層強まったことがあげられる。そして、「市場化」「産業化」へと進められる大学の制度改革も一つ重要な要因として見逃すことができないのであろう。

1) 2006年の『北京統計年鑑』『上海統計年鑑』によると、2005年の「大中型工業企業」の科学技術活動において、北京の科学技術経費と人員数はそれぞれ85.0億元、3.7万人であるのに対して、上海のそれらの数字は231.9億元と5.9万人で北京を超えている。
2) 2006年の『北京統計年鑑』と『上海統計年鑑』によると、北京は79校の大学で53.7万人の学生が在校しているのに比べて、上海は59校の大学で、44.3万の在校生しかいない。
3) 「985工程」とは、一部の大学が世界トップレベルの一流大学と一流学科を創設することを重点的に支援することを目的としており、1999年に実行された。第1期（1999年～2002年）には34校の大学が支援の指定校となり、第2期（2004年～2007年）の指定校は38校に達した。
4) 中国の大学発ベンチャー企業の概要と発展の歴史的背景について、角南篤『中国の産学研「合作」と大学企業（校弁企業）』（RIETI Discussion Paper Series 04-j-026）を参照されたい。
5) 詳細は、上海市教育委員会のホームページ「上海教育」（http://www.shmec.gov.cn）に掲示された報告『2003年上海高校産学研基地情況題報（2004－12－17）』を参照されたい。
6) 詳細は、中国教育部科技発展中心のウェブサイト（http://www.cutech.edu.cn/）に載せられている『2004年全国普通高校校弁産業統計分析報告』を参照されたい。
7) この事例に関しては、九州大学知的財産本部（IMAQ）のウェブサイトに載せられた情報に基づいている。

## 第7章　中国の産学連携のマーケティング

「以前は、これで性能試験をしていました」。

第5章で紹介された大連理工大のベンチャー企業、大連理工計算機控制工程で製品の受注を担当する市場部長の李卓函氏は、懐かしそうに玉手箱大の古めかしい木箱を指さしながら語った。箱の上部にあるむき出しの金属板をある温度にして、その上に製作したデバイスをおいて、その温度を速やかかつ正確に測定できるかどうかをチェックするのである。もちろん、今では用いられていない。

今ではそれに代わって、コンピュータで制御された真新しい1m四方の箱型の測定装置の中に自社開発のデバイスを置き、次々にランダムに変化する温度にどのくらいの精度と速さで追随できるかといった機能テストが、自動的に行われている。使われていない装置をあえて置いておく理由を尋ねると、つぎのような答えが返ってきた。

「昔の思い出がいっぱい詰まっているから、なかなか捨てられません」。

実は、李氏は社長である仲崇権教授の下で製品開発そのものに携わってきた研究者でもある。彼は市場部長のほかに助教授という肩書きも持っているし、2006年1月に訪れたときには、それらに加えて大学院生という身分でもあった。つまり、学生でもあり教育者でもあり研究者でもあり、さらにはビジネスマンでもあるという、一人で何役も務めるおよそ日本では想像できない役割を彼は演じている。

このような環境の中で、仲教授をはじめ大学院生もチームとして全員で夢に向かって進んでいる。仕事をしている彼等の顔が輝いていたのが印象的であるが、ここで働いている人は研究と開発とビジネスを同時に行う運命共同体に属している。

このように、学生と教授が一緒になって事業化まで含めてプロジェクトに携

わっている。中国の産学連携を通じた製品開発はこのような現場で行われているのである。

本章では、このような産学連携の第一歩から事業化を強く意識する中国型モデルの成功要因を明らかにしたい。以下では、中国型モデルの表層的な特徴を確認した後に、その背後にある論理を明らかにするために、次の点から考察を行う。第1は、イノベーションの分類を行うことで、中国型モデルが目指しているイノベーションの特質を考察する。特に、顧客の視点から産学連携を考えることで、作り手の視点から製品開発までしか視野に入れていない多くの産学連携の議論の問題点を明らかにする。第2は、地域経済への貢献の大きさで高く評価されている日本の岩手大学のモデルとの比較を通して、中国型モデルの優位性の源泉について考察する。最後に、事業化を指向する産学連携モデルを成功に導くための仕組みづくりについて論じたい。

## 1. 中国産業界の技術戦略の特徴

まず再確認の意味も込めて、ここまでみてきた東北大学や大連理工大学における中国独特の産学連携の特徴を列挙すると、以下のようになる。

① 事業化が研究環境を作っている。会社の規模が大きくなるにつれ必要な機材を揃えることが可能になり、思うような研究が出来るようになる。

② 教授から学生までが一つの集団を形成し、事業と研究の両方に携わっている。教授は事業の中核に位置し、プロジェクト全体に対してリーダーシップを発揮している。

③ 学生に対してもきちんと給与が支払われている。また、製品開発の中から新たな研究成果が生まれ論文を書くことができる。得られた知見を教育現場に反映することもできる。

④ 自ら製品化したものを自ら市場に売り込むという、ビジネスパーソンとしてのあり方も現場体験により習得できる。

⑤ 大学の中でも注目されており、誇りを抱いて研究が出来る。

最後のチームメンバーが誇りを抱いて働けるということは重要な点である。

2006年6月に大連理工大学を訪問したときに、ちょうど新任の学長が仲教授のこの会社を見学に訪れていた。このことからも、このような産学連携が大連理工大の中でも高く評価され、大学から期待されていることが伝わってくる。

　企業化する以前は、実験設備が何もない研究室で途方に暮れていたそうである。玉手箱のおもちゃのような測定装置がそのことを語っている。特に、技術系の研究では、研究予算がなければ何も出来ない。それに対して、いまや製品販売から得られる潤沢な資金により、測定機器やマシニングセンターなどを購入することが出来る。

　このような機器があれば、自分たちのアイデアをその場で試作し、その場で実験することで、より良い製品を開発することが可能になる。市場競争力の高い製品を開発すれば、事業から得られる収益も向上するはずである。そして同時に、そこで得られた知識を大学に持ち帰ることで、より良い教育を行うことも出来る。

　中国における産学連携の特徴を一言で現すとすれば、知的な才能の蓄積はあっても全くお金がない大学と、グローバルレベルから見ると全く製品開発力がない企業、予算はないが国の技術力を高めると同時に経済成長を達成したい政府がお互いにメリットのある関係を模索する中から、このような独自の仕組みが生まれてきているといえよう。

　しかし、国を超えてこのような仕組みから学べる点があるかどうかを考えるには、この独特な仕組みが成立した背景や上手くいっている理由を、よく考えてみる必要がある。以下では、このような独特の仕組みに内在する特質について、特に事業化という観点から考察していきたい。その中で、光の部分と陰の部分が明らかにされる。

（1）　中国の技術開発力を評価する

　A. トフラーが『第三の波』[1]で、知識社会の到来を高らかに宣言してから四半世紀が経ち、もはや資本や工場ではなく知識が富を生み出すことに疑念を抱く人はいなくなった。私たちの生活を豊かにする新しい商品を生み出し、生活様式を変えていく原動力となる知識を生み出す力は、個々の人びとの中にあり、

それを機械やコンピュータに置き換えることが出来ないからである。

このように知識が富を生み出すことが、ビジネスの世界においても一般的に認知されるようになったために、個々人の能力を組織として結集し、組織として知識創造を行うためにはどのような取り組みをすべきなのかといった議論が盛んに行われるようになった。組織には通常の企業から国レベルに至ることもあり、立場によりその内容も様々である。経営学や経済学における考察も盛んに行われ、理論的な進展も見られた。

### MOTの議論

このような中で、最近MOT（Management of Technology）の議論が盛んに行われるようになった。技術経営とか技術戦略と訳されているMOTをめぐっては、その内容に解釈のぶれがあるようであるが、花王の研究所長から社長、会長を務めた経歴の常盤文克氏は次のようにMOTを定義している。

「MOTとは、マネジメントというテーブルの中央に技術をおいて経営戦略を議論し、立案し、その戦略を実践していくことである[2]」。

この定義には、イノベーションを製品にするところまででは不十分で、企業としてその製品を世に問い、収益を上げられるようにするところまでを視野に入れるべきであるという気持ちが伝わってくる。モノとして世に送り出すだけではなく、人びとに使われ社会を豊かにして初めて意味を持つ。最後まで責任を持って考えなくてはならないという主張は、産業人としては当然なのであろう。

このようなMOTの議論が盛んになった背景には、知識＝技術が国家レベルの経済の競争力を左右する最も基本的な要因であるという一般認識がある。毎年、WEF（世界経済フォーラム）やIMD（経営開発国際研究所）による国際競争力の格付けが発表されるのも、持続的な経済成長に導くイノベーションを生み出す能力に対して関心が高まっているからである。

### 国の競争力評価

もちろん、どこの機関のランキングでも、評価尺度の選択、調査の方法、総

合指標の出し方など、その信頼性には常に疑問がつきまとうのも事実である。また、スウェーデン、デンマーク、フィンランド、スイス、シンガポールなどの国々が上位にランクされることが多いが、これらの人口の少ない国とインドや中国を同一の尺度で評価できるかといった問題もあろう。

それにもかかわらず、人びとがこのようなランキングを気にするのは、多くの人びとが知識や技術という目に見えないものが重要であると感じているからに違いない。従来のGDPといった経済全体の大きさを表す指標ばかりでなく、様々な指標や専門家の評価を多角的に見ることの重要性が、これらの指標の不安定性や恣意性を上回っていると判断しているのである。

たとえば、WEFでは、次のような三つのカテゴリーに対応した多様な測定尺度に対する評価を統合して指数化している[3]。

① マクロ経済、インフラや法制度などの整備、衛生・健康状況や初等教育といった国の基礎的な要素の能力。

② 効率的な流通・労働・金融市場とそれらを支える制度、高等教育や技術的な準備が整っているといった基礎的な要素を上手に運用できる能力。

③ 技術革新やビジネスの革新を通じて、競争力をより高いレベルに高めていく能力。

この中で、競争戦略論の第一人者であるM.ポーターは、国の発展段階によりこの三つのカテゴリーの重要性が変わるという。初期の段階においては、インフラの整備や知財・財産の所有権などに対する法制度の整備などが重要で、経済がテイクオフするための基本条件が求められる。それに対して、次の段階になると高等教育や金融、流通、労働といったものの効率性や最先端技術へのキャッチアップが問われるようになる。そしてその上のレベルになると、ビジネスの進め方自体の革新、あるいはこれまでにない新しい商品の開発能力が求められるようになると主張している。上のカテゴリーの分類では、カテゴリー1から3へと要求水準が上がっていくのである。

ちなみに、2006年度の日本のランキングは、WEFでは米国に次ぎ7位、IMDでは17位（米国が1位）である。これを高いと見るか、低いと見るかはそれぞれの人の解釈の問題であるが、概して、日本の技術革新の力強さに対す

る評価は高いものの、総合力では評価が下がる。WEFの評価では、技術革新力では米国を押さえてカテゴリー3で世界1位を獲得している。このことは、裏を返せば国レベルで技術を生み出す力は非常に優れているものの、それを商品化しビジネスとして成功させる能力が劣っていると評価されているということである。

### 中国に対する評価

それでは、中国はどうか。WEFのランキングでは、前年度の48位から54位へと順位を落としている。力強い経済成長率、物価の安定性、高い貯蓄率などは高く評価されているものの、国家が経済をコントロールしていることによるリスク、先端的な製品の普及の遅れ、全体としての教育レベルの低さ、さらに知的財産権の軽視や政府の恣意的な法への介入などが、大きなマイナス要因となっている。上に示した、カテゴリー1, 2に良い評価と悪い評価が混在しているのが特徴である。

それに対してカテゴリー3の評価は低い。中国の産業界にとっては、技術や新しい仕事のやり方などを革新するカテゴリー3の能力向上は、まだまだ大きな課題である。そして、この問題に対する中国社会の大学に寄せる期待の大きさや、大学の社会における位置づけは日米欧といった先進国とは異なっていることも前提条件として認識しておく必要がある。

このことは、東北大学赫学長の次の言葉からもうかがえる。

「80年代、90年代というのは、中国の産業界にも様々な問題がありました。当時は高レベルの産業を育成する余裕が産業界になく、大学が高レベルの産業を育成しないといけませんでした」（補論Ⅱ、以下同様）。

ただし、ここでいう高レベルというのは、次世代の最先端の技術ではなく、現時点ではまだ日本や欧米のグローバル企業の現行商品と肩を並べる程度の製品を作ることが出来るレベルである点に注意する必要がある。

しかし、総合的な評価は低いが、中国の国土の広さや人口の大きさ、世代間や地域間の大きな格差を考えると、全体の平均値の評価自体にはあまり意味がないかもしれない。ポーターの言うように、基礎的な条件が整備されてから次

の段階に進むのではなく、政府の積極的な関与もあって、様々な要因において進んでいるところと遅れているところが同時に混在し、ダイナミックに変化し続けているのが中国の面白いところだからである。

### (2) イノベーションの分類を考える

ここで国の競争力のような指標を持ち出したのは、日本やアメリカの産業界のように最先端の技術開発力を持っている国と、そのような能力をいまだ十分に持っていない中国とを比較する場合に、イノベーションという言葉の中身をよく吟味しなければならないということを述べたかったからである。

WEFなどの国際機関の評価は、各国横並びで総合点による評価・ランキングが行われるために、最終的には技術革新力というような一次元の尺度による評価になるが、一言にイノベーションといってもその中身は多様である。中国の技術開発力の評価は概して低いとしても、ある領域については十分な競争力を有しているように思われるからである。

#### イノベーションと分類する視角

そこで、ここでは少し目先を変えて、イノベーションを分類するための視角について考えてみたい。これまでイノベーションの分類について述べてこなかったが、この問題は中国の産学連携を考える上で重要である。日本やアメリカがあらゆる領域でイノベーションを起こしているのに対して、中国ではある特定の特徴を持ったイノベーションが選択されているからである。つまり、産学連携における技術戦略を考えるためには、イノベーションの分類を行わなければならない。

しかし、イノベーションの分類は容易ではない。それは、イノベーションは長い時間をかけて成長するものであり、生まれたときにはその将来を見通すことが出来ないからである。

イノベーションと時間軸という問題について、アバナシーは『生産性のジレンマ』[4]の中で、自動車産業の歴史を詳細に分析することで考察している。イノベーションを製品革新と工程革新に分類すると、初期の段階では様々な製品

革新が行われる。たとえば、自動車にしても電気、蒸気、内燃機関といった様々な動力が試された。

　それがある段階にくると、市場から決定的に支持されるモデル（アバナシーはドミナント・デザインと呼んでいる）が登場する。乗用車の場合は、T型フォードである。黒塗りのこの車は初めて大衆車を目指したもので、フォードの関心は何を作るかではなくて、いかにこの車を量産するかという点に移っていく。フォード・システムと呼ばれる革新的な生産システムにより、大量生産が可能になったことは誰でも知っているが、この生産方式により社会は変わっていったのである。

　ドミナント・デザインが登場した後は、製品革新よりも工程革新に重心が移っていく。より良いものをより安く作ることに重点が移るのである。累積的な改善活動により、生産性の向上が図られるのはこの段階である。

　しかし、コンピュータの場合は少し違うようである。コンピュータが生まれたのは1946年のENIACに遡るとされるが、新たにインターネットと融合することで60年たった今日でも激しく進化を続けおり、その社会的な意味も変化し続けている。変化のスピードが速い業界においては、今日の勝者が明日の勝者とは限らない。

　あるいは、成熟した技術と思われていたディーゼル・エンジンはどうか。19世紀末にルドルフ・ディーゼルにより開発されたディーゼル・エンジンは、一般的には成熟した技術と見なされているだろう。しかし近年、その弱点である排気ガスが環境に与える悪影響を激減する画期的な技術革新が、欧州や日本といった国々を中心に活発に行われている。

　このように100年以上の歴史を持つ成熟した技術であっても、まだまだ発展途上であり、関連領域あるいはこれまで無関係だった領域での技術的、あるいは理論的なブレークスルーが新たな発見や進化につながっていくということがある。

　ディーゼル・エンジンのケースは、成熟した技術に新たな最先端の技術革新が加わることで、その社会的な意味が全く異なってくる例である。しかもこの技術革新は、京都議定書をはじめとする世界的なレベルでの$CO_2$削減や環境保

護意識の高まり、それに呼応した排ガス規制の強化を考慮すれば、かなりの確実性を持って将来の需要予測を行うことが出来る。

このように、イノベーションのスピードを尺度にしたとしても、観察する期間や時期によって結論が大きく変わってしまう。分類するためには、尺度が必要であるが、イノベーションを分類する尺度には様々なものがあり、考察する内容に応じて尺度を構築することが重要である。

**中国のイノベーションの分類**

それでは、中国のケースにおいてイノベーションを分類する場合に着目すべき重要な要因は何か。それは、中国の産学連携がスタート時点からビジネスとして成功することを視野に入れている点であると思う。

一般的に産学連携をめぐる議論の多くは、基礎研究から応用研究を経て製品化するまでしかスコープに入れていない。それは後に見るように、イノベーションが市場に普及していく過程や、成熟していく過程を理論的に予見することが非常に難しいからである。現実には、仮に一時的に事業として成功し商品が市場に受け入れられたとしても、まだまだそれから先に茨の山が待ち受けている。イノベーションには技術としての不確実性と、市場の不確実性という二種類の性質の異なった不確実性が常につきまとうからである。したがって、企業は不確実性のマネジメントに長期的・継続的に対処していかなくてはならない。

ただし、このような議論は日本や欧米の先進的な技術開発を行える能力を持った場合には有効であるが、そもそも開発力に乏しく大きなリスクをとれない発展途上の国々の産業界にとってはあまり有効ではない。

発展途上の国々にとって、どのような特性を持ったイノベーションに戦略的に取り組むべきかを考える際に有効な分類基準は、技術的な観点からも、市場的な観点からも大きな不確実性は避けざるを得ないという点に着目したものでなければならない。

この点で参考になるのが、アバナシー、クラーク、カントロウ等が『インダストリアル ルネサンス』[5]の中で考えたイノベーションの分類である。図7

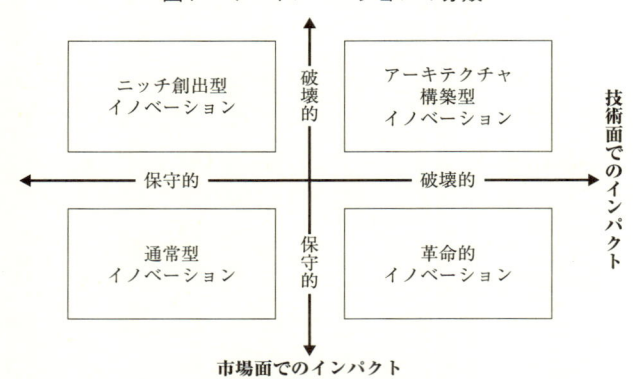

図7—1　イノベーションの分類

|  | 破壊的 |  |
|---|---|---|
| ニッチ創出型<br>イノベーション |  | アーキテクチャ<br>構築型<br>イノベーション |
| 保守的 ←——————→ 破壊的 |  | 技術面でのインパクト |
| 通常型<br>イノベーション | 保守的 | 革命的<br>イノベーション |

**市場面でのインパクト**

出所：W. アバナシー、K. クラーク、A. カントロウ『インダストリアル ルネサンス』

—1は、縦軸と横軸に、市場面と技術面のインパクトの大きさをとり、その大きさの程度によりイノベーションを四つに分類している。この分類は、ある時点においてイノベーションを分類するという点に注意したい。

　右上のイノベーションは、アーキテクチャ構築型イノベーションと呼ばれる。これは、例えば、20世紀の初頭にフォードがT型フォードにより自動車社会を創造していったように、全く新しい技術や生産体系の導入により、全く新しい市場創造を行っていくものである。

　それと正反対なのは、左下の通常型イノベーションである。ここでは、新しい発明・発見をするのではなく、既存のものをより安く・より高品質に生産・販売することを目標とする。改良・改善が合い言葉である。しかし、アバナシーたちは日本企業の改善活動をイメージしているのだが、実際には近年の自動車産業に見るように累積的な生産性の向上が企業の競争力を高め、場合によっては業界再編成まで引き起こすことがある。

　右下の革命的イノベーションは既存の技術・生産体系を全く時代遅れにする技術革新でありながら、市場自体は既存の市場である場合である。しかし、時間の経過とともに、アーキテクチャ構築型に移行する場合もある。例えば、トランジスタは最初は真空管の代替物であったが、やがて半導体やコンピュータ

といった新しい産業を生み出す契機となった。

　左上のニッチ創出型のイノベーションは、既存の技術・生産体系を使って、新たな市場を構築するケースである。

　この中で、中国産業界が戦略的に選択する領域はどれか。この問題に答えるために、個別企業を超えたイノベーションのリスクに対処する社会的仕組みについて考えたい。

（３）　リスク分散化の社会的な仕組み

　リスクに見合ったリターンを考える、それに対応したイノベーションを選択するといったロジックからは、それぞれの個別企業が置かれた状況に応じて、適切な技術領域を選択すべきであることがわかる。

　しかし、通常型のイノベーションであっても必ずリスクがつきまとう。このことは、何も今に始まったことではない。収益を上げるところまで視野に入れると、全てのイノベーションは大きなリスクと一心同体である。

　例えば、グローバルレベルの自動車会社は地球温暖化や大気汚染といった環境問題を克服するために、燃料電池をはじめ様々な次世代エンジンの開発に莫大な研究開発投資を行っている。世界有数の巨大企業間の競争は熾烈を極めるが、それでも本命と称される燃料電池が実用化されるまでまだしばらくかかりそうである。その間、全く別のダークホース、新しい方式が発明され、それが勝利を収めるということにでもなれば、それまでに費やした資金は無駄になってしまう。

　各自動車メーカーは、このような社運をかけたギャンブル的な状況に対応しなければならない。少しでもそのようなリスクを避け、さらには研究開発のスピードを少しでも加速させるために彼等がやっていることは、多くの先端的な研究を行っている人びとをモニターし、必要と判断したそのような外部組織と共同研究などによりすばやく連携することである。場合によっては、競争相手とも共同で先端技術の開発を行うことも考えなくてはいけない。

　このように、先進国の企業では製品化のための研究ばかりでなく基礎研究も活発に行っているが、自社で全ての技術開発を行うことは、必ずしも効率的で

ないばかりか大きなリスクを抱えることになる。この問題を解消するために、連携することにより外部資源を取り込み、リスクを減らすと同時に事業化のスピードを高めているのである。将来の成果を予見することが困難な基礎研究においても、企業の経営者・研究者は最終的に利益を上げることに責任を負わなければならない。ハイリスク・ハイリターンをいかにマネジメントするかは、先端的な技術を製品化する企業ほど深刻な問題である。

**外部資源の重要性**

　この事例からわかることは、個別企業にとってリスクを減少させるためには外部資源が重要であるということである。バイオやナノ、ITに限らず様々な分野でテクノロジーが進化していくのは、このようなリスクに耐える仕組みが社会的に構築されているからである。リスクとリターンはバランスしなければならない。すなわち、社会の進歩のために極めて高いリスクを負担可能な組織が社会には存在するのである。いうまでもなく、それらは個別企業ではなく大学をはじめとする公的な研究機関である。

　大学の研究者は、予算が少ないために自分の思うような研究が出来ないことがあっても、研究費は国や地方自治体、あるいは企業からの受託や共同研究という形式で研究を行うので、企業経営者のように直接的に収益を生む責任を負うことはない。失敗しても個人的に自己破産に追い込まれたり、組織自体が破産に追い込まれたりすることもない。そうであるから、研究者は自分の思ったような研究、未知の課題に挑戦できるのである。研究成果が事業化にどのようにつながるかを問われ、結果に対して経済的な責任を取るように言われれば、野心的な研究を志す人は激減するはずである。

　近年、産学連携に関心が集まるのは、大学や公的な研究機関がこのようなハイリスクのイノベーションの種を生み出す特質を本源的に持っているからである。しかも、現在の先端的な技術開発には様々な研究領域をまたがった連携が必要となったり、これまで以上の巨額の開発資金が必要となったりなど、個別企業でその全てに対応することが不可能になってきている。世界各地で、それぞれの直面する問題に応じて、連携のための新しい仕組みづくりの模索が続い

ている。

## （4） 中国の産学連携の選択領域

さて、図7—1のような分類から、中国のような発展途上の産業界が選択可能なタイプのイノベーションはどれかを考えてみたい。不確実性の大きさから図7—1の各イノベーションを眺めると、中国の産業界が選択可能ないくつかの領域が見えてくる。ビジネスという側面からみた不確実性、すなわちリスクの低い領域はどれであろうか。いうまでもなく、下半分の部分である。さらに、技術革新力の現状からは、右下の革命的イノベーションも難しい。ということになれば、残りは通常型イノベーションということになる。

### キャッチアップ型イノベーション

このような特徴や問題は、国や地域を超えて共通しているように思われるが、実際に本書の中で取り上げられている多くの産学連携を眺めてみると、彼等の選択した技術が図7—1の左下にある通常型のイノベーションのキャッチアップ型であることがわかる。すなわち、先進国では企業内で行われるような製品改良のための研究開発のイメージがぴったり来る。これが中国の産学連携の技術戦略の中心的な考え方であると思う。

何十年もの潜伏期間、基礎研究、応用研究を経て新たな市場を切り開くようなイノベーションは、現在の中国では対象になっていないのである。WEFの調査にもあるように、少なくとも民生用の分野で次世代の最先端の技術を生み出していく十分な能力を現在の中国はまだ持っていない。

全てのイノベーションを同列に扱い、その中からランダムに選ぶということはナンセンスである。産学連携が行われる際にビジネス領域までを考えると、リスクとリターンの判断とそれに基づいた合理的な意思決定が重要になる。

中国に限らず先進国であっても、大学の全ての研究者が次世代の技術や理論をテーマにしているわけではない。現在すでに実用されており技術的にも成熟したものであると思われている技術を、さらに改良して進化させようという研究も盛んに行われているのである。このような場合、消費者はその製品をど

ように利用するかを知っており、かつそれが市場に受け入れられることはすでにわかっているという利点がある。すなわち、事業化したときの不確実性は低く、競合する企業の戦略的な対応などをシミュレーションなどにより検討することでリスクの評価を行うことが可能である。

### ソフトウェアへの注目

もう一つ忘れてならないのが、IT産業、特にソフトウェアの分野は多くの中国企業が戦略的に重要であるとして力を入れている点である。この分野は先進国においても古いものはすぐに新しいものに取って代わられる状況が続いている。この意味では、新規参入が比較的容易である。しかもこの分野では、金属加工のように熟練した職人技、多くの関連した部品産業や素材産業といったものは不要である。

誰でも、コンピュータさえあればプログラムを書くことが出来るし、ネットワークを通じて世界中のパートナーと共同作業が出来る。そして、完成したプログラムは商品化に当たってすぐに生産・販売することが可能である。市場化までに必要な他の分野との連携も比較的少なくてすみ、収益を生むまでの道のりがわかりやすい。

しかも、天才には天才の、凡才には凡才の能力を発揮する場が、ソフトウェア産業にはある。ハイテクといったイメージが強いが、実際には労働集約的な部分が多い。ビジネスの世界で使えるレベルのプログラムを作ろうとすれば、プログラムの品質チェックを含めてかなりのマンパワーが要求されるからである。この点は、地域の産業振興、雇用の創出という点から見ても望ましい特質である。

キャッチアップ型のイノベーションやソフトウェア産業に焦点をあてた中国の産学連携の共通の特徴は、ビジネスとして成功するまで長い時間待つ余裕がないという点である。どちらにおいても時間が重要な要素となる。事業化が研究環境を作ることを最初に述べたが、製品開発と事業の成功は一心同体である。開発した製品のレベルを上げていくために必要な研究環境を確保する意味でも、ビジネスとして収益を上げ続けることが重要である。

しかも、単に企業にリスク負担の余裕がない、大学に資金がないといった制約ばかりでなく、産学連携の仕組み作りに政府の関与が強く働くこともこの傾向に拍車をかける。ビジネスの成功ばかりでなく、地域社会への貢献や地域の繁栄が非常に重視され、同時に求められるのである。
 中国産業界の技術戦略には、このように日本や欧米とは異なる際立った特徴がある。しかし、このような選択はローリスクであるが故に、通常はローリターンであるはずである。一般的にはそうであろう。ところが、実際にはローリスクであっても、ハイリターンをもたらす十分な可能性が中国にはある。この点を次節で考えてみたい。

## 2. ローリスクでハイリターンを生み出す

 産学連携はイノベーションを起こすためになされる。しかし、市場で評価の定まっているグローバルレベルの品質の商品を、少しでも安く作るための製品開発に全力を尽くすのは何故であろうか。そのことを理解するために、まず製品化してからのリスクが実はきわめて大きいことを確認しておきたい。

### (1) 優れているだけでは成功しない

 技術革新だけではビジネスとして成功することはない。P．ドラッカーは、企業の両輪としてイノベーションとマーケティングをあげている。イノベーションにより新商品を生み出すだけでは企業の永続的な成長は望めない。マーケティング活動により、顧客の手にイノベーションの成果を届けることで収益を生み出す。これにより、はじめて車は前に進むことが出来る。
 このことを、「死の谷」や「ダーウィンの海」という比喩でたとえることがよくある。「死の谷」というのは水がない砂漠のような深い谷で、研究資金などが不足して基礎研究が応用研究・製品化までたどり着けない状況を表している。これに対して、「ダーウィンの海」というのは、せっかく製品化・事業化までたどり着けたとしても、その先には嵐や適者生存の激しい生き残りをかけた戦いが待っていて、それに打ち勝っていかなければ、企業が利益を出して成

長することはない。つまり、海におぼれてしまって対岸までたどり着くことは出来ないということを表している。

また、たとえ一時的にはビジネスとして成功を収めたとしても、社会の変化は絶えず企業に革新を求める。たとえば、アメリカの鉄道が大成功を収めながら、モータリゼーションの普及と道路網の整備により敗退していった様子を、レビットは、「マーケティング・マイオピア（近視眼的なマーケティング）6)」と表現し、経営者に警鐘を鳴らした。鉄道業というようにハードウェアで事業を定義するのではなく、たとえば、輸送とか移動といった顧客に対する価値から物事を見る必要を説いたのである。

優れた技術や商品が社会に普及しない理由は、必ずしも「ダーウィンの海」で競争企業との戦いに敗れるというだけではない。商品を受け入れる消費者の側にも新しいものを受け入れない性向がある。

### イノベーションが採用されるプロセス

例えば、普段使っているパソコンのキーボードのアルファベットの文字配列を注意して見てもらいたい。最上段の配列が左側から、"QWERTY"と並んでいるはずである。このように並んでいるキーボードは"QWERTY"型のキーボードといわれるが、アメリカでもヨーロッパでも全世界ほとんど全てのパソコンのキーボードがこの配列である。

おかげで、どこにいってもパソコンを使うのにそれほど不自由を感じないで済む。もし、配列が地域ごとに異なっていたら、あるいはアルファベットではなくそれぞれの国の文字だけであったら、その地域のパソコンに慣れるのにどのくらいの時間がかかるかわからない。

さて、このように世界中で幅広く採用され普及しているキーボードは、キーボードとして優れたモノなのであろうか。現在では科学が進歩しており、あらゆる面で人間工学に基づいた最適なデザインが考えられていると信じている人には意外に感じられるかもしれないが、実はこの配列は決して効率的なものではない。100年以上も前から続いているこの配列は、世界中の全ての人間に対して非効率で使いづらいはずのものなのである。

タイプライターの初期、まだ機械式でワイヤーの先に活字が留めてあり、ワイヤーの先が勢いよく紙にたたきつけられることで印字される時代にあっては、人間の指のスピードが機械の許容範囲を上回ることがたびたび起こった。そのようなことが起こらないように、当時の人びとは意図的に非効率的な配列にすることでスピードを落としたのである。

　この事例は、イノベーションの普及プロセスを研究したロジャースにより有名になったが[7]、それはすでに今から半世紀も前に合理性を重んずるアメリカにおいて、人間工学的に見て最適な配列が研究され商務省の公式の規格として採用されているにもかかわらず、そのような優れたイノベーションが現実には採用されずに現在に至っているからである。経済学や経営学ばかりでなく、ビジネスの世界ではことあるごとに合理性や効率性の追求が声高に叫ばれているにもかかわらず、しかもアメリカの商務省がお墨付きを与えているにもかかわらず、である。

　人間とコンピュータとのインターフェースの効率が上がれば、知的な生産性は今よりも格段に高まるはずである。驚くことに、われわれ日本人もこのアルファベット配列を採用し、日常的にローマ字仮名変換で日本語入力を行っている人が多い。もちろん日本においても、日本語入力に最適なキーボードは考案され商品化されたが、それらは市場で生き残ることは出来なかったのである。

　この様な例は、薬や治療法といった命に関わるような重大な局面でもよく観察される。たとえば、日清・日露両戦争で数万人に及ぶ多くの兵士が脚気で亡くなったことはよく知られているが、これは後に陸軍の医師として最高位まで上り詰めた森鴎外の、「脚気は細菌により引き起こされる」という強硬な意見に周囲の人が追随したからである。ちなみに同時期、海軍では脚気は栄養障害により引き起こされるという立場に立ち、陸軍とは食事内容が異なっていたので脚気で死亡した人はいなかったそうである。これらのことを考え合わせると、時代や地域を越えて社会的にイノベーションが採用されるプロセスには共通点があることがわかる。

### オピニオンリーダーへの追随

　医療や農業における新しい技術の普及からマーケティングの事例まで、数百に及ぶ事例研究を踏まえてロジャースが出した結論は、次のようなものであった。

　それは、世の中にはイノベーションが社会的に採用されるべきものかどうかを判断し自分で態度を決める人と、参考にすべき人の態度決定をみてそれに追随する人の大きく二種類の人達がいて、したがって、前者の人びとがイノベーションの採用をためらった場合には、例えそれがどんなに優れていても社会的に受け入れられることはないというものである。そして、前者の人びとに「オピニオンリーダー」という称号を与えた。社会にイノベーションが普及するかどうかは、オピニオンリーダーの決定によるということである。

　多くの人は、自分で態度を決定できるだけの能力を持っておらず、イノベーションの採用リスクを減少させるために、オピニオンリーダーの決定に追随するというのがロジャースの解釈である。いってみれば、長いものには巻かれろという保守的な性向が社会には存在するということである。キーボードの例で言えば、プロのタイピストが手馴れたキーボードの変更をどうしても望まなかったということである。

　このように、競争企業との争いとは別に、消費する側にもイノベーションを手放しで受け入れようとしない性質があることをよく理解しておかなくてはならない。せっかくの革新的な技術を商品化することに成功し世に出したとしても、それを大きく育てて、ビジネスとして十分に魅力のある新しい市場を作っていくことは容易ではないのである。ここでは技術に加えて、マーケティングや金融など総合力が大きな役割を占める。何十年にもわたる基礎研究が製品化のための応用研究を経て、せっかく世に出てもそれが生存できる保障はどこにもない。

　MOTの議論においても、もっとマーケティング活動に注目が集まってもよいのではないか。たとえ革新的な製品開発に成功したとしても、実際にはビジネスとして成功する確率が低いからである。いわゆる、市場を創造することが重要である。

### INS モデル

　ここで少し視点を変えて、日本の岩手大学を中心とする産学連携との比較をしてみたい。INS（Iwate Network System）は岩手県内の産官学民の交流の場として1992年に設立された組織である。事務局は工学部の建物の中にあるが、INSは個人の資格で自由に参加する形態であり、今では産学連携の公式な事案は2004年に設立された大学内にある岩手大学地域連携センターを通して行われている。しかし裏組織ともいえるINSはいまだに健在である。

　このINSは岩手県の人と情報の交流を活発化することにより、産業経済や科学技術の振興を目的としているが、興味深いのは、INSが設立された背景が中国の産学連携と共通点がとても多いことである。

　INSの事務局長でもある岩手大学工学部の小川智教授は、設立の背景を次のように述べている。

　「私がここに着任して驚いたのは、全く何もなかったことです。予算もない、実験設備、測定機器などもない。このような中でどんな可能性があるか考えざるを得ない状況でした」。

　東京大学のような潤沢な研究資金がないのは地方の大学に共通の問題であるが、岩手大学の研究者ばかりでなく岩手県庁や周囲の自治体の職員も岩手県の将来の経済状況に対して危機感を抱いていた。自力でイノベーションを起こすことが出来ない地元の中小企業も、世界経済がグローバル化して国境がますます意味を失う中で、将来にわたって競争力を維持する必要に迫られていた。お金はないが、何とかしなくては未来は開けない状況は中国と同じである。このような中で、大学を中心に志のある人びとが組織の境界を越えてINSを作ったのである。

　このINSには現在30を超える研究会があるが、多様な人がそれぞれの目的意識から研究会に参加している[8]。たとえば、トライボロジー（摩擦、摩耗、潤滑）という研究会の目的は、加工における材料のトライボロジーに関する研究交流という具合である。研究会の一覧を眺めていてわかることは、ここでの産学連携の目指すところは、地域経済の振興であり、そのための地域企業の製

品化の支援である。けっして、10年後に実を結ぶ次世代の技術開発を共同で行っているわけではない。

このような大学、役所といった既存組織の外側にあり、さらにこれまで接触があまりなかったような外部（とくに中小企業）との交流の中から、新しい関係性の創出やアイデアを考え出す中間組織の果たす役割は大きい。新しい専攻が大学につくられ、対応したサテライトが北上市、花巻市、奥州市といった関連する周辺自治体に作られた。そこでは、研究者、学生、地域企業を巻き込んだ製品化につながる研究開発が行われ始めている。興味深いのは、このようなサテライトの構築にかかる費用は各地の自治体が負担しているという点である。

ヒト、モノ、カネ、情報といった経営資源に恵まれない地域では、このように新たな仕組み作りを構築する中で、新たな価値を生み出していっている。柔軟性や機動力があるこの INS の仕組みは、地域産業のイノベーション力を高めるという点では高く評価されており関心も高い。INS を参考にした新たな動きが KNS（関西地区、Kansai Network System）といった形で動き始めているのも興味深い。

（2） ローリスク・ハイリターンが可能になる条件

INS を見てもわかるように、同じような環境の中から生み出される仕組みは共通するところが多い。次世代の先端的な技術開発に興味を持っている人の目からは、通常型のイノベーションを技術戦略の中心においているこれらの取り組みは、くすんで見えるかもしれない。

しかし、技術の製品化・事業化のプロセスの先にある、ビジネスとして成功するかどうかというところまで視野に入れているこれらのモデルは、別な意味でより先端的で輝いており、もっと注意深く考察されてよいように思う。INS は身近なところで議論の場を提供してくれるありがたい存在である。

しかし、INS には中国のようなダイナミズムがない。これは日本と中国のおかれた環境の差だと思うが、INS との対比で特に興味深いのは、なぜ、中国の産学連携ではローリスクでハイリターンを考えることが出来るかということである。

中国のキャッチアップ型産学連携モデルでは、ローリスクであるがハイリターンの産学連携を指向している。そして、学から産へ効率的に技術移転が行われる中国独自の仕組みの模索が続いているように思える。次に、このような仕組みが構築可能な条件について考えてみたい。

**経済的インセンティブ・モデル**
　第1に、中国の多くの企業では、先の赫学長の言葉に代表されるように、特に一般消費者向けの新商品・サービスを開発する研究開発力が、先進国の企業に比べて劣っているという現状がある。
　もともと社会主義ということもあるが、これは中国の歴史的な経緯にもよる。中国では現在の年配の女性は化粧する文化を持っていないといわれるが、これは文化大革命の影響である。消費を決して美徳と考えてはならないという時代がしばらく続いたことが、社会主義国家である中国から顧客志向の製品開発という思考を完全に奪い取ってしまったのである。
　このような中で、学から産へのキャッチアップ型の知識や技術の速やかな移転、ビジネスとしての成功、研究開発資金の獲得、より進んだ製品開発、地域経済の発展、次世代の人材育成が同時に求められている。しかも大学の持つ社会的な責任として、このような問題を解決するための仕組みと人材が求められたのである。そのような企業の研究開発力の不足を補う人材は、外資系企業か大学の研究者に求めざるを得なかったからである。
　大学の研究者自身がビジネスパーソンとしての感覚を持って、自身の研究成果を消費市場で実現していかなくてはならない。しかし、研究者としてもビジネスパーソンとしても優れている、そんな人材はどこの国のどんな大学にもほとんどいないはずである。したがって、中国の大学はその問題を克服する仕組みを考えなければならなかった。
　このような環境のもとで産学連携を成功に導くために、本書で紹介された事例でも明らかなように、つぎのような特徴のある構造が現れてきている。
　① 大学と研究中心者である教授が出資するいわゆる校弁企業をつくる。
　② たとえ経営者になっても教授としてのポジションは維持される。

③　連携の仕組みは必要に応じて変わっていく。大学と産業界の間に新たな中間組織をつくる場合もある。

　第1点目と2点目についてはすでに本書の様々なところで述べられているように、経済的なインセンティブで動機づけを行うモデルである。東軟集団が典型的なケースであるが、上場して巨額の富を得るというのが、ベンチャー企業に共通する多くの研究者を惹きつける原動力となる。研究者のリスクを減らす意味でも、大学のポストは継続的に維持される。大学にとっても出資者としてのキャピタルゲインと配当収入が魅力的である。このモデルについては今後の課題を含めて次節で考察したい。

　**中間組織の形成**

　第3点目の中間組織を作る方法は、問題解決の仕組みとして興味深いものである。これについては、第5章と多少重複するが、以下で大連理工大における産学連携のモデルの変遷で中間組織の運用について確認しておきたい。

　大連理工大も初期においては、プロジェクト連携モデルが一般的であった。企業からの委託により技術開発のサポートを行うといったパターン、大学の研究者が研究成果の特許をとって産業化するパターンからスタートすることが多かった。

　これらは持続性がなく、プロジェクトが終われば解消するために、結果として、イノベーションを生み出す能力が企業に蓄積されないという問題を投げかけることになった。研究者にとっても、テーマがばらばらになるので専門分野の知識を深めることは出来ないという問題がある。多くは研究者の趣味的・思いつきのもので、収益性や地域への貢献といった明確な目標を持っていないものが多かった。

　長い目で見ると、人材育成や高いレベルの研究を目指す方向とは違っていたために、新しいモデルの模索が始まった。この過程で生まれてきたのが、第2段階の校企（大学・企業）合作委員会連携モデルである。遼寧省と大連市、大連理工大の3者で、産学連携のテーマのマッチングと研究能力の蓄積機能が模索された。

その結果、校企合作委員会という、設備、電子情報、原材料、造船会社、原油生産、冶金、鉄鋼生産などの企業を含む中間組織が立ち上げられ、その組織で連携を行う企業の選定と研究者のマッチングが行われた。ここでの、企業と大学との話し合いを通じて、大学の研究者が企業の中に入ることで自分に求められているものは何か、企業も大学に入ることで自社で何が出来るかといったことが活発に議論された。

　企業と大学の間に中間組織を組み合わせることで、個別・単発的な関係ではなくて持続的な関係が可能になった。技術の面ばかりでなく、人材育成の部分で大学は貢献しなければならない。この委員会連携モデルは、計画的に大学の中に企業の人材を組み込んで共同研究を行うことで、企業側の人材育成にもつながっている。

　さらに、近年では第3、第4段階として、規模は比較的小さいが企業の研究所のブランチ的な役割を果たす共同開発センターや、より大規模で独立した組織としての研究院の構築も始まっている。日系企業などこれまで知財の関係で連携できなかった企業との共同研究や、さらにより進んだ大規模かつ商品化まで見据えた研究に対応するといった、新たな課題にそれぞれ対応したフレームの運用が始まっているのである。このような新たな取り組みにより、これまで以上に様々な企業側の課題が大学に入ってくるようになると同時に、新たな大学の研究成果も企業に貢献できるようになる。

　ただし、成果を商品化するまで視野に入れている研究院モデルでは新たな制度作りも必要になる。利益の所有権はこれまで大学だったが、研究院モデルでは所有権は個人に所属、利益の配分や特許の申請などについて管理方式を整えていかなくてはならない。研究院は近い将来株式市場における上場まで視野に入れて動き始めている。

　サイエンスパークや中小企業向けの精密な測定などが行える科技サービスセンターも大学が運営している。このように、企業と大学との間に、状況に応じて次から次へと古い仕組みを残したまま新しい中間組織を構築していく試みが盛んに行われている。適者生存のモデルで、必要に応じて進化が続いていると考えればよいのかもしれない。

### ミクロな条件の整備

このような中で、海外の研究機関との連携の模索も始まっている。例えば2006年から、大連理工大学と岩手大学との技術移転センターも動き始めている。次から次へと問題解決のための新たな仕組みづくりや取り組みがなされていることには驚きを感じざるを得ない。

これは、学長がリーダーシップを発揮できることもあるが、それを支える科学技術処という組織が学内にあることが大きい。それは、大学設立当初から存在している大学の教員を管理する部門の存在であり、中国の大学にはどこにでもある。このセクションが産業界とのパイプ役を果たすことが出来るのは、この部門はもともと研究者の研究成果などの評価を行う部門であり、大学全体の研究者の情報が全て蓄積されているからである。要するに内部の資源を外部に紹介し、マッチングを図る機能を担っている。ここでの仕事の経験から、大学発ベンチャー企業の経営者として活躍している人びとも出てきている。

ここで説明されたような「中間組織」は、官僚制の弊害や組織の硬直性などの問題に対処する工夫として興味深いものである。組織は社会環境から切り離された閉じたシステムとなると、環境変化に耐えられないことは歴史が証明している。組織の中と外の境界を開放的にすることで、積極的に環境変化の意味を考え、常に異質性を内部に取り込む姿勢が重要であると考えられる。

しかし、このようなミクロの条件だけでは、ローリスクの技術が選択されることや産学連携の問題点が速やかに解消され、より効率的な活動が可能になることを説明できても、なぜハイリターンを構想できるのかを十分に説明することは出来ない。ミクロの条件はどちらかというとリスクをいかに減らすかということに重点があり、そこに価値があるように思う。ハイリターンを狙える条件を考えるためには、マクロ的な条件についても考察を行う必要がある。

### ダイヤモンド・フレームワーク

ミクロの条件に対して、マクロの条件を考えてみたい。図7－2は、競争戦略論で著名なポーターの『国の競争優位』[9)]にある、ダイヤモンド・フレームワークである。この中でポーターは、国の競争力を決める主要な要因は、要素

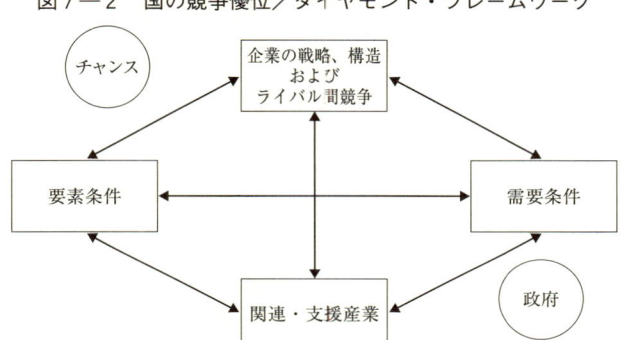

図7-2　国の競争優位／ダイヤモンド・フレームワーク

```
          企業の戦略、構造
  チャンス     および
          ライバル間競争
      ↙    ↕    ↘
  要素条件 ←――――→ 需要条件
      ↘    ↕    ↙
          関連・支援産業        政府
```

出所：M. E. ポーター『国の競争優位』

条件、需要条件、関連・支援産業、企業の戦略・構造およびライバル間競争の四つであると主張している。また、図中の政府の役割と予測不能なチャンスは、補助的な役割を果たすものとしている。以下では、それぞれの内容を簡単に紹介したい。

　要素条件というのは、人的資源、物的資源、知識資源、資本資源、インフラストラクチャーなどに分類することが出来る。

　日本と比べた場合の中国の特徴は、膨大な労働人口、国土の広さ、地理的な環境の多様さ、顕著な地域格差、インフラストラクチャー整備の地域的な偏り、知的財産権の軽視、法的機関の独立性の弱さ、特に人口の多くを占める農業従事者の教育レベルの低さ、資本の不足、豊富な資源、環境問題への対処の遅れ、最先端の分野における大学研究機関のレベルの低さなどがあげられよう。

　二つ目の需要条件には、本国における需要の量と質がある。量は規模の効率性を生むものである。それに対して、需要の質は企業の製品開発に影響を与える。良質な消費者は、企業に対して購買行動などを通じて優れた製品のアイデアを示すことが出来る。本国に質の良い消費者のいる企業は幸せである。このような消費者の声を製品開発に反映することで、グローバルに通用する競争力の高い製品をいち早く開発することが出来る。

　質的な側面は、要素条件と結びつく場合も多い。たとえば、日本のエアコン

第7章　中国の産学連携のマーケティング　271

は音が静かでコンパクトなのは、敷地が狭く家と家との距離が近いために、騒音の小ささや室外機の大きさが製品特性として重視されたからである。

　中国でも、国土の条件は他国にはない条件であり将来的には洗練され、要求水準の高い買い手が登場する可能性は高い。乗用車の使い方などが異なれば、耐久性や経済性などにより優れた車が求められるかもしれない。しかし前にも述べたように、現在は消費文化の再生過程であることもあって、質の高い消費者の出現は今しばらくかかりそうである。

　これに対して、量的な側面はきわめて魅力的なものになった。経済成長の結果、一人当たりの所得が増えたこともあるが、同じ言語を話す市場としてこれだけの人数のある市場は中国だけである。どこの国のマーケットでも、自国製品に対する好意的な態度を持つ消費者は多い。また、政府の役割が大きいために、構造的に自国製品の選択が奨励される状況にある。したがって、多少性能が劣っても、中国企業の製品が生存可能な社会的な条件がある。

　これは、ある意味で中国企業にとって幸運であるかもしれない。技術的にはキャッチアップ型のイノベーションを行っている企業からすれば、キャッチアップにかかる時間的な余裕を稼げるからである。しかし反面、このように甘やかされた企業はグローバルに戦える競争力を獲得することが困難であることは、政府から保護された産業の多くが世界の至る所で取り残されていく現状を見れば明らかである。すなわち、競争からの逃避により進化のスピードが遅くなるという傾向が強まるはずである。

**関連支援産業と競争環境**

　三つ目の関連支援産業は、国際的な競争力を持つ供給業者や関連産業が身近にあるということである。たとえば、自動車産業では、組立工場を支える無数の関連企業がある。エンジン、金型、プレス、電子部品、鋼材など多くの企業が連携して製品を開発し生産していく。

　最近中国の奇瑞汽車や吉利汽車といったいわゆる民族系の乗用車メーカーが、QQといった自社開発車を発表している。かなりの注目を集め、販売実績も好調であるが、それらは外国企業のコピー車である。しかも、たとえリバース・

エンジニアリングでそっくりなモノを作ろうとしても、一つひとつの部品や素材をコピーすることは大変な努力と時間を要するという。そのために、自社開発といっても、まだまだ中身の主要な部分は外国の部品メーカーに頼っているというのが実情であるといわれている。

　乗用車のように自動車メーカーと関連企業が製品開発の出発点から共同で作業に当たるようなケースでは、トヨタ自動車とその関連企業というように密接に関連する企業集団をどれだけ短期間で形成できるかが、中国企業が自立した自動車メーカーとして生き残るためには不可欠であると思われる。

　四つ目の要因は、企業が作られ、組織され、経営される状況、および国内ライバル間競争の環境である。企業の目標、戦略、組織体制に中国特有の性質が、先ほど述べた産業のイノベーションのタイプや国際的な競争力の形成に影響を与えるのは当然である。

　ライバル間競争も、中国ならではの状況が存在する。自動車メーカーが100社を超える国は中国以外どこにもない。トヨタ、ホンダ、日産といったグローバルプレイヤーはこぞって進出しているものの、単独では進出できないので中国企業との合弁、たとえば第一汽車とトヨタなら一汽トヨタというような形式で事業を行っている。このような形式の事業形態が、将来の製品開発にどのように影響するかは現時点では判断できないが、少なくとも積極的にプラスに働くという根拠はない。世界レベルの品質を簡単に手に入れた人びとが、自社で技術を開発し自立するためには今後かなりの努力が必要となろう。

　このようなライバル間競争は、産業により大きく異なっている。化粧品、飲料、トイレタリー、衣料、食料品などの日用品の場合と、自動車や家電といった耐久消費財の場合とでは、競争力の獲得の過程が全く異なっている。しかし、日米欧に加えて、多数のローカルメーカーが存在している状況は類似している。

**なぜ、ハイリターンが構想できるか**

　このような環境のもとで、ローリスクでキャッチアップ型のイノベーションが選択され産学連携の意思決定が行われている。これは中国に限らず発展途上国なら選択しそうな戦略であるが、なぜ、中国における産学連携はハイリター

ンを構想できるのであろうか。

　ハイリターンが実現可能なのは、需要条件とそれと関連する政府の役割である。膨大な労働人口と巨大な消費市場が自国に存在する以上、日米欧と正面から衝突するハイリスク・ハイリターン型の研究開発を選択する必要はない。イノベーションを通じて新たな市場を創造するというより、「世界の工場」としてすでに世界中に普及している商品の生産に邁進することで、産業の実力をつけることが優先されるはずである。

　相対的に安価な労働力を始めとする生産要素があり、しかも将来的な有望な巨大市場としての魅力があるために、世界中からグローバルにビジネスを展開している大企業が中国に進出を続けている。潤沢な資本は海外から流入してくるし、圧倒的な低コストで製品を生産することが可能であれば、世の中にない革新的な商品で市場を創造していくと考えるより、企業の経済合理性から見れば、既存の製品の改良により競争優位に立とうと考えるのが自然である。

　以上に述べたようなミクロとマクロの条件から、中国における産学連携においては、先進国では次世代ではないが先進国の市場においてすでに活用されている技術を、現実の中国企業が利用できるものへと改良し、大学から企業へと大学がリーダーシップをとりながら移転が行われていると見ることが出来る。

## 3. 産学連携の課題

　ここまで、中国の産学連携の置かれた状況と、戦略的なイノベーションの選択、それがローリスク・ハイリターンを構想していることを見てきた。以下では、このような中国の産学連携モデルの抱えている課題について考えてみたい。イノベーションの種が実際に花を咲かせ実を結ぶには長い道のりが必要である。しかもそのためには、商品化のための研究開発、商品企画、生産、マーケティング、財務といった、イノベーションを生み出す能力とまったく異質で、伝統的には大学などの研究機関が持ち合わせていない企業経営全般の能力が要求される。

(1) 組織として知識を生み出す

即興劇のことを英語では、improvisation という。im は否定であり、pro は事前にという、そして、vision はビジョンを意味する。すなわち、先のことがわからないということであり、このような状況下で即時的に劇を創出していくのが即興劇である。たとえば、劇場の観客から、その場で「産学連携」といったテーマが与えられる。演者同士の数分間の打ち合わせに続いて、いきなり劇は始まるのである。

どのようなテーマが設定されるかまったく予測不可能なこのようなカオス的な状況の中で、あるテーマが与えられ文脈が設定されたときに、「場」を共有した演者がストーリー展開からそれぞれの役柄を決定し、その役割に従って演じていく。観客の反応とともに瞬間・瞬間に阿吽の呼吸で劇を創造していくのである。

人間は生まれながらにしてこのような能力を備えている。周りの人と協力して未知の状況に挑戦していくことが出来るのである。この即興劇が上手くいくためには、次の三つの条件を同時に満たさなくてはならない。まず、個々の演者同士が瞬間的に相互関係を解釈し、自分で判断してその場で最適な解を出すべく創造性を発揮していかなければならない。それだけではだめである。瞬間・瞬間の連続が全体として統一性を持たなくてはならない。

この全体の意味を決定し、劇全体に秩序をもたらすために必要なものが「テーマ」である。テーマに基づいて個々の演者がそれぞれの役割を他の演者との関係を解釈しつつ相互依存的に演じることで、劇は成立する。個々人が常にテーマを意識していることが重要である。

最後に、場の雰囲気が読めなくては面白い展開にならない。場には観客がいる。観客の笑いや表情や拍手から心を読み取り、臨機応変に対応して行かなくてはならない。

このような即興劇のメタファを持ち出したのは、環境変化の中で、組織がいかに知を創造し、顧客に対応していくかという産学連携の問題が凝縮しており、極めて興味深い視点を提示してくれるからである。

しかし、このようなことは往々にして上手くいかない。それぞれの条件が上

手く満たされていないからである。それでは、条件が満たされないのはなぜか。

### （2） コミュニケーションの前提条件の整備

野中郁次郎・竹内弘高の『知識創造企業』[10]は、いかにして組織として知識を生み出すのかというテーマに正面から取り組んでいる。彼等はそこで、組織として知識が創造される実践的なモデルを提示している。

このモデルにおいては、知識を暗黙知と形式知という二種類に分類することから始まる。そして、それらの交互作用により組織的に知識が創造されるプロセスをモデル化している。このように考えることで、知識創造のプロセスという抽象的な問題に対して、より実践的で操作的な議論が可能となった。

**暗黙知の共有**

暗黙知とは言語化することが困難な知識のことである。たとえば、美意識、信頼関係、文化的価値観、その場の雰囲気といったような事例をイメージすればよい。これらは、言語化できないもので、基本的には共通体験を通じて伝えていくしかない。それに対して、形式知とは言語化できる知識のことである。形式知ならコンピュータが理解することが出来て、その情報処理能力を存分に発揮することが出来る。暗黙知はコンピュータには扱えないものである。ここで大事なのは、どちらが重要かということではなく、知識の性質としてこの二つには違いがあるということを理解することである。

野中が提案した知識創造モデルでは、この暗黙知と形式知が相互依存的に影響し合い、循環しながら組織的に知識が創造されることが説明されている。このモデルは以下の四つの段階・フェーズから構成される。

第1段階では、暗黙知を共有するためにプロジェクトチームのメンバーが顔を付き合わせて語り合い、メンタル・モデルの共有が図られる。第2段階では、メンバー間の自律的な対話から、与えられた文脈・テーマに合致した新たな形式知が創出される。続く第3段階では、第2段階で創出された形式知が組織に蓄積・記憶されている既存の形式知と関係性を模索し連結し、より高度で洗練された形式知へと発展する。最後の第4段階では、この形式知が製品として実

現するプロセスで新たな暗黙知として個々人に蓄積される。組織的に知識が創造されるためには、このような性格の異なるフェーズがスパイラル的に連続することが重要であることが、様々な事例研究を通じて明らかにされた。

　ここで注目したいのは、組織的な知識創造のプロセスにおける暗黙知の共有の必要性である。コミュニケーションをスムーズに行うためには、対話する人びとがそれぞれ持っているコミュニケーションの前提が、緩やかにではあっても全体として共有されていなければならない。当たり前であるが、相手の言語がわからなければコミュニケーションは非常に難しくなるからである。しかし、コミュニケーションの7〜8割以上は、言語表現以外で行われるという。言葉だけで伝えられる情報量には限界があるのである。共通体験があれば、コミュニケーションはずっと容易になる。

　コミュニケーションの前提はメンタル・モデルといっても良いが、個人個人が相手の発言や行為の意図を理解するために必要であることからも明らかであろう。赤の他人と一緒になって即興劇を演じるのは難しいのである。


**信頼関係の構築**

　コミュニケーションがスムーズに行われるための条件整備には、暗黙知の共有といったことに加えて、お互いの信頼関係の構築が重要である。信頼関係がなければ、お互いに腹を割って対話することは出来ない。大事なことは言わないで、相手の様子をうかがうというのが普通だろう。「同じ釜の飯を食った」同僚であっても、派閥やセクショナリズムに悩まされることは日常である。対話のための連携は簡単ではない。

　同じ組織の同僚であっても不信感でお互いの足の引っ張りあいが起こるのに、ましてや異なる組織の人びとが産学連携の当事者となる。ビジネスパーソンと研究者という水と油のような人びとが連携し協力しなければ、製品化からビジネスの立ち上げまでうまく運ぶことは出来ない。

　東北大学の赫学長は、次のように述べている。

　「東大アルパインの上場は96年ですが、96年から97年にかけて大学内で様々な議論があり、一番難しい時期でした。東大アルパインの株式の上場後、社員

の持株が高騰しました。ソフトウェアパーク内では大学院生みたいな若い社員が大きな別荘を持つ一方で、大学の教員の住宅状況は良くありませんでした。私は当時すでに学長でしたが、小さな家に住んでいました。そんな中、ある先生の家の玄関に掲げられた旧正月の飾りには、『アルパインのせいで一部の者が豊かになって、多くの者は貧しくなった』と書かれるほどでした。つまり、産業の文化と大学の文化のズレが大きくなったのです。言い換えれば、企業の利益と社会の価値をどうするかという問題が生じたのです。企業の利益からすれば、社員の待遇も企業への貢献に合わせて評価するということになりますが、社会の価値としては、平等に評価すべきということでした。Neusoftの社員への当時の批判としては、『良い車を乗り回している』とか『授業をやらなくてずるい』といったものがありました」。

### （3） 利益を超えた哲学が連携を生み出す

　産学連携に限らず連携という作業は、実はマーケティングそのものである。マーケティングとは、「交換のプロセス」であるといわれる。そして、必ずしも利害が一致しない交渉主体間のコミュニケーションがスムーズに行われ、取引が問題なく行われるような具体的な仕組みを整えることが、その目標である。しかし現実を見れば交換、すなわち連携の作業は簡単にいかないことの方が一般的である。

#### 取引コスト

　取引コストというコンセプトで経済的な取引＝連携について考察し、組織形成のインセンティブに関する議論を展開したのはウィリアムソン[11]という経済学者である。取引コストが発生する源泉としてウィリアムソンはつぎの四つの要因に着目した。

　第1に、世の中には複雑な状況や将来の不確実性という意思決定者が直面する課題がある。第2に、人間には合理性に限界があり、残念ながらその課題を処理するために必要十分な能力を持っていない。第3に、交渉相手が何を考えているかわからないことも多い。加えて、人間には利己的・機会主義的な側面

があり、交渉するにはそれを見極めなければならない。そして第4に、ビジネスの交渉は次第に少数の人たちとしか行われないようになるという傾向がある。世の中はすべからく未知との遭遇であり、このような四つの制約条件のもとで私たちは意思決定を行わなければならない。

　将来の不確実の全てを想定条件として契約書に記載することは不可能であり、現実的でもなければ効率的でもない。しかも、人間は嘘をつく。このようなことを考えたら、不信感が増幅されることは避けられない。

　一回一回の市場取引において、個別の契約によりリスクを回避することが難しい状況においては、当事者同士が同じ組織に所属することで、少なくとも相手をだまして自分だけが得するような状況が長期間にわたって成立しにくい状態を作ることが重要である。すなわち、組織化により取引コストを減少させることが、組織が成立する理由である。

　いろいろと述べてきたが、以上の点を要約すると次の3点にまとめられる。
① 組織として知識を創出するためには、テーマを共有しなければならない。
② 知識を創出するための対話を行うためには、コミュニケーションの前提の共有、特に、暗黙知の共有が重要である。
③ 対話を阻害する不信感を排除する努力や工夫が必要である。

　大事なことは、対話がスムーズに行われるための条件整備と、共通のテーマに沿った心を開いた対話が重要であるということである。しかし実際には、組織的な知識創造と、人びとの信頼関係を同時に高めるような仕組みを作ることは非常に難しい。

　例えば、チームメンバーの対話から優れた知識が得られたとしても、そこから得られる成果を、だれがどのように配分すればみんなが満足するのであろうか。成果に対する報酬方式を決めるのは容易ではない。対話は連続的に起きるものであるから、最後に誰かの出したアイデアがすばらしいものでも、議論に参加しているメンバーとの対話がなければ、そのようなアイデアは生まれなかったかもしれない。

**成果配分の難しさ**

　産学連携では、成果の配分に参加したメンバーのコンセンサスを得るのが非常に難しいことは容易に想像される。さらに、事業に成功して巨額の利益を得る教授と事業には無関係の教授との関係も難しくなる。大学の施設・設備、人材、名称などを利用しているからである。この点に関して、東北大学の赫学長は次のように述べている。

　「たしかに、成果の配分は重大で難しい問題です。私は、知識を創造した人達、利益を上げた企業、出資した大学の3者は、利益が分配される権利を持っていると思います。ただし、それらの3者にどのように配分するかは、みんなが納得するような形で私が決定する必要があると思っています」。

　中国における産学連携のモデルでは大学が重要な役割を果たしている。研究者ばかりでなく、研究院、サイエンスパークといった施設や測定装置といった機器、さらには出資まで行っており、ビジネスの成果も大学として期待している。産学連携が大学に利益をもたらし、大学の関係者全体にとって研究・教育環境などの改善も非常に重要である。このような利害関係の一致しない当事者が対話するために土台作りに赫学長は腐心している。

　赫学長はこの点について次のように述べている。

　「それぞれの人に、それぞれの役割があります。大学の学長は理論家ではなく、管理者でなければなりません。以前、テレビ局の人びとが、『東北大学の学長の理念が優れている』と聞いて取材にやってきました。そこで、『一番苦しいことは、学長が正しいと思う理念をみんなが理解してくれないこと』だと答えました」。

　東北大学が上手くいっているのは、赫学長や劉氏の世界観や経営哲学が重要な役割を果たしているからであると思う。新たな知識の創造は従来の知識や慣行を否定することにもつながる。基本的な価値観と利益を越えた目標・基本理念を見つけ出し、「基本理念を維持し、進歩を促す」組織的な取り組み方、仕組みを常に見直しながら編み出していくことが重要である。

　もともと信頼関係に基づいた組織である大学という環境の中から、社会的な使命や時代の要請により産学連携が発生してきた経緯がある。このような事情

が産学連携組織内での対話やそれに基づくイノベーションに大きく寄与しておるものと思われる。ただ単に利益を上げればよいというのではなく、地域社会への貢献や教育・研究活動のさらなるレベルアップが同時に求められていることが、産学連携に参加する人びとの気持ちを一つにさせる効果があるように思われる。

### 成長段階における関わりの変化

次のような、東軟集団 CEO の劉氏の言葉は印象的である。

「中国では『人は土から生まれて土に還る』という言い方があります。私はもともと教授でしたから、10年後は教授に戻りたいと思います。そもそも、私は起業家になりたかったわけではなく、大学の人間として起業することが必要だったのです。大学は創造力のある人材を育て、知識で社会に貢献する使命があるからです。そのために当時は会社を作ることが必要でした」（補論Ⅰ、以下同様）。

もう一つ興味深いのは、産学連携から生まれた成果があるレベルを超えて、企業規模も大きくなり、東軟集団のように上場するようになってからの大学と企業との関係である。

東北大学の赫学長は次のように述べて、この問題について考え方を示した。

「いつまでも企業を大学で育てるのではなく、優秀な経営者を見つけることが重要なのです。大学発の企業で失敗する例は、教授がいつまでも経営者であり続ける場合です。大学は企業を運営することではなく、企業をたくさん生むことが重要なのです。大学が企業を生み、社会が企業を育てるのであり、大学は企業を社会に出すことが役割なのです」。

ベンチャーと大学の関係は、それぞれの役割の変化に応じて、インキュベータとしての親子の関係から、経済的なパートナーとしての自律的な関係に移るべきであると述べているのである。大学は大株主として役割を果たし権利を主張すればよいし、企業のリーダーである研究者も企業の経営者として大株主である大学と向き合えばよいというのである。この段階では、企業規模も大きくなり、大学として組織運営の細かいところまで関与する能力もなければ必要も

ないということであろうが、企業が成長していく段階に応じた関わり合いの変化は興味深い論点である。

### （4） 産学連携というコトづくり

　明確なコンセプトにより目標が表現されたプロジェクトは、利害が必ずしも一致しない多くの人びとの関心を呼び込み、活発な対話を誘発する。そして、彼らのエネルギーを結集し、問題解決のために必要な技術開発を促進し、さらに新しい関係性を創出しながら進行していく。このように優れたコンセプトにより人びとが集い、対話し、協調して行動する状況や文脈を設定することを、ここでは「コトづくり」と呼ぶことにする。

　コトづくりが上手くいくかいかないかは、集う人達が夢や志を共有できるかどうかが最も重要である。そのためには、目指すべき目標が表現されたコンセプトが必ずしも利害が一致しない人びとを集わせるに足る魅力的なものでなくてはならない。第2に、具体的な仕組み作りが必要である。現場における自律的な判断が可能になるよう、リーダーは優先順序や行動規範を示さなければならない。第3に、関係する人びととのコミュニケーションの前提となる暗黙知が実践を通じて共有化されるよう、現場に権限が委譲され、対話が促進されるようなきっかけを考えることも必要である。最後に「ヒト、モノ、カネ、情報」といった経営資源の継続的な蓄積を考えなくてはならない。

　東軟集団や大連理工大のいくつかのケースで見てきた中国の産学連携は、このコトづくりを実に上手く行っているように思う。個々の研究者が自分や研究室の夢を実現するための「コトづくり」を構想する。大学は、このような数多くのコトづくりが実際に立ち上がり、成長し、夢が実現するような仕組み作り、すなわち、コトづくりが上手くいくための「コトづくり」を構想し実行していく。

　死の谷を乗り越え、ダーウィンの海を渡り、オピニオンリーダーの説得に成功しなければ、イノベーションが社会を豊かにすることはない。個人の中から生まれる夢やアイデアが、一人前の商品になり、ビジネスとして成功を収め、さらなる成長を経て社会全体の生活を豊かにしていくには大変な道のりが必要

なのである。

　最先端の高度な技術を商品化するだけの技術力や潤沢な資金を持っていなかったとしても、産学連携は十分に可能であることを中国の産学連携は教えてくれる。日本においても、必ずしも十分な資源を持ち合わせていない地域経済を活性化する上で、もっと注目され参考にされてもよいのではないかと思う。日本の潜在的な可能性を引き出し、それを増幅するために INS を作った岩手大学が、大連理工大学と連携を模索し始めたのは偶然ではないのかもしれない。

1) Tofler, Alvin（1980）*The Third Wave*, Bantam Books.（徳岡孝夫訳『第三の波』中央公論社、1982年）。
2) 常盤文克「技術経営の哲学」（伊丹敬之・森健一編『技術者のためのマネジメント入門』日本経済新聞社、2006年）。
3) Lopez-Claros, Augusto, Michael E. Porter, Klaus Schwab, Xavier Sala-i-Martin, ed. (2006) *The Global Competitiveness Report 2006-2007*, Palgrave Macmillan.
4) Abernathy, William J.（1978）*The Productivity Dilemma*, The Johns Hopkins University Press.
5) Abernathy, William J., Kim B. Clark, Alan M. Kantrow（1983）*Industrial Renaissance: Producing a Competitive Future for America*, Basic Books.（望月嘉幸監訳・日本興業銀行産業調査部訳『インダストリアル ルネサンス』TBS ブリタニカ、1984年）。
6) Levitt, Theodore（1960）"Marketing Myopia", *Harvard Business Review*, July-August.
7) E. M. ロジャース著、青池慎一・宇野善康訳『イノベーション普及学』産能大学出版部、1990年。
8) http://www.ins.ccrd.iwate-u.ac.jp/ を参照されたい。
9) M. E. ポーター著、土岐坤他訳『国の競争優位』ダイヤモンド社、1992年。
10) 野中郁次郎・竹内弘高著、梅本勝博訳『知識創造企業』東洋経済新報社、1996年。
11) Williamson, Oliver（1975）*Market and Hierarchies*, Free Press.（浅沼萬里・岩崎晃訳『市場と企業組織』日本評論社、1980年）。

# 第8章　産学連携の日中比較
―― サイエンスパークとベンチャーファンド ――

　技術革新指向型ベンチャービジネスの視点から産学連携を考える場合、日本では大学発ベンチャーが考察対象の中心となることが少なくない。このため、産学連携の推進というテーマは大学発ベンチャー支援という点が重要性を帯びてくる。そして、大学の基礎研究で生まれたシーズに着目しそれをいかにして事業化していくか、その事業化を目指す起業家を支援し事業をいかにしてインキュベートしていくかが、日本のおける一つの主要な論点となっている。

　他方、中国の場合はいささか事情が異なる。上述の大学の基礎研究で生まれたシーズをインキュベートする試みがなされる一方で、海外留学生の帰国を奨励し、彼らが海外留学で見出したシーズもインキュベートの対象としている。もちろん海外で見出したシーズを自国の実情にそった形に修正、発展させることは日本でも行われている。これに対して中国では、海外留学生の帰国を奨励してきた効果が顕著に現れ、海外からのシーズ持込が多数積み上がり、ベンチャーとして起業している事例は、大学の基礎研究を起点とする起業よりも多い印象がある。したがって、中国のインキュベーション機関は、日本に比して、グローバルな展開を強く意識した活動を行う傾向にあるように見える。

　加えて、日本の大学はまだまだ技術シーズの事業化の実現に無頓着な傾向が残っているように見受けられる。その要因は産業界と同じインセンティブを持って大学が事業化に取り組むシステムが存在していない、または機能していないためと考えられる。しかしながら、後述のとおり、大学がサイエンスパークやベンチャーファンドに関われば、大学が産業界と同じインセンティブを持つシステムを構築することは可能である。

　そこで本章では、サイエンスパークとベンチャーファンドを考察の対象として、産学連携の日中比較を行う。比較研究の対象としては、神奈川県川崎市の

かながわサイエンスパーク（KSP）と中国北京市の清華大学科技園を選定した。KSPは日本の大学でサイエンスパークに取り組む発想が全くなかった1980年代半ばから試行錯誤を重ね、今日のビジネスモデルを構築してきた実績がある。清華大学は科技園（サイエンスパーク）建設にあたりKSPを研究したとされるが、設立後の発展は、前述のとおり海外留学生の受け入れという新たな展開で興味深い発展を遂げている。この両者を比較検討することで、日本の大学が取り組むべき課題を抽出していくことにしたい。

## 1. かながわサイエンスパーク

　技術革新指向型ベンチャービジネスの視点から産学連携を考える場合、産学連携により事業が生み出される過程は、大学発のシーズを産業界と連携して事業化するケースと、産業界から見て事業化に必要な研究開発機能を大学がサポートまたは代替することで事業化していくケースの二つに大別できる。これら二つのいずれのケースでも、産業界のみが事業化リスクを負担するのであれば、事業が成功した場合のリターンはリスク負担者である産業界のみが得ることになり、大学が得るリターンは研究開発に要した実費プラス$\alpha$程度の手数料を得るにすぎない。

　大学の研究者の中には、好きな研究が出来ればそれでよいと考える向きが少なくないかもしれない。しかし、それでは事業化を成功させるインセンティブは湧かず、研究開発が不調に終わった場合のペナルティを被ることにもならないため、事業化リスクに対して大学が無頓着になりがちな構造になってしまう。したがって、産業界と同じインセンティブを持って大学が事業化に取り組むシステムが必要になるが、大学がサイエンスパークやベンチャーファンドに関わることで、そうしたシステムの構築が可能となる。

　サイエンスパークとは、国際サイエンスパーク協会（International Association of Science Parks, IASP）の定義を用いると、イノベーションの文化を育み、企業や諸機関の競争力を高め、コミュニティーを豊かにする目的で専門家が運営している組織を指し、そこでは、大学、研究開発機関、企業、市場の間の知

識や技術の流れを刺激し、インキュベーションやスピンオフを通して、技術革新指向型企業の創出を促進し、質の高い空間や諸設備とともに、高付加価値のサービスを提供するものとされる[1]。このサイエンスパークの運営者として大学が関われば、サイエンスパークに参加する産業界が成功することが、サイエンスパークの運営者である大学の利益になり、産業界の成功すなわち事業化に向けて邁進するインセンティブを大学が有することになる。

また、大学がベンチャー投資ファンドのゼネラルパートナーとして関わるのであれば、ファンドが投資するベンチャー企業の企業価値を向上させることにより成功報酬を得ることが可能である。このファンドの投資対象が産学協同で取り組む案件であれば、まさに産業界と大学が同じ方向を向いて事業化を目指すことになり、事業が成功することへの強いインセンティブを持って大学が産学連携事業に参加することを意味する。

日本の大学において、サイエンスパーク事業とベンチャー投資ファンド事業への取り組みの歴史は浅い。その一方で、公的機関を軸とするKSPは約20年の試行錯誤を経て、両事業の下で産学連携の面でも成果をあげている。したがって、KSPが切り開いたビジネスモデルは、産学連携を志す日本の大学には大いに参考になると言えよう[2]。

写真8—1　かながわサイエンスパーク（KSP）

**KSPの概要**

　KSPは、1986年12月に民活法第1号施設（リサーチコア）として認可を受け、89年12月にオープンした日本初の都市型サイエンスパークである。米国のシリコンバレーやルート128に所在する技術革新指向発型企業に注目し、神奈川県内ベンチャー企業の組織化、支援を目指してきた。なお、民活法の認定を受けインキュベーション施設を建設し運営する事業は、金融、税制上のメリットを受けた反面、事業の制約を受けるというデメリットも存在したため、事業採算に乗りにくい研究ラボ、計測ラボは神奈川県主導の公益法人として運営されることになり、（財）神奈川科学技術アカデミー（KAST）、（財）神奈川高度技術支援財団（KTF）が併設されている。

　以後、KSP、KAST、KTFという3機関が連携して、サイエンスパークの運営、技術シーズの発掘、事業化の支援を行っていくことになる。連携体制の概略を述べると、KSPがインキュベート事業を中心に交流事業、施設事業を担い、KTFは「KSPの測定ラボ」として技術市場サービス事業、試験計測事業

表8—1　KSPとKASTの実績一覧

| 機関名 | 事業名 | 内容 |
|---|---|---|
| KSP | インキュベート事業<br>情報交流事業<br>施設サービス事業 | ①入居率　　　　平均95％以上<br>②入居企業数　　78社<br>③KSP卒業企業数　累計186社<br>④投資先企業　　1号ファンド：25社（うち株式公開4社）<br>　　　　　　　　2号ファンド：24社 |
| KAST | 研究開発事業 | 「流動研究プロジェクト（研究期間限定、若手研究リーダー公募）」を中心に200億円超の研究費を投入。31プロジェクトと重点研究室4グループを立ち上げ、国内外707件の特許出願、141件の特許実施許諾、実用化の面でも評価されている。 |
| | 技術者教育事業 | 大学院レベル4～10日の座学プラス実験の研修を実施。受講生累計9,514人。 |
| | 技術市場サービス事業 | 特許相談、情報提供サービスのほか、技術移転活動に注力し、約500件の成約実績 |
| | 地域研究開発促進拠点支援事業 | 県内大学のTLO的役割を果たすと共に、理工系14大学と連携し、研究成果の実用化に向けた育成試験58件の実績 |
| | 試験計測サービス事業 | 表面分析、材料微量分析を中心に、利用企業5,709社、利用件数21,047件の実績をあげ、神奈川県内はもとより全国の企業から評価されている |

注：KSP実績は2006年6月現在、KAST実績は2005年8月現在。
資料：KSP提供資料をもとに作成。

を担い、KASTは「KSPの研究開発ラボ」として研究事業、技術者教育事業を担う関係にある。言い換えると、KASTが技術シーズを生み出し、KSPが事業化に向けてインキュベートし、KTFが技術支援を行う関係にある。そして、この支援モデルはKSPモデルと呼ばれ、台湾、韓国、中国等にてサイエンスパークを建設する際に、成功モデルとして注目された。

なお、2005年4月にKTFはKASTに統合されたため、現在ではKASTが測定ラボ機能と研究開発ラボ機能を兼ね、インキュベート事業を担うKSPと共に、表8―1のような実績をあげている。

**発展するKSPインキュベーションモデル**

KAST（旧KTFを含む）は表8―1のような実績をあげ、KSPのインキュベート事業の下支えをしてきた。これを見ると、KASTでは多くの技術シーズを抱えていることがわかる。また、理工系大学との連携も積極的に行われており、まさに産業界と学界とをつなぐ役割も果たしてきている。

KASTで生まれるシーズの技術水準は高く、事業化できた場合の成長の可能性は高い。実際に、表8―1で見た「流動研究プロジェクト」等に端を発し、表8―2に見られるような創業事例が積み上がってきている。しかし、技術シーズを事業化するには、起業家をいかに育成するか、事業計画をどのように作成するか、資金調達をどうするかといった課題への取り組みが求められる。

今日のKSPでは、KASTの研究開発事業や技術者教育事業を通しての人脈

表8―2　KAST発ベンチャー企業創業事例

| | 企業名 | 設立 | 場所 | 事業内容 |
|---|---|---|---|---|
| ※ | ㈱ネーテック | 1995／7 | KSP | 糖鎖高分子材料技術の実用化 |
| ※ | フォトニクスネット㈱ | 2000／3 | 東京都 | LAN用光ファイバー通信機器等 |
| | Little Optics Inc. | 2000／5 | 米国 | 波長多重化光通信デバイス等 |
| ※ | マイクロ化学技研㈱ | 2001／5 | KSP | 集積化マイクロ化学システム商品 |
| | ㈱ナノコントロール | 2002／2 | 東京都 | 圧電アクチュエーター応用システム |
| | ㈱光コム研究所 | 2002／4 | 横浜市 | 光コム発生器開発、製造販売 |
| ※ | ㈱リブテック | 2004／3 | 東京都 | 癌の診断薬および治療薬 |
| ※ | ヒラソルバイオ㈱ | 2006／2 | 埼玉県 | 診断用試薬・器材・装置の開発・製造・販売 |

注：※はKSPインキュベート事業の支援対象企業。
資料：KSP提供資料をもとに作成。

や理工系大学とのネットワークの中から、KASTで発掘した技術シーズを事業化するのに適した起業家となり得る研究者等を選定している。過去の経験から、日本の大学教授が起業家となることを期待するのは難しく、また企業という器に外部から経営者を招聘しても失敗の可能性が高く、相応の研究実績があり起業マインドのある研究者を対象とするのが適切だと判断している。

　なお、対象者が起業に踏み切るかは事業化への確信が持てるかにあり、その裏付けとなる事業計画や資金調達計画の作成は、KSPのインキュベーション・マネジャーが支援する体制が整えられている。すなわち、KSPはインキュベーション施設というハードのみならず、事業化をインキュベートするソフトが充実しているところに特徴がある。そして、ソフトの中でも投資事業分野でも実績を上げており、近年では、収益面でもハードから得られる賃料収入以上に、投資事業の収益がKSP全体の収益を支えている。

**KSPのベンチャー投資事業**

　KSPの投資事業は自己勘定投資からはじまる。10社に対して6200万円の投資を行い、株式公開等により投資額以上の回収を実現している。その後、自己勘定投資の経験を活かしてファンド投資事業も手掛け、表8—3の示すとおり、三つのファンドを立ち上げるに至っている。

　KSPのファンド投資事業には、次の三つの特徴を見出すことができる。

　第1の特徴としては、公的なインキュベーション機関が組成した第1号ファンドである点があげられる。従来の公的機関がベンチャー企業の資金調達面で行ってきた支援事業は、助成金の交付、銀行借入の利子補給、債務保証であった。これらの事業はそれぞれについて意義が認められるものの、ベンチャー企業が取り組む事業が成功した場合のアッパーサイドの収益は、支援を受けたベンチャー企業のみが得ることになる。

　一方、事業が成功した場合に公的機関にはそうした収益を得られないのみならず、債務保証を行っていれば事業が破綻した場合に保証履行が求められ、損失のみが膨らみやすいという構造にある。しかも、事業を早期に修正できれば損失をいくらかでも回避できるようなケースがあっても関与することはできな

表8-3 KSPベンチャーファンドの概要

| 区分 | 設立 | 総額 | 投資ステージ | 投資対象企業 | 備考 |
|---|---|---|---|---|---|
| 1号 | 1997/1 | 7億円 | アーリー | ハイテク企業<br>KSP入居企業<br>KSPネットワーク企業<br>神奈川・東京中心 | 株式公開4社。<br>(うち3社：KSP卒企業)<br>すでに30億円以上の実績。<br>＜25社に投資済＞ |
| 2号 | 2004/4 | 6.1億円 | アーリー | ハイテク企業<br>KSP入居企業<br>KAST発ベンチャー企業<br>神奈川・東京中心 | 中小企業基盤整備機構から2.7億円出資。<br>＜24社に投資済＞ |
| 3号 | 2006/7 | 13億円 | アーリーとミドルまたはレイターの組み合わせ | 2号の投資対象に大学発ベンチャー企業を追加 | 50億円を上限に追加募集中。中小企業基盤整備機構にも出資要請を開始。 |

資料：KSP提供資料およびヒアリング内容をもとに作成。

い。言い換えれば、ダウンサイドのリスクのみ負担しているのにアッパーサイドのリターンを得ることができない。

　これに対し、投資ファンドを組成しゼネラルパートナーとして投資に関わる場合は、投資先のベンチャー企業の行動を出資シェアに応じてガバナンスでき、事業計画の修正を誘導できると共に、事業が成功した場合のアッパーサイドのリターンを得ることができる。そして、投資ファンドで得たリターンを、再投資するなり、別のインキュベート事業に充当することも可能である。1号ファンドを成功させたKSPではこうした好循環構造が築かれている。

　第2の特徴は、2号ファンドより中小企業基盤整備機構（中小機構）がリミテッドパートナーとして出資している点である。ベンチャー投資はリスクマネーの供給であり、それを目的とする投資ファンドを組成する場合、資金調達が大きな課題になる。しかし、日本の場合、リスクマネーへの資金循環が出来ていない。その呼び水として中小機構は、ファンド総額の2分の1を上限として出資する制度を設けている[3]。

　ちなみに、2号ファンドが組成された2004年4月時点にて1号ファンドで株式公開を果たしていたのは㈱テクノメディカのみであった。その後、2004年8月に㈱テンアートニ、2005年3月に㈱エフェクター細胞研究所、2006年3月に㈱メディアグローバルリンクスと公開案件を積み上げ、今後もさらに数社の公

開が見込まれているわけだが、2004年4月時点の1号ファンドのポートフォリオを評価して2号ファンドに投資を行うということは、投資家にとっては極めて難しい判断であり、投資に躊躇するケースが一般的であろう。したがって、そうした状況下で中小機構が出資を決定した意義は大きい。

　第3の特徴は、アーリーステージから資本参加しハンズオンを行うことで、インキュベーション機関としての特徴をしっかり打ち出している点である。なお、EXIT（投資案件からの資金回収）は、株式公開を中心に想定されている。後で見る清華大学は、中国の株式市場が未成熟ゆえ株式公開が難しいという事情があるにせよ、M&Aによる売却を中心にEXITシナリオを描いているのとは対照的である。株式公開のみをEXITとするのは、投資資金の回収シナリオが限定的になり好ましいことではないが、M&Aによる資金回収には株式公開と異なるノウハウが必要で簡単に取り組めるものではないため、民間のベンチャーキャピタルでもその取り組みは大きな課題となっている。しかし、日本でもM&A市場は拡大傾向にあり、今後のKSPの展開が注目される。

　なお、3号ファンドの投資対象ステージは、1号、2号ファンドで取り組んできたアーリーステージに加えて、ミドルステージとレイターステージの組み合わせとされている。KSPのインキュベーション機能とのシナジーという観点で見ると投資対象はアーリーステージが中心となろうが、アーリーステージからの投資はEXITまで長期間を要することが少なくない。ファンドのパフォーマンス向上のためには投資からEXITまでの期間を短くすることも重要であり、ミドルステージやレイターステージも投資対象に含める形にしたのであろう。KSPのファンドで今後どのようなポートフォリオが構築されるのか注目される。

## 2. 清華大学科技園

　清華大学全体の取り組みの考察は他の章を参照いただくとして、本章では清華大学が関与している創業支援機関とベンチャーファンドを検討対象とする。

　清華大学は、1993年に北京市の批准を受けて科技園（サイエンスパーク）を

設立し、大学発ベンチャー企業を育成している。その取り組み成果は、90年代は清華同方といった有名企業の輩出事例を除くと日本からはよく見えなかったものの、2000年前後から日本からでもその勢いを強く感じさせるものになる。これは、その頃からベンチャー企業の起業が一気に加速したためであるが、その勢いの背景には、清華創業園のスタートとベンチャー投資機能を持つ啓迪控股份有限公司科技投資中心の設立（99年）、インキュベーション機能を持つ清華科技園孵化器有限公司の設立と清華留学人員創業園のスタート（2001年）といった動きがあった。

先に述べたように、中国の大学発ベンチャーは、海外留学生が持ち帰ったシーズをもとに起業する事例が多いのが特徴である。そこで以下では、海外留学帰国組の起業を念頭において、清華大学の取り組みを考察していく。

### 海外留学生の帰国奨励事業

海外留学生の帰国を奨励し科学技術の向上を目指すといった動きは、96年に中華人民共和国人事部が「『九五』期間人事系統留学人員工作規画［人発

表8—4 「九五」期間人事系統留学人員工作規劃［人発（1996）75号］抜粋

◇ハイテク留学人員創業園区の設立と発展を支持すること
　多くの留学人員が帰国して創業することを奨励し、彼らのために科学研究に従事する機会を与え、科学研究の成果の転化（産業化）をうながし、実業基地の設置に投資せよ。創業園区を十分に利用し、留学人員が国外で習得した知識や技術、蓄積した経験および研究の成果等を、国内に引き入れるように努力せよ。ハイテク留学人員創業園区における業務を二つの方向で進行させよ。まずは重要な試験的業務として、創業園区の運営モデル、相対的な布局と管理方法を検討し、条件が整っている地区を選んでインキュベータ（孵化）機能、転化（産業化）、研究開発等の機能を備えたハイテク科学科技創業園区の創設を指導せよ。

◇留学人員科技活動基金の設立と支援
　留学人員の科技活動の展開を支持するために、地方政府と行政部門は、政府と一般社会における資金とが連携した留学人員科技活動基金（筆者注：ファンド）を設立し、かつ基金（筆者注：ファンド）の総合的な効率および良好な循環の形成を強化せよ。
　まず、各地方および行政部門は「1対2」の比率で、人事部に対し資金援助の申し出をしてもよい。条件の整っている地区と行政部門はもっと高い比率で要望してもかまわない。有利子援助を発展させ、資金の運用を実行せよ。重点科技研究プロジェクトへの資金投入を保証すること。

資料：遠藤誉『中国がシリコンバレーにつながるとき』日経BP社、2001年、より抜粋。

(1996) 75号]」(訳：第9次国家5カ年計画期間 [96〜2000年] における留学人員政策に関する人事部系列が発布した法規と計画) を発布したことに始まるとされる[4]。この中で、留学政策を国家の改革開放事業の重要な要素と位置づけ、留学人員を国家の重要な人材資源とみなして、人材資源利用開発を国家の重要な任務とした政策が打ち出されている。また、日本の文部科学省にあたる国家教育部ではなく、人事部がこの文書を発布している点が注目される。人事部が発布した文書には、国家事業として取り組まれているという意思を多くの中国人は感じる効果があるという。そして、海外留学生の創業を支援すべく、表8—4のとおり、具体的な施策のイメージが湧く記述がこの文書の中に含まれている。

中国でよく見られるが、国家すなわち中央政府が発布した大方針が地方にまで浸透し、具体的な施策が現場レベルで実行されるまで時間を要することがある。上述のとおり96年に留学生帰国奨励に関する方針が発布されているものの、各地域の現場レベルで海外留学生の創業支援が具体化するのは、概ね98年頃からのようである。98年には、例えば北京市留学人員海淀創業園が国家レベルでの認可を得ているし、広州や蘇州でも留学人員創業園がスタートしている。そして、清華大学の所在する北京市海淀区中関村でも海外留学からの帰国組の起業したベンチャー企業の中で、成功を納めた企業が相応に出現したということであろう。同時期の99年に海外留学生に限定せずに創業園をスタートさせた清華大学でも、2001年になると海外留学生に狙いを定めた清華留学人員創業園をスタートさせたのであった。

**中関村における清華留学人員創業園**

清華留学人員創業園に入居すると、中関村科技園の優遇である「三免三半」を受けることに加え、3年間と入居期間に制限があるが、40㎡の部屋に初年度は無料、2年目は半額、3年目は70％相当額の家賃で入居できる[5]。ベンチャー企業を立ち上げるにあたり創業資金の調達は大変重要な課題であるが、このように入居費用を削減できるのであれば、創業資金を節約したのと同じ効果があり、実質的な資金供与と同じ効果をもたらしている。なお、清華科技園

は、独自の制度として総額2億元の「留学人員創業投資基金（ファンド）」を立ち上げている。投資対象は当然ながらシーズステージの企業で、2005年7月のヒアリングでは20社に投資済との説明であった。また、ベンチャー企業であっても全ての資金調達をエクイティで行うのは非効率であり、デットで調達するのが適当な場合も存在する。そこで、ベンチャー企業の銀行借入がスムーズに行われるように、例えば北京中関村科技担保有限公司では信用保証制度を用意しているが[6]、清華留学人員創業園でもその取り次ぎを行っている。

清華留学人員創業園は、清華大学と北京市中関村科技園区管理委員会の共同で設立されている。清華大学から見ると、インキュベーション機能を担う清華科技園孵化器有限公司の傘下企業として、海外留学生が持ち込んだシーズをインキュベートする施設であるが、北京市中関村科技園区から見ると、園区内に複数ある留学人員創業園の一つという位置づけにある。

これに対して、北京市中関村での起業を志す海外留学生から見ると、中関村で受けられるメリットは中関村に所在する複数の留学人員創業園であればどこでも受けられるため、たとえ清華大学の卒業生であっても清華留学人員創業園に入居することが有利なわけではない。このため、清華大学と関係を利用している企業であっても、清華科技園の外部に本社を構える企業も少なくない。こ

写真8－2　清華大学科技園

れは隣接する北京大学を始めとする他の大学でも同じようである。

この結果、大学とすれば、自らの科技園に入居したベンチャー企業のみが産学連携の対象とすることは事業機会を狭めることになる。ならば、自らの科技園以外に所在するベンチャー企業との連携成果を、大学はどのようにすれば収益機会とすることができるのか。その答えとなるがベンチャー投資事業である。

**清華大学のベンチャー投資事業**

先に清華科技園で留学人員創業投資基金が立ち上がっていることを見たが、清華大学におけるベンチャー投資事業の中心的役割は啓迪控股份有限公司科技投資中心が担っている。啓迪はベンチャー投資と併せて技術移転ビジネスを手掛けており、金融面からのノウハウのみならず技術評価力に長けている点が特徴である。ベンチャーキャピタリスト16人を擁し、技術的な専門分野を持っているキャピタリストが大半を占める。16人のうち決定権を有するキャピタリストが5人おり、この5人のうち1人でも反対すると投資案件は否決されるシステムがとられている。

なお、キャピタリストの専門外の技術分野については社外に意見を求めることになるが、意見を求める相手方の中心は清華大学であり、ここに産学連携事業としての啓迪の強みがある。ちなみに、説明役を引き受けてくれた雷霖副総経理は、清華大学で自動制御システムを専攻し博士号を取得した後に、華翔微電子を設立する。華翔微電子は2002年12月に香港に上場し、アモイのNECトーキン向けに多層基板を供給する等の事業を展開している。なお、雷氏は2002年に清華大学に戻り、その後は啓迪で投資事業に関わっている。

啓迪の案件のソーシングは清華大学のネットワークを活用しているが、その中でもシリコンバレーでのネットワークが果たす役割が大きいという。シリコンバレーには清華大学関連の企業群がある。その中には、清華大学から投資している企業や投資準備を進めている企業もある。これら企業はアメリカでは東部にも西部にも存在するし、世界中の広範な地域にて最新の技術分野で活動している。そして、さらなる企業発展のために、中国に技術を持ち込んで国際競争に打ち勝とうという企業も少なくない。こうしたシリコンバレーに端を発す

写真8―3　清華大学科技園の中の起業家向けシェアードオフィス

　る企業と清華大学は人脈・ネットワークを構築しており、このネットワークが啓迪にとって重要な案件のソーシングルートになっている。
　投資対象ステージは、中国大陸に所在するアーリーステージの企業とされている。言い換えると、清華科技園に入居している企業だけが投資対象ではないが、目利きの部分で清華大学の英知を使えるという強みを活かしているのは前述のとおりである。
　投資対象業種はIT関連企業が中心で、2005年7月時点では、政府注力事業である3G携帯通信とデジタルテレビに注目して案件開拓を行っていた。
　投資実績は、2005年までは自己資金で投資を行い、投資総額は1.8億元。アーリーステージ企業に対して、1社あたり数万元から数百万元くらいの投資を行っているが、投資成功率は高いという。その理由は清華科技園の情報をフルに使って投資判断と投資後のモニタリングを行っているためとの説明であった。
　投資案件のEXITについては、2005年7月時点では株式公開企業を輩出していなかったものの、投資案件の約30％をM&AでEXITできているという。その背景として、ベンチャーキャピタルをはじめとするフィナンシャルインベスターが常に投資案件を探しており売却しやすい環境にあること、および米国、

香港、韓国、日本といった諸外国の事業会社等と構築したネットワークが売却先確保のために機能していることをあげていた。中国の株式市場はまだ未整備な部分が多く[7]、中国国内での株式公開のみをEXITできないという事情はあるものの、専門性の高いノウハウを要するM&Aで上述のEXITを実現できているのは評価できよう。

そして、今後の投資事業計画は次の二つで考えているとの説明があった。第1に、自己資金で清華科技園内のアーリーステージ企業を対象に、3～5年間で3～5億元の投資を行う。第2に、1億ドル規模の投資ファンドを米国中心に募集する。後者の投資対象は、投資家の要請次第だが、エクスパンションステージやレイターステージを投資対象の中心と考えており、自己資金投資がアーリーステージを投資対象としていることとの棲み分けがなされている。

なお、中関村では、海外を含む約30社のベンチャーキャピタルが拠点を構えているとされるが、清華大学関連だけでも、2005年7月時点で、清華科技園の中に啓迪以外に次の3社のベンチャーキャピタルが存在している。第1は、20億元の投資ファンドを持つ清華ベンチャーキャピタルである。第2に、5億元の投資ファンドを持つ紫光ベンチャーキャピタルがある。なお、紫光の投資対象はレイターステージ中心で、投資銀行業務も手掛けている。そして第3には、清華創業投資管理公司が存在する。ファンドの投資総額は2億ドルで環境分野等に投資している。清華創業投資管理公司は2000年11月と比較的早い時期に登録資本金5000万元で設立され、株主は、北京清華科技園発展中心、重慶科技風険投資有限公司、渤海期貨経紀有限公司とされる。この株主構成から、地方の資金がリスクマネーとして中関村のベンチャー企業に流入していることが推測される。

## 3. 海外から帰国した留学生起業家

第2節で見たように、清華大学では、中関村内の他の科技園同様に、サイエンスパークとベンチャーファンドが整備されている。では、海外留学帰国者は、清華大学科技園または中関村の他の科技園でどのように起業し、事業化に挑戦

しているのであろうか。以下では、夏穎奇編『海帰創業中関村』(中国発展出版社、2005年) にて検討されている53社の事例の中から、清華大学卒業生で海外留学帰国者が取り組む5社の事例を検討する。

なお、5社の事例は、海外で独立創業し一定の成功を収め自己資金も蓄えたうえで中国にて起業したケース（芯晟［北京］科技有限公司、北京万工科技有限公司）、海外で独立創業し一定の成功を収めた後に中国で異業種を起業したケース（神州億品科技［北京］有限公司）、海外での経験を活かし中国ではじめて独立創業したケース（北京硅科華星科技有限公司）、中国での最初の創業を失敗した経験を活かし成功を収めたケース（北京空中信使信息技術有限公司）に区分できる。

### 芯晟（北京）科技有限公司

傅登原董事長は1978年に清華大学に入学し、83年に米国アリゾナ大学に留学。85年よりDEC社でCPUの設計に従事した後に、93年にシリコンバレーにてHOTRAIL社を創業。なお、DEC社勤務時に技術力や人脈は形成したものの、独立創業に必要な自己資金を蓄積していなかったため、数人の友人から投資を得て21万ドルを集めた。90年代に入り中国人技術者のシリコンバレーでの活躍が目立ってくるが、傅氏はまさにその最先端で奮闘した人物である。

HOTRAIL社はIBM、DEC、AMCと共同事業を複数立ち上げ、投資家に数億ドルのリターンをもたらし業界での地位を高めていくが、2000年にCONEXANT社の傘下入りし、傅氏はHOTRAIL社株式を譲渡して創業者利益を実現する。その後も技術副総裁としてCONEXANT社に残っていたが、米国で築いた人脈や資金を基礎に、2004年に中関村にて芯晟（北京）科技有限公司を創業する。世界有数の集積回路設計会社を目指して有能な技術者12人を集め、デジタル衛生テレビ、携帯電話、IPテレビといった分野で研究開発を進めている。

また、WOODSIDE FUNDの投資技術顧問を兼任している。シリコンバレーで培った技術力ならびにネットワークを、自社の事業のみならず、投資ファンドの目利き機能にも活用している。

**北京万工科技有限公司**

　CTO の譚年熊博士は66年生まれ。91年に清華大学無線電子系の修士課程修了後にスウェーデンに留学し、博士号を取得。その後 Globespan Virata 社に入社し ADSL チップの開発責任者として活躍。2002年に Globespan Virata 社は株式公開を果たし、譚博士の所有していた株式の時価は数千万ドルになったが、研究ならびに科学技術の応用への興味は尽きず、2002年に清華大学の客員教授に就任。その間に清華大学科技園とコンタクトしたことを契機に、2004年7月に中関村で創業。同年10月に清華創業園に北京万工科技有限公司を設立する。

　なお、創業にあたっては、中関村科技園区管理委員会から10万元の創業資金助成を受けるとともに、清華創業園の入居にあたっては賃料の優遇を受けている。これは、米国で21の特許を持っているといった譚博士の技術開発力が評価された結果であろう。

**神州億品科技（北京）有限公司**

　総裁の李峰博士は68年生まれ。91年に清華大学で修士を取得後、米国マサチューセッツ工科大学に留学。99年に博士号を取得し、同年に Photonify Technologies Inc. を創業する。100万ドルを集めて早期癌発見に資する最新の医療機器を開発する。なお、この医療機器は2004年に米国の FDA 認定を受けている。

　その一方で、2002年に EPIN Technologies Ltd. を設立するが、その後本部を中関村に移転し、神州億品科技（北京）有限公司を設立する。その際に中関村科技園区管理委員会から10万元の創業資金助成を受けている。なお、神州億品科技は李氏の専門分野とは関係のない IT 系企業で、米国で開発した最新技術を中国市場に移転し実用化することを目指している。例えば、2004年に北京市科学委員会が主催する北京オリンピック向け無線ブロードバンド基礎施設研究プロジェクトに採択されているといったように、実績は積み上がってきている。また、清華大学と共同で神州億品媒体信息技術研究所を、また中国伝媒大学と共同で神州億品移動媒体研究中心を設立し、研究開発機能の充実を図っている。

### 北京硅科華星科技有限公司

陸慶成総裁は70年生まれ。94年に清華大学電子工程系を卒業し、2001年に米国スタンフォード大学で修士課程を修了。その後、シリコンバレーのReal-Time Innovations 社で制御ソフトの開発に従事する。そして、米国同様に中国でも中小企業向けの管理ソフト開発は大きなビジネスになると考え、2002年に北京中関村ソフトパークで、組込型管理系ソフト開発会社の北京硅科華星科技有限公司を設立する。

なお、創業にあたっては、中関村科技園区管理委員会から8万元の創業資金助成を受けている。また、2004年時点にて、ベンチャーキャピタルとコンタクトし、事業拡大向けてリスクマネーの調達機会を探っている。

### 北京空中信使信息技術有限公司

董事長の周雲長氏は74年生まれ。97年に清華大学電子工程系を卒業した後に99年に米国スタンフォード大学で修士課程を修了したものの、中国で起業すればビジネスチャンスは多いと考え、博士課程には進まずに帰国。同年11月に友人2人と共に、中関村科技園の支援を得てポータルサイトChinaRenを開設。メインサイトである同窓生をつなぐ「校友録」が人気を得て登録ユーザーは10万人を数え、当時の中国では最大規模のサイトとなる。この点を評価され、2000年1月には1000万ドルの資金を調達。だが、創業後わずか3カ月でもてはやされた報いであろうか。その後経営が破綻し、同年9月には事業売却を余儀なくされた。

しかし、周氏と仲間はくじけなかった。2002年に中関村にて北京空中信使信息技術有限公司を設立。300万ドルの資金調達に成功し、16社と共同プロジェクトを立ち上げ、携帯電話関連をターゲットに、課金システム並びにゲームやWebサイトといったコンテンツを開発。中国移動通信向けに多様なビジネスを展開し、毎月数百万元の売上が計上されるようになる。

そして、2004年7月にナスダック上場を果たし、1億ドルの資金調達に成功する。ちなみに、2004年時点で700人の技術者を擁し、年商4億元、当期利益

1.7億元の企業にまで成長している。

　以上の5事例では帰国した海外留学生の起業事例の一端を垣間見たにすぎないが、各社共にシリコンバレーをはじめとして海外と広く深いネットワークを構築し、その中で事業機会を発掘、そのために必要な資金の調達を行っていることがわかる。したがって、こうしたグローバルな展開を指向するベンチャー起業家に向かい合うインキュベーション機関は、濃密でグローバルなネットワークを構築し、幅広いインキュベートメニューを提供することが求められる。第2節でみた、清華大学の留学人員創業園や啓迪控股份有限公司科技投資中心には、彼らに頼られる、もしくは彼らのグローバルな行動を後押しするようなインキュベーション機能が求められることになる。

## 4．日本の大学への示唆

　以上、日本にてサイエンスパークとベンチャーファンドとを併せ持つ存在のKSPと、中国で同様の存在である清華大学を検討してきた。両者共に独自の発展を遂げているわけだが、日本の大学が産学連携に取り組む際の示唆を考えるにあたり、両社の発展を支えている以下の3点に注目したい。
　第1には、サイエンスパークの運営管理者であるインキュベーション機関の持つネットワークのグローバル化が、中国では顕著な点があげられる。先に述べたとおり、中国では海外留学生が持ち込む海外の技術シーズの事業化を推進していることがこうした特徴を生んでいる。日本でも、ITやバイオのシーズは海外に存在することも少なくなく、中国同様にグローバルなアプローチはたいへん重要である。
　その一方で、モノづくり系のシーズは日本国内に落ちている分野が少なくないため、比較的に日本が強いとされるモノづくり系ベンチャーが事業化を目指す場合は、グローバルなネットワークを用いる必要性は少ないかもしれない。しかし、その場合でも、事業化のヒントはネットワークが広がることで幅広いアイデアが生まれる可能性が高いと考えると、国内のネットワーク拡充に向け

て常にアンテナを張っておく必要がある。

　サイエンスパークという論点で議論すると施設というハードに目が向きがちであるが、サイエンスパークが機能する本質はインキュベート機能の充実というソフトにあり、それはインキュベーション機関のネットワークの厚みに依存することを忘れてはならない。そして、日本の大学がネットワークの充実を目指す際に、日本国内であれば、従前よりネットワーク構築の取り組みを進めてきた公的機関との連携は重要な検討課題の一つとなろう。中小企業基盤整備機構（中小機構）では9大学と共同してインキュベーション施設の運営に関与（2006年11月現在）しているが、こうした全国規模の公的機関と大学との取り組みに、各地方の公的機関が築いたネットワークが重なりあって、日本の大学のネットワークが充実することが期待される。

　第2には、インキュベーション機関のネットワークは資金調達面でもきわめて重要な役割を果たす点があげられる。日本の場合、大半のベンチャーキャピタリストは金融業界出身者であり、事業化のシーズとなる技術評価を自らの見識のみで行うことができない場合が少なくない。したがって、インキュベーション機関は、ベンチャーキャピタルと幅広いネットワークを確保し、ベンチャー企業の特性にあったベンチャーキャピタルを引き合わせることがたいへん重要になる。そして、技術評価に長けたベンチャーキャピタルが少ないのであれば、技術評価ができる投資ファンドの組成に日本の大学が絡むことを検討することも必要であろう。ファンド投資と技術移転ビジネスを事業の二本柱としている清華大学の啓迪の取り組みは参考になる。

　第3に、アーリーステージ企業に投資対象を絞ったファンドが、日本の大学でも存在するのが望ましい。機関投資家が出資するファンドは募集金額が比較的大きくなることもあり、投資金額の比較的大きいレイターステージ中心の投資を中心とするケースが少なくない。このステージに投資するプレーヤーは、民間のベンチャーキャピタルをはじめ相当数が存在している。それゆえ、大学が技術シーズの事業化支援を目的に投資ファンドを組成するのであれば、アーリーステージのみの企業を投資対象とすることで特徴を出せる。そして、清華大学の啓迪のように、株式公開だけではなく、事業会社への売却や、ミドルス

テージを投資ターゲットとするベンチャーファンドへの売却に積極的に取り組むのであれば、小型の投資ファンドであっても投資資金を繰り回せる可能性もある。また、外部資金を調達するのは難しいと考えられるが、中小機構のファンド出資事業を活用することもできる。このように考えると、技術評価力の強さを前面に出したアーリーステージ特化型ファンドを、少額の投資で大学が立ち上げられる可能性は少なくない。

　本章では、サイエンスパークとベンチャーファンドの視点から、日中比較を通して日本の産学連携を考察してきたが、インキュベート推進のためのネットワーク構築およびベンチャー投資事業の両面から、日本の産学連携が一皮向けるためには公的機関との連携がポイントになりうることがおぼろげながら見えてきた。日本の産学連携への取り組みはまだまだ歴史が浅いが、日本の大学に事業化できる技術のシーズが存在し、技術評価能力が存在することは間違いない。大学がサイエンスパークとベンチャーファンドに着目することで産業界と同じ土俵に立ち、今後の日本の産学連携が進展していくことを期待したい。

1) 西口敏宏『中小企業ネットワーク』有斐閣、2003年を参照した。また、日本のサイエンスパークについては、関満博・大野二朗編『サイエンスパークと地域産業』新評論、1999年、を参照されたい。
2) KSPについて記した文献としては、関満博・山田伸顕編『地域振興と産業支援施設』新評論、1997年、久保孝雄・原田誠司・新産業政策研究所編『知識経済とサイエンスパーク』日本評論社、2001年、西口前掲書、志茂武「インキュベータの壮大な実験―神奈川／KSP」（関満博・関幸子編『インキュベータとSOHO』新評論、2005年）などがある。なお、本章作成にあたっては、㈱ケイエスピーの志茂武取締役に面談いただき、上述の文献に記されていない最新情報を提供いただいた。記して感謝申し上げたい。
3) 中小企業基盤整備機構（中小機構）では、民間の投資会社等が設立する投資事業有限責任組合（ファンド）への出資を通じ、ベンチャー企業や新事業展開を目指す企業への資金提供・経営支援を行っている（参照：http://www.smrj.go.jp/venture/fund/index.html）。

4) 以下、遠藤誉『中国がシリコンバレーにつながるとき』日経BP社、2001年、を参照した。なお、1992年に「国務院弁公庁関于在外留学人員有関問題的通知」（訳：海外留学人員に関する国務院弁公室通知）が発布されている（参照：http://www.bjlx.gov.cn/right2.html）。この文書では、留学生帰国を奨励するインセンティブは示されていないものの、留学生の帰国を歓迎すると明記されているため、96年以前にも留学生帰国奨励に関する何らかの試みが始められていた可能性はある。
5) 詳しくは、関満博「北京／ソフト産業の生成」（関満博編『現代中国の民営中小企業』新評論、2006年）を参照されたい。
6) 詳しくは、遠山浩「民営中小企業と金融問題」（関編、前掲書）を参照されたい。
7) 詳しくは、遠山、前掲論文を参照されたい。

# 終章　中国の産学連携と日本

　北京の中関村科技園や清華大学、瀋陽や大連の東北大学や東軟集団を訪ねると、中国の産学連携、大学発ベンチャーの勢いに圧倒されることになる。だが第3章でみた東北大学や東軟集団の歩み、あるいは、本書の補論Ⅰ、補論Ⅱで紹介した東軟集団の劉積仁総裁や東北大学の赫冀成学長の証言からは、中国の産学連携、大学発ベンチャーも順風満帆できたわけではなかったことが理解される。

　おそらく、表面には現れていないたいへんな事態の連続の中から、現在の華々しい成果が上がっているのであろう。特に、東北大学の赫学長の言葉からは、当時の大学と産業間の意識の乖離に対する調整のたいへんさが伝わってくる（補論Ⅱ）。

　それにもかかわらず、明らかに中国の産学連携は一つの壁を突破し、私たちに新たな可能性があることを指し示している。そうした領域に関わっている人びとは「希望」を語り、さらに一歩を踏み出そうとしている。そこに、私たちは共に「未来」を見ていかなくてはならない。

　本書を閉じるこの章では、もう一度、中国の産学連携、大学発ベンチャーを振り返り、私たちは何をしなければならないのかを考えていくことにしたい。

## 1. 中国の産学連携の注目すべき点

　日本と政治社会構造の異なる中国の産学連携を、日本の尺度で評価することは難しい。そのため、中国で実現できていることを日本にそのまま持ち込むことは現実的ではない。特に、国立大学の教員が企業経営者を兼職し、あるいは企業経営後にスムーズに大学の元のポストに戻れるなどは、日本社会の相当の意識変革を必要とするであろう。また、国立大学が企業を生み出し、その後、

株を保有し、大学が相当な額の配当を受け取り、そして、それを独自に研究設備投資や教員の給料に自由に反映させていくなどは、日本ではなかなか受け入れられないのではないかと思う。

　それにも関わらず、私たちが中国の大学の産学連携の向かっているところを注目するのは、日本のこれからのあり方に重要な示唆を与えていると考えるからにほかならない。

　その場合、特に注目すべきは、一つに、大幅に大学の予算を削減する反面、自由度を高め、大学人の自立心を植え付けたこと、二つ目に、大学自らが科技園（サイエンスパーク）、インキュベータ、留学生創業園などを形成し、自らの可能性の幅を拡げてきたこと、三つ目に、産学連携の実践を通じて大学自体の変革を促したことなどが指摘される。そして、これらを通じて、大学に関わる人びとの意識を大きく変革していったのであった。

**変革期には、ショック療法が不可欠**

　現在、大学の役割はかつての教育、研究に加えて明らかに社会貢献が問われている。このような大きな変革の時期において、エスタブリッシュメントは変化に対して非常に警戒的になり、新たな時代の担い手にはなりにくい。彼らは大きな変化を嫌うのである。

　この点、先の章でも指摘したように、企業の研究開発の現場では、コストダウンを５％程度求めるような指示の仕方では、新たなものは何も生まれないというのが常識である。おそらく５％程度のコストダウンでは、関係者は現状の微調整でコトを済ませようとするであろう。材料、部品を安いものに変えていく程度の対応しかしない。研究開発の現場では、劇的に状況を変えるためには「コストを半分にしろ」と言うべきとされている。半分の場合は従来のやり方、考え方では対応できるわけがない。全く新たな仕組みを考えていかなくてはならない。時代の変革期には、このようなあり方が求められる。

　1980年代後半の中国は中央の財政が逼迫しており、理工系大学は「人件費以外の予算はカット」された。事実上、国からの予算は半減されたと言われている。そして、必要であれば「自分で稼ぎだす」ことが認められた。そのために

は、兼職規定を早めに整備し、また、社会福利厚生も大学側が用意し、さらに大学への復職も可能な枠組みを作り上げた。いわば、教員に対してある種のセーフティネットを用意したということであろう。

このあたりから、中国の大学は変わっていく。特に、中国の場合は、当時、企業には研究開発能力が無く、それはむしろ大学にあったという特殊事情から、中国の新たな時代に対応する企業は、むしろ大学から生まれてくることが現実的でもあった。また、大学自身、日本と異なり国家中央の各部（日本の省にあたる）に所属している場合が多く、従来から企業への技術移転の役割を演じてきていたことも、大学が事業に踏み込む背景として無視できない。例えば、第3章で検討した瀋陽の東北大学は国家冶金部の所属であり、冶金部関係の企業の人材育成、冶金部の新製品開発等の担い手として機能していたのであった。このあたりは、象牙の塔として企業から切り離されてきた日本の大学とは相当に事情が違う。

そして、予算を半減された中国の理工系の大学は、必死に新たな可能性を模索し、本書を通じて示したように実に興味深い成果をあげてきたのである。このことは、大学人の意識変革を促し、彼らに「希望」と「勇気」を与えたものとして注目される。

以上のような中国の経験からすると、日本の場合には、国立大学法人への国家からの予算の削減、さらに予算の傾斜配分で不利な立場にある地方の小規模国立大学あたりで、今後、大きな変革が生じてくることが期待される。本書の中でも少しふれた岩手大学あたりが、果敢に産学連携に踏み込んできつつあることが注目されよう[1]。さらに、各県に設置されている5年制の国立工業高等専門学校あたりが、独特な取り組みを進めていくことも期待されるであろう[2]。

**世界の企業が集い、留学生がUターン**

また、この間の産学連携の経験を積み重ねながら、大学がサイエンスパークを自ら作り、インキュベータ、留学生創業園なども用意してきたことも興味深い。これらは、大学発ベンチャーばかりでなく、国内のハイテク型企業の受け皿、新規創業企業の受け皿としても機能し、さらに、外資企業の研究開発セン

ターや海外に出ていた優秀な留学生のUターンの受け皿としても機能してきたのであった。

　経済改革・対外開放以降の中国にとって、軍事技術に傾斜していた科学技術の産業化、外国の先端技術の導入は死活的な問題であり、サイエンスパークといった目に見える近代的な受け皿を用意し、ハイテク産業化へのイメージを鮮明にしたことも興味深い。全国の意欲的な若者はそのようなサイエンスパークに向かい、外資企業も中国の市場と人材を求めて集結してきたのである。北京の清華科技園、瀋陽や大連のNeusoft Parkなどには目も眩むほど世界の有力企業が軒を連ねている。事実、全国の大学のサイエンスパークには世界の有力企業が研究開発センターを設置しているのである。残念ながら、日本ではそのような光景を見ることができない。

　また、90年代の後半の頃から、中国では世界に散った優秀な留学生に対し、多くの優遇を提供しながら、その呼び戻しと事業化の促進を重ねてきた。全国の各都市にそのような留学生のためのインキュベーション施設が用意され、世界の主要都市には、そのための相談窓口も開いている。

　このような取り組みは、世界で先端的な技術を身につけた留学生たちを呼び戻し、自立的なハイテク産業の形成、さらに、国内に残る若者たちにも新たな風をあて、「希望」と「勇気」を与えることを目指しているように見える。Uターン人材の成功は、後に続く若者に重大な影響を与えているのである。世界でもまれてきた若者たちが中国に戻り、事業的に成功していくことは、中国が世界の中で一通りの立場に立っていくための興味深い取り組みの一つと言えそうである。

　以上のような点を日本の現状と引き比べると、日本はどうなるのかと考え込まざるをえない。日本の中には、世界の有力企業の研究開発センターが軒を連ねている場所などなく、また、世界でもまれてきた留学生を積極的に受け入れ、事業化を促していくような仕組みもない。日本の現在の持ち駒だけで、これから先もやっていくというのであろうか。さらに、成熟感の蔓延している日本では若者は「希望」を抱くことが難しく、これから先、私たちだけでダイナミックな展開をしていくようには思えない。日本の現状は実に閉塞的な、日本人だ

けによる狭い世界を形成しているように見える。世界の企業が、世界の若者が注目する環境を、日本自身も形成していくことに努力を重ねていくべきではないかと思う。

　「希望」と「勇気」と「自信」
　以上のような点に加え、三つ目の「産学連携の実践を通じて大学自体の変革を促したこと」が最も重要ではないか。東北大学の赫学長が指摘するように、時代に合わせて大学も変わっていかなくてはならないのである。
　80年代末からの中国の大学改革の先頭に立っていた有力大学では、明らかに産学連携の成果をあげ、資金的にも自立し、大きな自信を身に着けてきたように見える。関係するいずれの方にお会いしても、確信を抱いて次のステップに踏み込もうとしていた。おそらく、この事がこれまでの中国の産学連携の取り組みの最大の成果ではないかと思う。
　この点は、この十数年の瀋陽の東北大学の取り組みが示唆的である。元々、国家冶金部所属の大学であった東北大学は、金属系を中心とする理工系の大学であったのだが、世界の潮流として金属系では将来をそれほど期待できないとして、80年代後半には新たな領域を「情報系」と見定め、見事に東軟集団という中国を代表するソフトウェア企業を成功させ、大学にも重大な影響を与えてきた。さらに、現在では次の可能性をバイオテクノロジーと見通し、オランダのフィリップス、アイントフォーヘン大学とのジョイントで、新たな東北大学中荷生物医学情報工程学院を設立しているのである。
　従来の領域に留まることなく、自立的に新たな学問領域に乗り込み可能性の幅を拡げていったということであろう。さらに、産学連携による資金力の強化を背景に、研究施設の充実、高給での優秀な研究者の世界からの採用などを通じて、世界のトップレベルの大学になることを目標に掲げている。事実、この十数年の中国の大学を見続けてきた目からすると、この間の充実ぶりは著しく、世界の研究者、若者の関心を惹きつけつつあることが痛感される。
　世界の視線を集め、世界の優れた研究者、若者たちが向かう環境が中国の大学に形成されつつあることを、日本の関係者は冷静に見ていく必要があるので

はないかと思う。世界の優れた才能が集う大学、それに向けて中国の大学は邁進しているように見える。

そして、以上のような流れの最大の注目点は、十数年の試行錯誤を重ねることにより、明らかに成果が上がり、関係する人びとに「自信」と「勇気」を与えたことではないかと思う。ただ、それを発展途上のキャッチアップと見るべきか、あるいは、キャッチアップを乗り越え、これからも高みに向けて突き進むエネルギーと見るかで見方は別れようが、中国の大学の向かおうとしているところは、硬直化している日本の大学が自分を振り返る際の「鏡」とすべきことは言うまでもない。成熟化と硬直化により「希望」も「勇気」も失っている日本の大学は、彼らから新しいエネルギーを受け取っていかなくてはならないように思う。

## 2. 今後の課題と日本が考えるべきこと

以上のように、この数年の中国の産学連携の成果と大学の充実ぶりを眺めると、日本が学ぶべきことは少なくない。ただし、このダイナミックな変貌を遂げている中国の大学、産学連携にもいくつかの問題が横たわっている。通常、よく指摘される点は、以下の二つであろう。

一つ目は、全体的な傾向としてビジネスに目が向き、大学が本来担うべき基礎研究が疎かになっていくのではないかという点であり、また、ビジネスに向く部分とそうでない部分との乖離が大きくなり、問題が生じるのではないか、という点である。そして、二つ目は、中国の現状は途上国のキャッチアップの段階であり、次の「自前」のスタイルが必要になってくる段階で大きな問題を発生させるのではないかという指摘であろう。

### 基礎研究はどうなるのか

以上のような指摘は、常に気になるところであろう。大学の研究領域によっては、ビジネスに向くものと、そうではないものとが併存している。現状ではビジネスに向く部門に光があてられ、地味な基礎研究の部門には優秀な人材が

寄りつきにくいものになっているように見える。

　基礎研究に従事していた研究者が急にMBAやMOTなどを取得し、ビジネスに転じていくなども見られないことでない。中国のダイナミックな展開の中にいる限り、多くの研究者はビジネスに目を奪われていくのではないかと思う。こうした流れは、常識的に見て必ずしも好ましいものとは思えない。あるいは時代的なものかもしれない。

　この点は、大学自身が自制していく必要があるのではないかと思う。日本の経験からしても、基礎研究に携わる研究者の性向は、一通りの生活ができれば、あとは自由に研究することを求めるというものであろう。経済的な条件が悪く、研究条件が劣悪であれば、経済的なメリットの見えにくい基礎研究に向かう人は少なくなるであろう。そのあたりを考慮し、長期的に見れば大学の評価は基礎研究の厚みであることを振り返り、ビジネスによって得られた資金のかなりの部分を、長期的な視野から基礎研究に振り向けていくことが必要であろう。

　経済的に困らず、自由に研究できる環境が形成されているならば、基礎研究を目指す研究者が集まり、事態はさらに高い方向に向かっていくことになる。ごく最近までは、中国の大学は経済的な余力がなく、研究施設も十分なものではなかった。だが、この十数年の産学連携の成功により、事態は大きく変わってきている。また、産学連携のスタイルとその枠組みの整理も進んできている。

　この種の問題は余力が出てくれば、全体の合意は得やすいであろう。中国の有力大学のいくつかは、すでにそのような段階に来ているのではないかと思う。

**キャッチアップの次の課題**

　第2の「キャッチアップの段階から次の『自前』のスタイルが必要になってくる時、問題が生じないのか」という点に関しても、今後に残された課題は少なくないように思う。

　ごく最近までの中国の大学の特色の一つは、研究よりも教育に重点が置かれていた。中国の大学教育は非常に厳しく、基本的には全寮制の中で学生は常に模範回答を求められられていた。それは、キャッチアップ時代の特色だと思うが、模範的な「問題解決能力」の形成が求められていたということであろう。決し

て、未曾有の新たな事態に対しての「問題発見能力」が求められていたわけではなかった。基礎的な『テキスト』の反復学習が課せられていたのである。

　また、大学の教員に関しては、社会科学の場合などは個人研究室もなく、与えられた宿舎も狭隘なものであり、研究能力を高めていく環境は用意されていなかった。要は「教育」が主眼とされ、研究はあまり期待されていなかった。ここでも、先の学生と同様に「問題発見能力」はあまり問題にされていなかった。これらは、途上国であったという事情により、形成されてきた基本的な特徴ではないかと思う。

　ただし、改革・開放から四半世紀を過ぎ、事情はかなり変わってきたように見える。最大の変化は中国が急激に豊かになってきたということに関連する。さらに、この四半世紀の間に優秀な若者が海外に渡り、先進国の環境で教育を受け、さらに、研究者としての経験を積む機会を得てきた。

　実際、中国の有力な大学を訪れると、欧米、日本で学位を取得した若い研究者が大量にいることに驚く。上海交通大学などでは、海外での学位取得の若い教員は500人にものぼるとされている。彼らの研究能力は高く、また、多くは従来型の中国の教育、研究のあり方に大きな疑問を抱いており、これからの中国の大学のあり方に重大な影響を与えていくことが期待される。

　このような先進国で鍛えられた研究者が中国の大学に戻り、資金的に豊かになっていくとすれば、今後に期待できる点は少なくない。次第に中国の大学も先進国型の教育と研究を身に着けていくことになろう。そして、中国が魅力的なものになり、研究環境も整っていくならば、世界の優秀な頭脳が集まっていくことも期待される。そのような時期はそれほど遠くない段階で訪れるのではないかと思う。

　中国の有力大学はこの十数年の間に、独特な産学連携により経済的な基盤を固めたところが少なくない。そして、経済がキャッチアップの段階から次に向かう時、その経済的基盤を背景に研究環境の整備が行われ、魅力的なものに変わっていくのであろう。

　隣国の中国の大学は刻々と充実し、興味深い産学連携を繰り広げている。日

本ではそのスピードに不安を感じている向きも少なくないが、むしろ、共に発展できるあり方を模索していくべき時期ではないかと思う。この点、私（関）の「日中の違いを言えば、日本は荷物が重くて変化が遅い。中国はまずやってみて、その経験から学ぶから変化も速い」という言葉に、東北大学の赫学長が興味深いコメントを寄せている。

　「日本は変化の遅い分、失敗はしにくいかもしれないけれど。」「中国の改革は農村の改革、経済の改革と来て、教育の改革の段階に入りました。この教育改革は世界のモデルになるかもしれません。20年後までに改革に成功すれば各国にも影響を与えるでしょう」（補論Ⅱ）。

　産学連携を通じて意識改革を進め、見事な成果をあげてきた中国の大学は、その成果を踏まえ、20年後を見据えて興味深い歩みを重ねているのである。私たちもその成果に拍手を贈り、次の20年に向けての歩みを考え、一歩踏み込んだ取り組みを重ねていかなくてはならないのである。


1) 岩手大学をめぐる産学連携の状況は、宇部眞一「産学連携の模索——岩手大学地域共同センター」（関満博・三谷陽造編『地域産業支援施設の新時代』新評論、2001年、第8章）を参照されたい。
2) 日本の大学の産学連携が低調な現状では、むしろ、各県に設置されている国立工業高等専門学校の役割が期待されつつある。こうした動きの背景と現状については、松江工業高等専門学校現代GP出版委員会編『地域産業論』山陰中央新報社、2006年、を参照されたい。

## 補論Ⅰ 東軟集団総裁／劉積仁氏の証言

瀋陽 Neusoft Park 会議室
2006年8月28日（月）9：30〜10：30

● **関満博** 私が初めて東北大学に訪れたのは1992年、それ以来、東北大学を訪れるのはこれで5回目です。以前、劉さんをお見かけしたことはあるのですが、きちんとお話させていただくのはこれが初めてです。それと、2000年に訪れた時はこちらの Neusoft Park も拝見しました。また、大連のソフトウェアパークには、5回位はお邪魔しています。

● **劉積仁東軟集団 CEO（以下、劉 CEO）** そうですか。ようこそいらっしゃいました。

### 砂漠にオアシスを作る

● **関** 私たちは今回、中国の産学連携について調査しています。日本の産学連携はあまりうまくいっていませんが、中国の産学連携は非常に進んでいると感じています。その中でも、本命は東軟集団と東北大学の関係だと考えています。そこで質問なのですが、なぜ劉積仁さんは東軟集団（Neusoft）を作ったのですか。

● **劉 CEO** 私はもともと東北大学の教員で、産学連携にも興味がありました。産学連携に取り組んだ当初のスローガンも、「大学と企業の架橋を作ろう」というものでした。しかし、当初は考えた通りには進みませんでした。大学の技術を市場化するノウハウがなかったですし、人材も教員が200人程度と限られていました。政策や規制の問題もありました。チャンスは多いと感じていたのですが、受け皿がなかったのです。そこで、インキュベートするための受け皿として、Neusoft を作りました。

Neusoft を瀋陽で作ったとき、ほとんどの人が瀋陽をソフトウェア企業にとって適地だとは思っていませんでした。瀋陽は鉄鋼業のイメージが強く、ソフトウェア産業であれば上海や北京、深圳というイメージでした。周りの人は「砂漠にオアシスを作るようなものだ」と言ったものです。

### 東北大学と共同で研究開発センターを設置
　●劉CEO　それでも瀋陽の地で Neusoft が発展することができたのは、東北大学の支援があったからです。人材や技術面での支援以上に、チャレンジできる自信を与えてくれたのです。その後、東北大学と Neusoft の共同で国家の研究開発のセンターを設立しました。中国の大学ランキングの重要な要素として「研究力」という項目があります。これは主に、国家の研究プロジェクトに携わっているかどうかで評価されます。その点、東北大学と Neusoft の共同で「ソフトウェア開発センター」と「医療用ソフトウェア開発センター」の二つの国家級プロジェクトを推進しているということは大きな意味があります。
　医療用ソフトウェアの分野については、96年に医療用画像処理を実用化しました。96年の時点で6年間の研究蓄積があり、その後、中国全土の3000以上の病院に医療用機器を納入しています。現在では日立や東芝、GE、シーメンス、フィリップスなどの企業と競争できるだけの力を身に付けました。
　情報システム管理の分野については、96年に東北大学から Neusoft に開発が移管されました。その後、ネットワーク・セキュリティ関連技術の開発も行い、現在では社会保険のシステムについて、中国全土で50％以上のシェアを占めています。
　東北大学と Neusoft の関係で言えば、Neusoft は東北大学の研究センターと言えます。200人以上の東北大学の大学院生（修士課程と博士課程）が、Neusoft 内で研究を行っています。

### 産学連携の新しい形
　●劉CEO　2000年には東北大学の赫学長と相談して、ハイレベルな研究人材は東北大学との連携を活用するとともに、即戦力となる人材を育成するために

共同で東軟情報学院を設立することにしました。これは、東北大学とNeusoftの連携をより一層高めることになりました。東軟情報学院は3校(大連、南海、成都)で2万人以上の学生を育てています。これは、中国でも珍しい本格的な産学連携と言えるでしょう。東北大学とNeusoftの関係はダイナミックな連携で、Neusoftは東北大学の一部であり、東北大学はNeusoftの一部なのです。実際に、東北大学の教員がNeusoftという企業の幹部であり、Neusoftの社員が東北大学の学生でもあるのです。

　産学連携の新しい形として、フィリップスとオランダの大学(アイントフォーヘン工科大学、Eindhoven University of Technology)、東北大学、Neusoftの4者の共同で生物科学の研究機関を設立しました。東北大学との産学連携については、これまでの15年間は成功したと言えます。さらに、これから20年、30年も重要です。なぜならば、東軟集団が現在の1万人規模から5〜6万人規模になるためには、リソース不足を解消しなければならないからです。リソースについて言えば、大学での基礎研究も、企業での実用化も、両者の人材が不足しています。つまり、全てのリソースが足りていないので、社会の発展のためには東北大学とNeusoftの連携がもっと必要になるのです。

### 東北の窓口の大連に進出

　●**関**　ありがとうございます。ところで失礼ですけれど、劉さんは何年生まれですか。それと、ご自身の10年後をどのように見られていますか。

　●**劉CEO**　私は1955年生まれです。今年、51歳です。10年後については、中国では「人は土から生まれて土に還る」という言い方があります。私はもともと教授でしたから、10年後は教授に戻りたいと思います。そもそも、私は起業家になりたかったわけではなく、大学の人間として起業することが必要だったのです。大学は創造力のある人材を育て、知識で社会に貢献する使命があるからです。そのために当時は会社を作ることが必要でした。

　●**関**　ところで、東軟情報学院は、なぜ瀋陽ではなく大連に設立したのでしょうか。

　●**劉CEO**　東軟情報学院の進出以前は、大連のソフトウェア産業の規模は小

さく、人材もいませんでした。しかし、大連市長や副市長がソフトウェア産業を育成したいという意思を持って、積極的に誘致活動をしていました。その頃の中国は「製造業の基地」という位置づけで、サービス分野やソフトウェア産業の発展はこれからという印象でした。それでも、サービス分野やソフトウェア産業については、日本に近いので日本のノウハウを利用できるという判断もありました。日本から毎日フライトがあるのは東北地方では大連だけでしたので、大連に進出する魅力があったと言えます。もっとも、大連には国際化された人材が不足していましたので、人材育成のための教育機関として東軟情報学院を大連に設立することから始めました。

### 中国の若者が創造力を発揮できる環境を作る

●劉CEO　5年前に立てたこの戦略は成功したと言えるでしょう。大連では現在、東軟情報学院は多くの人から必要とされています。東軟情報学院は、外部環境の変化を受け入れやすいように考えて作っています。教育というものは、新しいものを取り入れる必要がある一方で、蓄積も必要です。その意味で、誰にでもできるわけではありません。このことについては、私は教育者としてもよく考えました。私自身は中国の大学の中で何万人ものリストを飛び越えて、就任当時最年少の教授になったわけで、そもそも教育者なのです。

　東軟情報学院の計画を立てる段階では、世界中の大学を回って影響を受けました。特に、アメリカに訪れた時、中国の若者たちが良い環境で創造力を発揮していました。私は中国でも同じ様に若者たちが創造力を発揮できる環境を作ろうと強く思いました。そして、どこかの大学をモデルにするのではなく、現在の大学にとって必要なアイディアを盛り込んだ全く新しいタイプの大学を作ったのです。中国の中にも伝統ある大学はたくさんありますから、そうした大学と直接競争するには時間がかかります。だからこそ新しいタイプの大学を作ったのですが、それを社会がどう見るかは社会次第と言えるでしょう。

●関　東軟情報学院について、大連以外の南海や成都への進出の理由についても、お聞かせ願えますか。

●劉CEO　中国は国土が広いので、東西南北に拠点を置くことを考えていま

す。北は瀋陽と大連、南は広州、南海です。南海は今年、初めての卒業生を出しましたが、就職率は非常に高いと言えます。中国では卒業後に就職活動をすることが一般的ですが、南海の東軟情報学院では卒業前に就職の内定がもらえる例が多く見られます。また、西は成都、東は南京で2年後にソフトウェア開発基地を作る予定です。

日中間の新たな可能性を求めて

●関　日本に、東軟情報学院を作る計画はありませんか。

●劉CEO　3年前に日本で東軟情報学院を作る計画はありましたが、今は具体的にはありません。ただ、「政冷経熱」と言われていますが、中日間は実際に経済関係は毎年40％の伸びを示しています。そこで、中日関係を経済と教育の面から良好にしていきたいと思っています。Neusoftの人間が日本の企業や大学に行き、日本人がNeusoftや東軟情報学院に行くというように、相互の交流が深まれば良いと考えています。

●関　お忙しい中、どうもありがとうございました。

●劉CEO　こちらこそありがとうございました。ぜひ先生の研究に生かしてもらえれば嬉しいと思っています。

## 補論Ⅱ　東北大学長／赫冀成氏の証言

瀋陽／東北大学
2006年8月28日（月）10:50〜12:50

●**赫冀成東北大学長（以下、赫学長）**　久しぶりですね。関先生に最初にお目にかかったのは1992年ですかね。

●**関満博**　そうですね。その頃は、赫先生はまだ副学長でした。

●**赫学長**　私が学長になったのは1995年ですから、1992年の時は副学長でした。

●**関**　ということは、学長になってから11年ですか。中国で10年以上も学長を務めているというのは珍しいですね。
　ちなみに赫学長は何年生まれですか。

●**赫学長**　1943年生まれです。

●**関**　副学長になられたのは何年ですか。

●**赫学長**　1991年ですね。ちょうど東軟集団がスタートした年です。

●**関**　副学長は何人かおられるようですが、赫先生は産学連携担当だったのですか。

●**赫学長**　当時は教育担当の副学長でした。

●**関**　そうでしたか。ところで私たちは今回、中国の産学連携について調査研究を進めています。日本の産学連携はなかなかうまくいっていませんが、中国の産学連携は非常に進んでいると感じています。その中でも本命は東北大学と東軟集団（Neusoft）の関係だと考えています。そこで、東北大学の産学連携について教えていただきたいのです。

**産学連携と社会貢献**

●**赫学長** 昨日（2006年8月27日［日］）、北京市長がNeusoftを見学に来られました。北京市長はもともと北京の中関村の管理責任者で、Neusoftにも強い関心を持っていました。その彼が、東北大学とNeusoftの産学連携は中国でもトップクラスだと言ってくれましたね。ただし、北京市ならもっとお金を出すとも言っていました。遼寧省は、政策は良いけれどもお金がありません。

中国では世界一流の大学を育成するため、研究型の大学に力を入れています。国家級のプロジェクトを立案して、重点的に資金を投入しています。211プロジェクトは21世紀に向けたプロジェクトとして1996年から開始され、100プロジェクトが推進されています。5年間単位なので、2007年から第3期目に入るところです。また、985プロジェクトは研究型の大学の中でも特に高レベルな大学に対するもので、やはり2007年から第3期に入る予定となっています。第1期は34校、第2期は38校と全国でも限られた一部の大学しか指定されていませんが、東北大学はその中の1校です。

大学にとって、研究レベルを高めることは非常に重要です。985プロジェクトに選ばれた大学の学長同士でも話し合いをしていますが、産学連携によって研究レベルを高めることが、世界一流の大学になるためにも必要なのです。この産学連携について言えば、東北大学は非常に早くから取り組みました。88年から産学連携を大学内で検討し、91年から産学連携をスタートさせました。88年当時は東北工学院という名称でした。その頃、中国の発展のために人材育成以外で何ができるか、人材育成以外の研究面でどのように社会の発展に貢献するか、ということを考えました。

中国の大学は、文化大革命の時代までは人材育成と教育のみを行っていました。しかし、鄧小平氏の改革以後は、人材育成と教育だけでなく、研究面にも力を入れるようになりました。その次のステップとして、社会に貢献するためにはどうすればよいのか、ということを考え始めた頃でした。この3番目の役割は、大学の人材と研究成果を活用することで社会に貢献するということです。

## 1980年代末から90年代初めの状況

●関　1980年代の末頃の東北大学の状況は、どのようなものでしたか。

●赫学長　80年代、90年代というのは、中国の産業界にも様々な問題がありました。当時は高レベルの産業を育成する余裕が産業界になく、大学が高レベルの産業を育成しないといけませんでした。

Neusoftの発展には国のサポートも重要でした。なぜならば、国の重要産業としてソフトウェア産業が指定されたからです。東北大学は冶金で有名でしたが、大学には資金がないので大規模な投資が必要な産業は無理でした。冶金工場を作るお金はありませんでしたが、ソフトウェアならばそれほど投資は必要ありません。知恵を生かすことができ、将来性もあるということで、ソフトウェア産業は大学の発展のために向いていました。また、劉積仁さんがいたことも大きいです。彼は企業を作る意思がありましたから。

それと、日本のアルパインとの合弁というチャンスがありました。でも、大学からハイテク産業を興すノウハウはありませんでした。大学には教育や研究に関する規定はあっても、企業化の規定はなかったのです。若い研究者が出世するためには、論文数などの規定がありましたが、それをどうするかという問題がありました。そうでないと、企業の仕事をしている研究者が、教授になれなくなってしまうからです。また、大学が企業を作ることにも反対がありました。これは理念の問題です。教授が社長になるのは良くない、それは「逼良為娼」（良家の子女を娼婦にする）のようなものだと批判されました。

## 1996〜71年の状況＝発展の第2段階

●関　私は96年の秋にも東北大学で赫学長にお目にかかっていますが、当時はそのようなご苦労をされていたのですね。

●赫学長　第2段階は1990年代半ば、96年頃のことです。東大アルパインの上場は96年ですが、96年から97年にかけて大学内で様々な議論があり、一番難しい時期でした。東大アルパインの株式の上場後、社員の持株が高騰しました。ソフトウェアパーク内では大学院生みたいな若い社員が大きな別荘を持つ一方で、大学の教員の住宅状況は良くありませんでした。私は当時すでに学長でし

たが、小さな家に住んでいました。そんな中、ある先生の家の玄関に掲げられた旧正月の飾りには、「アルパインのせいで一部の者が豊かになって、多くの者は貧しくなった」と書かれるほどでした。

つまり、産業の文化と大学の文化のズレが大きくなったのです。言い換えれば、企業の利益と社会の価値をどうするかという問題が生じたのです。企業の利益からすれば、社員の待遇も企業への貢献に合わせて評価するということになりますが、社会の価値としては、平等に評価すべきということでした。Neusoftの社員への当時の批判としては、「良い車を乗り回している」とか「授業をやらなくてずるい」といったものがありました。

### 大学が企業を生み、羽ばたかせる

●関　そのような状況の中で、ソフトウェア・パークの計画を始められたのですか。

●赫学長　そんな中、劉積仁さんはソフトウェア・パークを作る計画を立てました。大学の文化と産業の文化は、結合できても融合はできないと考えた結果でした。ちなみに「中国大学科技園」という30回シリーズのテレビ番組があり、その第1回目が「東北春暁」といって東北大学を取りあげたものでした。中国の大学の科技園は東北大学から始まり、大学が企業を生み、社会へとはばたかせるという内容です。いつまでも企業を大学で育てるのではなく、優秀な経営者を見つけることが重要なのです。大学発の企業で失敗する例は、教授がいつまでも経営者であり続ける場合です。大学は企業を運営することではなく、企業をたくさん生むことが重要なのです。大学が企業を生み、社会が企業を育てるのであり、大学は企業を社会に出すことが役割なのです。

東軟集団は1996年に東大アルパインを上場させ、97年からソフトウェア・パークの計画をスタートさせました。上場するまで東北大学と東大アルパインの資本関係はぐちゃぐちゃでしたが、上場を期に整理して、東北大学は東軟集団の株式の23％を所有することになりました。東軟集団の純資産は約24億元（約360億円）で、東北大学の持分は5億元（約75億円）です。

### 東軟情報学院

●関　私は大連、南海の東軟情報学院を訪れていますが、素晴らしいものですね。冶金専門の大学が情報部門に進出するなど、ご苦労があったのではないですか。

●赫学長　東北大学と東軟集団の成果としては、大学の再編にも影響しています。大学の先生は最新のIT技術についていけません。最新のIT技術は市場で生まれるので、大学の先生は質も量も不足しています。

そこで、一つの動きとして東軟情報学院があります。大連、南海、成都の3校がありますが、これは東大アルパインの上場益を利用して作られました。非常に実践的な内容なので、学生は最新のIT技術を身に付けることができ、就職先も見つかり、創業の実力もつきます。また、先生も最新のIT技術が身に付くというメリットがあります。

またフィリップスとの合弁事業もあります。これは、東軟集団だけでなく、東北大学が背後にあるので信用されて合弁に至りました。フィリップスと東軟集団が1000万元（約1億5000万円）ずつ出資し、アイントフォーヘン工科大学（Eindhoven University of Technology）も加わって4者の合弁事業となっています。生物医学の分野で、CTスキャンやMRIなどの医療用機器のソフトウェア技術の開発を行っています。2005年に東北大学の敷地内に作られ、学部生と大学院生を1：1の研究型の機関にする計画で、5年後には1000人規模にする予定です。既に国家から第一級の博士指導の資格を得ています。

東北大学はもともと冶金専門でしたが、現在では世界的に斜陽な分野です。しかし、2004年の分野別の評価では、自動制御では東北大学は全国第1位でした。ちなみにこの分野では清華大学が3位でした。また、コンピュータ分野でも東北大学は7位でした。この結果、東北大学は現在では情報科学専門として有名になっています。さらに、これからは生命科学でも有名な大学になりたいと思っています。この分野も、もともとは情報科学の分野から参入したわけですが、将来的な可能性が拡がりました。

**東北大学の未来構想**
- 関　国際的な提携はいかがですか。
- 赫学長　日本で言えば名古屋大学や東北大学との提携はあるけれど、人のつながりによる一般的な交流です。一応、名古屋大学とは日本の文部科学省のCOEプロジェクトの共同研究もしています。
- 関　それにしても建物がずいぶんと綺麗になりましたね。前に来た時は全然こんな感じじゃなかったですよ。
- 赫学長　2003年の創立80周年記念のために、2001年から一気に改築・新築しましたから。それと、来年にも東北大学と瀋陽の医学、薬学、農学の四大学が合併して新しい東北大学を作る予定で交渉中です。
- 関　ちなみに現在の学生数はどれ位ですか。
- 赫学長　学部生が１万7000人、大学院生が8000人、他に独立の学院や社会人教育、遠隔教育を合わせると全部で４万人から５万人位だと思います。また、教職員の数は約4300人、教員の数は約2000人です。
- 関　東北大学のこれからの発展はどうでしょうか。
- 赫学長　東北大学の発展の基礎は、借金がないことが大きいです。中国の大学の発展は銀行借入に頼る部分が大きいですから。また、先生の給料が良いので優秀な人材が集まります。先生の給料は国家から支給される額よりも、東北大学から支給される額の方がずっと多いのです。さらに、東軟集団の株式の持分である５億元の一部を利用して、現在の敷地（170ha）の３倍の土地（約500ha）を購入してあります。ちなみにこの土地の価格も上昇して東北大学の資産が増えています。
- 関　それは東北大学の隣の土地ですか。
- 赫学長　ここから車で15分位の所で、空港から来る途中の土地です。ここにビジネス系の学院や第二サイエンスパークを作る計画です。第二サイエンスパークには東軟以外の大学発企業を入れる予定です。

**産学連携の発展方向**
- 関　産学連携についてのこれからの発展の方向性はいかがですか。

●赫学長　産学連携はこれからも重要です。大学の知識をもっと開放しないといけません。そうすれば、もっとハイテク産業が発展する可能性があります。この10年はみんながバラバラにこうした取り組みをしましたが、もっと力を集中する必要があります。そのためには、これまでの成功体験をまとめる必要があるでしょう。

●関　他の大学から東北大学への視察も来ますか。

●赫学長　もちろん多くの大学から視察が来ます。上海の復旦大学や武漢科技大学などから視察が来ました。しかし、彼らには意識改革が必要です。これまでの考え方ではダメで、新しいことをやるには新しい発想でないと。

●関　日中の違いを言えば、日本は荷物が重くて変化が遅い。中国はまずやってみて、その経験から学ぶから変化も早い。

●赫学長　日本は変化が遅い分、失敗はしにくいかもしれないけれど。
中国の改革は農村の改革、経済の改革と来て、教育の改革の段階に入りました。この教育改革は世界のモデルになるかもしれません。20年後までに改革に成功すれば、各国にも影響を与えることができるでしょう。

●関　素晴らしいですね。ところで、なぜ中国の他の大学では東北大学ほど成功していないのでしょうか。

●赫学長　我々もいっぱい失敗している面もあるけれど、失敗もデータとして必要です。東北大学は東軟集団と事業を進めながらよく分析して、常に軌道修正しています。それと、最初の目的が金儲けばかりだと失敗します。社会貢献も考えないと。大学の先生は起業の経験がないので、そうした経験をどうするかという問題もあります。また、市場がめちゃめちゃに混乱した時代でしたので、東軟は早めに上場したことで株主の厳しいチェックが働いたことが、結果として上手く行ったのではないでしょうか。もちろん、劉積仁さんの能力もあります。

●関　劉積仁さんは、東北大学ではどれ位の期間教えていたのですか。

●赫学長　劉積仁さんは教授になってすぐに東軟集団を作ったので、実際には教授として学生をあまり教えた経験はありません。

### 大学の使命と予算

●**赫学長** 大学というものは、もともとイギリスで始まったもので、社会貢献を考える場所でした。ところが、第二次大戦の前後から研究中心になった。そこで、また社会への貢献を考えないといけない時期がきています。知識経済の中で何を生み出せるのかが問われています。この点、情報分野なら貢献できる。なぜならば、昔の基礎研究は成果が出るまで何十年もかかったけれど、現在の情報技術は半年とかでも成果が出ますから。

国民のお金で運営されている以上、大学には使命があります。大学の使命として、以前は人材育成だけでよかった。しかし、現在では社会貢献しないと。ちなみに国家からの予算は、企業からの収入とは関係なく配分されます。国家からの資金は目的が決まっていますが、企業からの資金は大学で自由に使えるので、国家からの金を先に使って自由な金を残します。

●**関** 東軟集団からの配当はどれ位ですか。

●**赫学長** 2005年から、毎年2000万元（約3億円）ずつ大学に入ります。最初の10年間は全く配当がありませんでした。この2000万元あれば、大学は色々なことができます。

大学の予算は、国家からが3分の2で、学生の授業料や企業からの資金が3分の1位ですね。企業からの収入は優れた先生を集めるのに使います。国家の規定通りだと給料が安くて良い人材が来ません。国家からの給料は月1500元（約2万2000円）ですが、東北大学で1級の先生は大学からプラス6000元（約9万円）支払われます。先生にも2級、3級とランクがありますが、とにかく大学が稼がないといけません。

中国の大学の先生の仕事選びは、「給料」と「研究環境」「立地」ですね。立地については北京、上海、広州に行きたがります。こうした地域は枠の関係で大学に入りやすいですから。こうした問題は、大学間の競争であると同時に地域間の競争でもあるのです。

### 大学発展と資産管理

●**関** 第二サイエンスパークに東軟以外の大学発企業を入れるというお話が

ありましたが、こうした企業は何社位ありますか。

●**赫学長**　今現在残っているのは30社位ですね。これらの企業の資産管理会社が大学内に置かれています。それ以外のほとんどの企業は大学から巣立っていきました。これらの企業への出資は技術出資で行い、その比率も30％までにしています。実際には20％位の事が多いです。現金出資はせず、企業がどうしても資金を必要とする場合は、大学が企業に貸し付ける形にして、できるだけ早く回収します。

●**関**　資産管理会社というのはどんな役割をしているのですか。

●**赫学長**　資産管理会社の主な役割は企業の利益の分配です。個人、学部、大学で利益を分配しますが、特に決められたルールはありません。ただし、できるだけ個人に利益を多く配分するようにしています。それは、安心して次の成果を出すために必要ですから。

これは理論ではなく実践です。理論的に言えばみんなが利益の分配を受ける権利があるかもしれませんが、貢献に従って分配しなければいけません。利益の分配以外に、資産管理会社には企業の成果の評価という役割もあります。

**推進するための迫力が必要**

●**関**　今後もこういうやり方を続けていくつもりですか。

●**赫学長**　未来を見て、新しいやり方を作るつもりです。そのためには、若い人が戦わないといけません。「絶対にこうやる」という決意が必要です。私もこれまで戦ってきました。正しいことのためには戦わなければいけません。推進するための迫力が必要です。

また、大学と企業というのは一般的には関係は良くないものです。しかし、私と劉さんは最初から、お互いの共通点を見つけて争いを避けることで協力してきました。もちろん、株価が下がると大学の所有している株の価値も下がるので大変です。大学の資産が毎日上下するわけですから。大学の先生の中には、「東軟集団の株価が下がると気分が悪くなる」という人もいる位です。でも、東北大学は東軟集団の経営にいちいち口出ししません。

東軟集団の影響は東北大学にとって利益になっています。東軟集団のおかげ

で東北大学の研究も発展していますし、起業する雰囲気もできてきました。最初は「劉さんだから起業に成功した」と考えて、みんなはあまり起業に積極的ではありませんでしたが、現在ではみんなが「起業してみよう」という雰囲気になっています。

東軟集団の影響は東北大学だけでなく遼寧省全体にも及んでいます。現在ではコンピュータ産業は遼寧省の支柱産業の一つですが、東軟集団があったからこそ遼寧省でこれだけコンピュータ産業が発展したのです。

**学長の仕事は実現させること**

●**赫学長** 東軟集団は周りに影響を与えているだけでなく、成長に従って東軟集団自体の管理のレベルも上がっています。組織の管理レベルを測るものとしてCMMIがありますが、東大アルパインは2002年にCMMIの最高レベルのレベル5を取得しています。

このような発展には劉積仁さんの先進性があります。今からITをやっても遅いでしょう。また、この15年間に中国のIT企業で倒産した会社もたくさんあります。その中で、東軟集団が発展したのは劉積仁さんのおかげです。

それぞれの人に、それぞれの役割があります。大学の学長は理論家ではなく、管理者でなければなりません。以前、テレビ局の人びとが、「東北大学の学長の理念が優れている」と聞いて取材にやってきました。そこで、「一番苦しいことは、学長が正しいと思う理念をみんなが理解してくれないこと」だと答えました。

将来の社会についての議論はたくさんありますが、それは私の仕事ではありません。学長の仕事は実現させることです。10年後に実現することを掲げても誰もやりません。3年後のことであれば、若干理解できなくても実行します。それが成功したら、また3年後までの計画を立てて実行します。実現するのはみなさんであって、学長が実現させるわけではありません。

●**関** たいへん興味深いお話でした。参考になりました。お忙しい中、本当にどうもありがとうございました。

●**赫学長** こちらこそどうもありがとうございました。またぜひいらして下さい。

# 補論Ⅲ　南海東軟情報学院

　第4章で、大連の東軟情報学院を紹介したが、ほぼ同様の大学が、広東省仏山市南海区と四川省成都市にも設置されている。いずれも遼寧省瀋陽市に本拠を置く、東軟集団によるものである。
　2006年6月30日、私たちは南海区の南海東軟情報学院を訪れた。ここでは、その報告を行っていくことにしたい。

### 東軟集団が出資した大学

　大連の東軟学院の創立は2001年9月であったが、南海東軟信息（情報）技術職業学院の創立は、それから1年遅れる2002年9月であった。南海区の中に設置されている南海科技工業園（256km²）の中の南海軟件科技園（テクノロジー・ソフトウェア・パーク）にある。南海科技工業園自体は六つのエリアに分けられており、日本、アメリカ、ヨーロッパ、台湾、中国の企業が立地している。東芝、TCLなどの家電の工場が目に付いた。主として、近年、華南地域で盛り上がっている自動車関連、電気・電子関係の企業からなっている。
　その六つの中の一つのエリアが南海軟件科技園であり、南海区の大学城を含む形になっている。ちなみに、この南海東軟情報学院の近くには、華南師範大学、広東省石油化学学院、広東軽工業学院などが立地していた。最近話題の広州市大学城などと比べると、大学城としては、比較的小ぶりなものであった。
　大連の東軟情報学院の場合は、地元民営企業の億達総公司が保有する大連ソフトパークの中に、東軟集団（60％出資）、大連軟件園股份有限公司（40％）の2社が設置する合弁による大学であったが、南海の場合は、南海軟件科技園の計画に南海区政府、東軟集団、東北大学が関与するという形になっている。東軟集団は各地に進出しているが、華南地域では広州に華南本部が置かれ、ソフトウェア・パーク事業と大学の設立を南海区に求めたということである。

写真補Ⅲ—1　南海東軟情報学院のキャンパス

写真補Ⅲ—2　南海東軟情報学院の新講義棟

　大学設置の資金は基本的には東軟集団が出している。南海区政府は学生寮を建設し、南海東軟情報学院に貸与するものとなっていた。したがって、出資者は東軟集団のみということになる。この点は大連と異なる。

**基本的な枠組み**

　四年制大学の南海東軟信息（情報）技術学院の他に、三年制の南海東軟情報技術職業学院が設置されている。2006年6月末現在の在籍者は約5000人であり四年制の本科が5分の3、三年制の大専が5分の2という構成であった。また学系（学部）は、計算機科学と技術系、情報技術と商務管理系、応用外国語系の三つから構成されている。

　計算機科学と技術系は、計算機多媒体技術、ソフト技術、計算機応用技術、計算機情報管理、応用電子技術、計算機ネットワーク技術、アニメデザイン設計・制作、コンピュータ・アート・デザインから構成されている。2006年6月末の在籍者数は約2000人を数える。

　情報技術と商務管理系は、情報技術と商務管理、電子商務、マーケティング物流管理、工商管理、財務情報管理、人的資源管理から構成されている。2006年6月末現在の在籍者数は約2000人である。

　応用外国語系は、ビジネス英語、ビジネス日本語である。2006年6月末現在の在籍者は約700人である。なお、2004年から募集を開始したビジネス日本語学科の在籍者数は330人（2学年分）となっていた。

　カリキュラムその他は、先行する大連とほぼ同じであった。IBMのノートパソコンの購入を入学時に義務づけ、図書館も新着雑誌以外はPDF化されていた。さらに、1年を3学期に分け、夏休み前後を「実践小学期」として専門的実践教育にあてている。この実践小学期は学年によって異なっている。1年生、2年生は4～5週間とされている。1年生は理論、プログラムの設計などを行う。2年生は企業に大学生の創業を体験させるSOVO（Student Office、Venture Office）に入る。このSOVOでは大学生が立ち上げた会社が10社ほどあり、学内のソフト開発、外部からの仕事も受けていた。中には、フランスから受注しているケースもあった。さらに、3年生、4年生は半年間ほど企業に実習に入ることになる。

　大連の場合は、4年生は周辺に立地する企業の協力を得て、各企業クラスに1年間ほど予備社員として入るが、南海の場合は、現在、各企業と協議中とのことであった。

写真補Ⅲ—3　南海東軟情報学院の教室

　なお、教員は全体で200人、全国から募集し、また、海外からのUターン組も少なくない。外国籍の教員も15人を数える。

### 高い就職率

　また、中国の特殊性かと思うが、2002年の創立時には、学生を主として東北から募集している。当時は中央の教育部から四年制本科の認可を受けておらず、学籍を東軟集団の母体である瀋陽の東北大学に置いていた。2003年からは東北に加えて広東省からの募集が認可された。2006年現在では、さらに拡がり、全国10省からの募集が可能になっている。

　2006年6月末には四年制本科として初めての卒業生を出した。2002年入学の本科生1200人と2003年入学の大専生300人であった。東北大学の卒業証書と国家教育部の学位記を受け取ることになる。また、最近の中国では大卒が大量に出てくるため、新卒の就職率は70％程度とされているが、南海東軟情報学院の場合は95％に達した。かなりの就職率といえそうである。

　以上のように、南海東軟情報学院は大連に展開されている大連東軟情報学院の姉妹校的なものとして設置された。基本的な枠組みは大連校とほぼ同じであり、規模的には3分の1程度とされている。

成都校を含めて、3校の交流は活発であり、卒業生の中の大学院進学者の一部は、瀋陽の東北大学大学院、あるいは、大連の東軟情報学院に設置されている東北大学大学院分院に向かうようである。

## 補論Ⅳ　東京の東軟集団／Neusoft Japan

　中国は2000年代に入り、ソフト産業を輸出産業の一つの柱にしようとしてその育成に取り組んでいる。特に、2002年に中国の首脳がインドを訪問、その対米アウトソーシング事業の発展ぶりに驚愕したとされている。その後、対米アウトソーシングには英語圏の先行するインドに加えアイルランド、さらにロシアも本格参入していることから、漢字を共有し、さらに、意外に市場規模の大きい日本に注目していくことになる。中国側の判断では、日本のソフトウェア市場はアメリカと比べても規模的には遜色ないとされている。しかも、支払条件が優れていることも指摘されている。

　このような事情から、2003年、中国政府の方針として「日本向け重視」が通告される。その後、日本向けアウトソーシング事業は急拡大を示し、2005年には中国のソフトウェア産業の輸出額に占める日本の比率は3分の2ほどに拡大しているのである。しかも、毎年、50％増の勢いである。日本のソフトウェア産業にとっても、現在では、中国へのアウトソーシングが生命線になっているといっても過言ではない。

　実際、北京、大連などに集積している中国のソフトウェア企業は、対日アウトソーシング事業を柱にしている場合が多く、最近では、日本に支社を設置しブリッジSEとしている場合が少なくない[1]。現在では、東京の江東区、横浜市、大阪市、名古屋市などに、このような中国ソフトウェア企業の支社が幅広く設置されているのである。

### グローバル化に向かう

　以上のような枠組みの中で、元々、日本企業との関係の深かった東軟集団は2001年4月に、Neusoft Japanを東京のお台場の先、江東区有明の東京ファッションタウン（TFT）の中に設立している。瀋陽の東軟集団の100％出資で

写真補Ⅳ—1　Neusoft Japan の入居する TFT ビル

あった。代表取締役会長が東軟集団総裁の劉積仁氏、取締役副会長がアルパイン相談役の沓澤虔太郎氏、代表取締役社長（現、2代目）は瀋陽の本社から出向の簡国棟氏、取締役副社長は鄭雅敏さんとなっている。

　この Neusoft Japan の設立の目的は以下の三つとされている。
① 　主力取引先のアルパイン、東芝からの仕事をスムーズに進めるために、日本でのサポートの必要性が生じてきたこと。
② 　東軟集団をグローバル企業にしていくための第一歩として、馴染みのある日本に進出し、経験を重ねていくこと。実際、日本に拠点を置くことにより、日本企業と共にアメリカ西海岸への主張対応などの経験を重ねている。
③ 　中国の IT 産業のレベルを高めていくために、進んでいる日本のソリューションを導入していくこと。

　このような目的により設置された Neusoft Japan の最大の任務は、日本のユーザーとの間のブリッジ SE の役を担うことであり、さらに、東軟集団のリソースを日本のパートナーと共有することに置いていた。そのような点を含めて、Neusoft Japan の位置づけとしては、図補Ⅳ—1 に示されているようにな

図補Ⅳ―1　Neusoft Japan の位置づけ

| 日本企業 | Neusoft Japan | Neusoft |
|---|---|---|
| 最新のソリューション<br>繊細な品質<br>キャリア<br>スペシャリスト<br>最先端ハード環境 | システム設計<br>コンサルティング<br>新たな提案<br><br>Solution Provider | 優秀な人材<br>技術構造パワー<br>開発力<br>キャパシティ<br>販売力／サービス力 |
| 日本市場 | | 中国市場 |

出所：Neusoft Japan のウェッブサイト

る。

　当初は東京の有明でスタートしたが、次第に Neusoft Japan の知名度も上がり、従来からの主力であったアルパイン、東芝に加え、現在ではソニー、松下電器、三洋電機、アイシン AW などの有力企業との付き合いも深いものになってきた。東軟集団としての日本の窓口を Neusoft Japan が担い、システム設計コンサルティング、新たな提案を重ねながら、他方で、開発部隊の中国の東軟集団とのつなぎ役となっている。

　日本企業との付き合いの際の基本としていることは、単純なアウトソーシングを受け入れるのではなく、日本の有力企業と連携を取りながら、将来性のある仕事を受け入れ、Neusoft Japan が相手にとって欠かせない立場になることを目指していた。特に、事業領域としては、車載関係、モバイル、デジタル家電をフォーカスしていた。

　設立以来、仕事は順調に進み、特に2003年からは毎年倍増しており、2006年12月末現在、東京本社（従業員50人）の他に、大阪オフィス（30人）、名古屋オフィス（10人）も設置している。全体でほぼ100人規模になってきた。特に名古屋の仕事は急拡大を示しており、2007年には、東京、大阪並みの規模になっていくことが見通されていた。東軟集団は、元々、アルパインに関連してカーオーディオ、カーナビゲーションなどの領域に強いが、さらに車載関係が伸びているということであろう。

### Neusoft Japan の人的構成

先に指摘したように、中国のソフトウェア企業の日本支社は2003年頃から急速に増えているが、多くのケースを見る限り、従業員は30〜50人ほど、日本人は営業職に数人のみであり、残りは中国人技術者という形が一般的である。また、その技術者も、日本に留学してそのまま残った人、さらに、中国からの派遣人材という場合が多い。業務的には日本のユーザーと中国の本社を結ぶブリッジ SE として機能している。

この点、Neusoft Japan の場合は技術者のうち30％程度は日本人であることは興味深い。また、中国人技術者については日本経験3年以上で技術的な経験があり、また仕事上、日本語に困らないことを採用の条件にしていた。したがって、特に、技術者を中国から派遣しているわけではない。

採用はヘッドハンティング会社からの紹介、人材紹介会社からの紹介、インターネットからのアクセス等を契機にしている。実質的にはヘッドハンティング会社からの紹介が多い。採用の基準としては、マネジメント能力、コミュニケーション能力を重視している。全体的な定着は良く、将来的には日本人と中国人を半々の割合にしていくことを目指していた。人事管理の方式としては、

写真補Ⅳ—2　Neusoft Japan 副社長の鄭雅敏さん

欧米流の業績主義と日本流の良さ、例えば、終身雇用制などを組み合わせた方式を採用していた。

なお、中国の東軟集団からは、主力のアルパイン、東芝には技術者を全体で50人ほど派遣しているが、Neusoft Japan は彼らのビザの手配、その他の身分上の管理を代行している。

また、実質的な経営者である副社長の鄭雅敏さんの経歴も興味深い。鄭さんは瀋陽出身、遼寧大学の日本語科に学ぶ。卒業の頃にアルパインが東北大学の研究室と合弁になることになり、鄭さん自身、1991年の頃からアルパインとの関係が生まれ、92年には日本のアルパインに採用される。当初は茨城県いわき市のアルパイン本社に勤務していた。96年からは東京本社に転勤になり、2002年6月に Neusoft Japan に移籍している。日本滞在経験も14年になり、日本の事情に詳しく、東軟集団全体にとっての日本とのつなぎ役として重要な役割を演じている。

アルパインとの交流（89年）から始まった東軟集団の日本との付き合いは、すでに18年にも及ぶ。多くの日本人、中国人が交流を重ね、人的にネットワークは非常に濃密なものになっている。そして、グローバル企業を目指す東軟集団の前衛の一つとして、Neusoft Japan が興味深い展開を重ねているのである。

# 補論Ⅴ　華南理工大学と広州汽車学院

　中国華南地区の広州には華南理工大学という国家の重点大学があり、幅の広い技術者を供給してきた。だが、近年の華南の産業化の高まりの中で、さらに、人材育成が最大の課題とされている。そのような中で、近年、深圳経済特区内の深圳大学の充実が著しく、また、華南地区の有力大学である中山大学、華南理工大学も学科の増設等より、それに対応している。

　また、広州工業大学あたりは民間との合作により新たな大学を設立している。さらに、東北の瀋陽の国立大学である東北大学は自ら東軟集団という企業を形成し、そこが仏山市南海区に東軟情報学院という私立大学を設立、日本語のわかるソフト技術者の養成に入っているなど、興味深い動きが見られる。

　このような中で、日産が進出している広州市花都区の汽車城（自動車タウン）計画の中にも[1)]、人材育成機関として学生数1万5000人規模を想定する「広州汽車学院」の計画が推進されている。しかも、それは、国立大学の華南理工大学と地元の有力企業である雲峰集団という民営企業の合作により推進されているのである。

## 1. 華南理工大学の輪郭と特徴

　約2000大学があるとされる中国で、国家教育部が直轄する大学は70校ほどとされる。その他の大学は国家の各部直轄、各省、市が管轄するものであった。だが、近年、所轄の各部の人材育成を主眼にしていたという各部直轄のスタイルはなくなり、所轄は各省市に移管されている。さらに、最近では私立大学も見られるようになってきた。

　また、中国の場合は、日本のように大都市圏に大学が集中することはなく、各地域、例えば各省の省都というべきところは、ほぼ確実に大学20〜30校が設

339

置されている。日本の場合は、地方の県には国立の総合大学、県立大学しかないということがあるが、中国は少なくとも一つの省の範囲で人材供給がなされることを前提にした配置となっている。各省都には、総合大学、理工大学、工業大学、医科大学、財経大学、師範大学、体育大学、芸術大学、外国語大学、農業大学、警察大学、行政管理大学などがほぼ必ず配置されている。

**華南理工大学の輪郭**

華南地区、あるいは広東省の場合は、広州に有力大学が設置されている。総合大学としては中山大学、理工系大学としては華南理工大学がそれである。華南理工大学の設立は、解放後の1952年、華南工学院としてスタートした。その頃は全国的に大学の設立、再編が行われた時期であった。華南理工大学の場合は、広東省、湖南省、広西壮族自治区など五つの省の有力大学であった中山大学、嶺南大学、湖南大学、広西大学等12の大学を調整して新たに広州市内に設立されたものであった。さらに、華南理工大学は、60年には当時は30大学ほどであった国家の重点大学の一つとして位置づけられている。

設立以来、次第に内容を豊かなものにし、理工学を中心、管理学、経済学、政治学、法学、文学、芸術学等を含む総合性の大学として発展してきた。なお華南の理工系の重点大学として、さらに、国家の重点学科として、材料学、材料加工工程、通信と情報系統、化学、製糖、製紙の六つが置かれている。

校舎の建築面積は129万$m^2$という壮大なものであり、図書館の面積は6万7000$m^2$、蔵書数は236万冊を数えている。

教職員の数は4039人、教育・研究に従事している人員は2008人、うち教授346人、助（副）教授621人を数える。2005年末現在の学生数は4万6115人、うち大学院生は1万0513人、本科生（学部生）1万6652人、うち留学生は152人である。その他は成人教育などである。華南を代表する研究型の大学と言えるであろう。

2004年度の卒業生の就職先は興味深い。

研究所等が39.2％、国有企業21.7％、三資企業13.7％、民営企業11.6％、行政等公務員7.6％、その他6.2％であった。また、就職先の地域別では、広州地

写真補V―1　広州市大学城の華南理工大学

区39.6％、深圳・珠海地区12.5％、珠江デルタ13.2％、広東省その他地区7.1％、広東省外8.4％、大学院進学等19.2％であった。広東省内に大半が残ることになる。

**華南理工大学の学部編成**

2006年3月末の華南理工大学の学部（学院）編成は、華南理工大学からの提供資料によると、以下のようになっている。

機械工程学院　　　教授35人、助教授57人、学生数2049人、うち修士課程405人、博士課程115人。
工業設備及び制御工程学院　　教授17人、副教授39人
建築学院　　　　　教授26人、助教授47人、学生数1966人、うち修士課程824人、博士課程175人。
交通学院　　　　　教授16人、助教授36人、学生数914人、うち修士課程327人、博士課程54人。
汽車工程学院　　　教授13人、助教授19人、講師13人、学生数481人、うち修士課程96人、博士課程10人。

電力学院　　　　　教授16人、助教授23人
計算機科学と工程学院　教授16人、助教授38人、学生数2471人、うち修士課
　　　　　　　　　程732人、博士課程341人。
自動化科学と工程学院　教授15人、助教授24人、学生数1178人、うち修士課
　　　　　　　　　程361人、博士課程63人。
材料科学と工程学院　教授41人、助教授53人、学生数1366人、うち修士課程
　　　　　　　　　432人、博士課程141人。
化学とエネルギー学院　教授22人、副教授45人、学生数902人、うち大学院
　　　　　　　　　生438人。
資源科学と造紙工程学院　教授19人
軽工業と食品学院　教職員86人、学生数560人、うち大学院生278人。
数学科学学院　教授16人、助教授28人、学生数896人、うち大学院生128人。
物理科学学院　教授13人
化学科学学院　教授と助教授で28人
工商管理学院　教授22人、助教授34人
政治と公共管理学院　教授23人、助教授23人
外国語学院　　教授4人、助教授34人、講師38人。
計算機ソフト学院
電子商務学院　教授3人、助教授6人。
環境科学と工程学院　教授7人、助教授18人、学生数598人、うち修士課程
　　　　　　　　　121人、博士課程44人。
生物科学と工程学院　教授10人、助教授と講師で38人、学生数668人、うち
　　　　　　　　　大学院生148人。
新聞とテレビ学院　教授6人、助教授15人。
芸術学院　　　　教員15人、学生数296人、うち修士課程5人。
法学院　　　　　教授4人、助教授10人、講師等16人。
経済と貿易学院　教授8人、助教授20人、講師10人。
旅行とホテル管理学院　教授3人、助教授5人、学生数108人。
国際教育学院

このように、華南理工大学は理学、工学系の総合大学であり、さらに、政治経済、法律、外国語、芸術、マスコミ、観光などまでをも含んでいる。中国の有力な理工系大学はほぼこのような学部（学院）構成になっているのである。
　現在、広州周辺は自動車産業集積で盛り上がっているが、華南理工大学の中に、汽車工程学院が設置されていることが興味深い。この汽車工程学院は広東省の新たな発展方向に沿うものとして、2004年8月、全国で最も早く設立されている。汽車工程学院は華南理工大学交通学院の中の車両工程系と動力機械工程系を基礎に形成されたものである。学科（系統）は車両工程系と動力機械工程系、機械電子工程系の三つから構成されている。
　そして、この汽車工程学院には、広東省電動汽車研究重点実験室が設置され、また、地元の広州汽車工業集団と共に広州汽車技術センターも設置してある。
　以上のように、華南理工大学は広州から華南地域の中心的な理工系大学として展開しているのであった。

## 2. 広州汽車学院の輪郭と特徴

　このように、華南理工大学は広東省ばかりではなく、中国華南地域の中心的な理工系大学として重要な役割を果たしている。他方、広州というわずか一つの市の中に、ホンダ、日産、トヨタ、現代といった世界的な自動車メーカーが進出してくることになり、さらに、人材供給の必要性が大きくなってきた。
　そのような枠組みの中で、現在、新たに広州汽車学院の計画が推進されている。

### 汽車学院の計画

　汽車学院は、地元の有力民営企業である雲峰集団のオーナーの黄維袮氏（1951年生まれ）が、地元の広州に商務学院（ビジネススクール）の設立を構想したことから始まる。中国の成功した民営企業家は、地元に教育機関を設立しようとする場合が少なくない。その意向を友人の謝東志前花都区副区長に話

したところ、汽車城担当副区長であった謝氏から「自動車関連の技術者を養成する『汽車学院』の設立」を勧められた。

　その意見に賛同した黄氏は、一気に汽車学院の設立に踏み込む意思決定を下す。地元の最有力理工系大学である華南理工大学と調整を重ね、花都汽車城の中に華南理工大学広州汽車学院を設立していくことなる。

| | |
|---|---|
| 2004年9月14日 | 華南理工大学と広州雲峰文化教育有限公司との間で、正式に契約を交わした。 |
| 2004年11月12日 | 国家教育部より、広州汽車学院設立の基本的な同意を得る。 |
| 2004年11月18日 | 定礎式を行い、第1期14万㎡、22棟の建設に着工する。 |
| 2005年4月11日 | 国家教育部は、華南理工大学と雲峰文化教育有限公司との合作よる広州汽車学院設立を批准した。 |
| 2006年9月 | 開学 |

　黄氏と謝氏の会談は2003年後半のことであり、事態は急ピッチで進められたのであった。場所は花都汽車城の東風日産の北側、敷地面積は約120ha、建物総面積は40万㎡、教育関連施設の面積19万6800㎡、学生寮・食堂等19万6200㎡、体育館等8000㎡などとなっている。2006年9月の開学時の第1期の建築面積は14万4700㎡。当面は、基礎課程用の教室、事務室、実験棟、工業訓練センター、情報センター、図書館、学生寮、学生食堂、学生活動センター、総合サービス施設等から構成される。

　2006年5月にスタートする第2期工事は11万8000㎡であり、2007年6月に竣工予定であった。さらに、第3期は13万8300㎡が予定されている。なお、この大学施設の設計は華南理工大学の建築系が実施した。華南理工大学はこれまで、全国の大学建設の設計に100校ほど携わった実績がある。

　2006年3月現在、国家教育部がどの程度の定員枠を提示してくるか不明であったが、2006年9月入学生は3200人を計画していた。将来的には全学で1万2000～1万5000人の大学となる。当面は研究型大学である母体の華南理工大学をベースにした応用型の大学として展開、将来的は大学院の設置も構想に入っ

図補Ⅴ―1　広州汽車学院の計画図

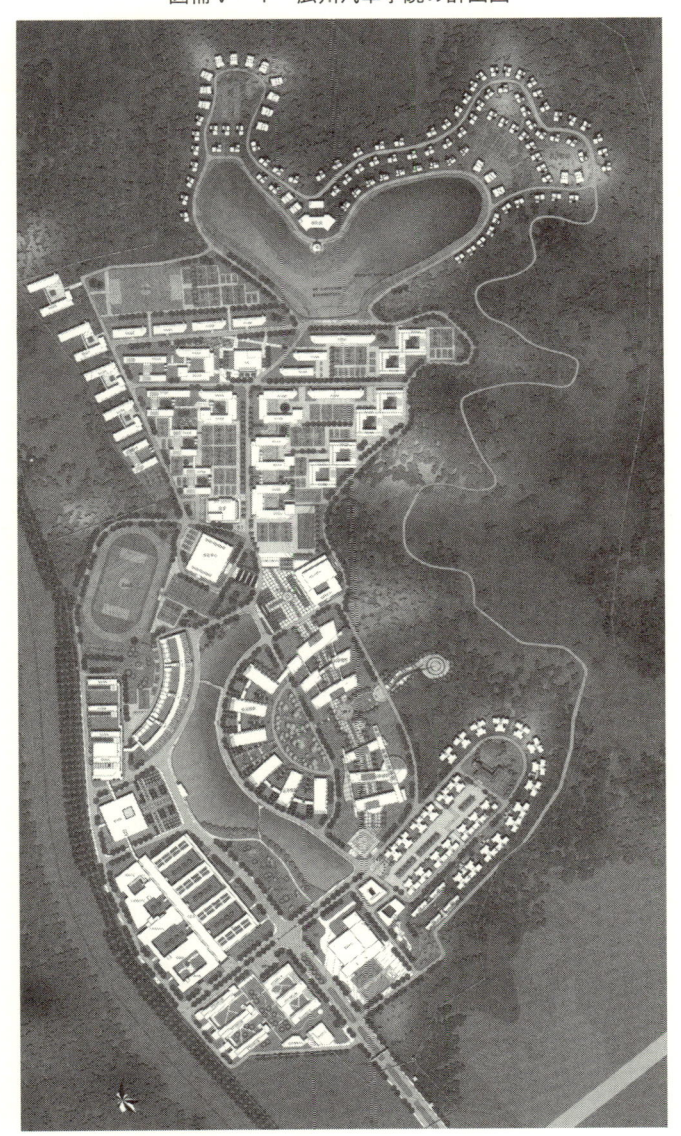

資料：広州汽車学院

写真補Ⅴ—2　広州汽車学院の校舎建設

ていた。
　現在の中国の国立大学の学費は、一般的には年5000〜6000元ほどだが、汽車学院のような新たなタイプの大学の場合、1万3000〜1万8000元ほどである。汽車学院は1万5000元を想定していた。また、全寮制であり、寮費は年間1500元であった。ただし、このような学費の決定は地元広州の物価局の許可が必要になる。

**学科編成と教員**
　汽車学院の特性を主張するため、基幹となる学科は、車両工程、機械工程、工業設計、動力工程、材料工程、電子工程、制御工程等となる。その他には、情報工程、自動化工程、ネットワーク工程、ソフト工程、電子ビジネス、情報管理、工商管理、物流管理、市場マーケティング、行政管理、国際経済・貿易、金融、外国語などから編成されていく。
　これほどの大学が設立されることから、教員の確保が重要になるが、第1期の基礎教育が開始される2006年現在、110人強の教員が確保されていた。教員の出身は大きく四つのカテゴリーに分かれていた。
　第1は、華南理工大学の現職教員。

第2は、華南理工大学を定年退職した教員。中国の大学の場合、定年は60歳が一般的であり、広州には理工大学定年者が2600人ほど居住している。彼らの中から採用する。

第3は、全国から若手の教員を募集する。

第4は、企業関係の技術者を採用する。

第2期以降の専門課程に関しては、2007年以降の採用となる。理工大学関係者は教育、研究の基礎を提供し、新たなメンバーが今後の基幹的な教員になることを意識していた。

なお、教員の給料は、教授が月6000〜8000元、助教授5000〜6000元、講師は3000〜5000元であり、特別な人はさら高給で優遇する。また、宿舎は全て用意されており、地域の相場の賃貸料で提供し、将来は売却する計画になっていた。出校は講義日のみであり、担当講義数は週12〜20（1講義45分）、基礎教育の担当講義数は多く、専門教育は少ない。

**民間と大学の合作／独立大学**

なお、この汽車学院、地元の雲峰集団と華南理工大学との合作による「独立大学」と言うものである。いわゆる「私立大学」ではなく、「民間が全ての資金を提供し、国立大学が管理する」というスタイルである。

資金を提供する雲峰集団とは、国有の広州工具廠の電気技術者であった広州市白雲区石井鎮出身の黄維你氏が、1980年代中頃に個人で設立したものでありコンデンサーの生産からスタートしている。その後、事業が拡大し、不動産、広告、酒製造業、薬品製造業などに展開、全体の従業員数3000人を超える企業集団を形成している。集団の資産は10億元を超えている。現在では花都の最有力企業集団であり、2005年の納税額は東風日産に次ぐ第2位であった。そのため、地域への貢献が大きいとして、黄氏は花都区の政治協商会議の常務委員に任じている。

この雲峰集団が広州汽車学院の建設費用の全額を提供している。集団傘下の広州雲峰文化教育有限公司が1億元、広州珠江雲峰酒業有限公司が1億2000万元、湖北雲峰酒業有限公司が8000万元、広州宏峰房地産開発有限公司が3億元

を提供する。総額6億元となる。その他、広州発展銀行と花都信用社から約2億元の融資を受ける。

　1年目の投資は2億元、2年目も2億元、3～6年目は各5000万元とされ、7年目以降は投資しない。以後は広州汽車学院が独自に運営していく。大学の予算は国家等からの助成は一切なく、全て大学が調達していく。主体は授業料であり、計画では学生数7000～8000人を超えれば問題がなくなるとされていた。

　さらに、建設計画の中は、企業との共同研究のための施設が6棟用意されている。現在、すでに日産、ホンダ、トヨタとは初期的な話し合いを重ねているが、開校後は一部の出資を仰ぎ、協力体制を深めていくことが期待されていた。教員の派遣、学生のインターンの受け入れ、共同研究が視野に入っていた。中国の理工系大学の場合は、4年次の学生は1年間、企業にインターンで入る場合が少なくない。企業での経験を重ね、就職していくことなる。このような試みが、自動車産業の活発化し始めた汽車城の中で推進されているのであった。

1)　近年の広州周辺の自動車集積の高まりについては、関満博編『中国自動車タウンの形成』新評論、2006年、を参照されたい。

著者紹介

関　満博　（序章、第3章、第4章、終章、補論Ⅲ、補論Ⅳ、補論Ⅴ）

薛　　軍　（第1章）

  1967年　中国天津市生まれ
  1999年　一橋大学大学院経済学研究科博士課程単位取得
  現　在　中国社会科学院世界経済与政治研究所
  著　書　『現代中国の民営中小企業』（共著、新評論、2006年）他

中井邦尚　（第2章）

  1974年　香川県生まれ
  1996年　一橋大学経済学部卒業
  現　在　日本貿易促進機構北京センター経済信息部長
  著　書　『中国ビジネスのリスクマネジメント』（共著、ジェトロ、2006年）他

山藤竜太郎　（第5章）

  1976年　東京都生まれ
  2006年　一橋大学大学院商学研究科博士課程修了
  現　在　一橋大学大学院商学研究科講師（ジュニアフェロー）　商学博士
  著　書　『現代中国の民営中小企業』（共著、新評論、2006年）他

範　建亭　（第6章）

  1964年　中国上海市生まれ
  2001年　一橋大学大学院経済学研究科博士課程修了
  現　在　上海財経大学国際工商管理学院助教授　経済学博士
  著　書　『中国の産業発展と国際分業』（風行社、2004年）他

古川一郎　（第7章）

  1956年　東京都生まれ
  1988年　東京大学大学院経済学研究科博士課程単位取得
  現　在　一橋大学大学院商学研究科教授
  著　書　『超顧客主義』（共著、東洋経済新報社、2003年）他

遠山　浩　（第8章）

  1963年　京都府生まれ
  2004年　専修大学大学院経済学研究科修士課程修了
  現　在　専修大学大学院経済学研究科博士課程　ジービーアイ(株)取締役
  著　書　『現代中国の民営中小企業』（共著、新評論、2006年）他

編者紹介
関　満博
せき　みつひろ

1948年　富山県生まれ
1976年　成城大学大学院経済学研究科博士課程修了
現　在　一橋大学大学院商学研究科教授　経済学博士
著　書　『変貌する地場産業』（編著、新評論、1998年）
　　　　『サイエンスパークと地域産業』（編著、新評論、1999年）
　　　　『阪神復興と地域産業』（編著、新評論、2001年）
　　　　『地域産業の未来』（有斐閣、2001年）
　　　　『飛躍する中小企業都市』（編著、新評論、2001年）
　　　　『地域産業支援施設の新時代』（編著、新評論、2001年）
　　　　『モンゴル／市場経済下の企業改革』（編著、新評論、2002年）
　　　　『21世紀型地場産業の発展戦略』（編著、新評論、2002年）
　　　　『「現場」学者　中国を行く』（日本経済新聞社、2003年）
　　　　『インキュベータとSOHO』（編著、新評論、2005年）
　　　　『現場主義の人材育成法』（ちくま新書、2005年）
　　　　『ニッポンのモノづくり学』（日経BP社、2005年）
　　　　『地域ブランドと産業振興』（編著、新評論、2006年）
　　　　『二代目経営塾』（日経BP社、2006年）
　　　　『変革期の地域産業』（有斐閣、2006年）
　　　　『元気が出る経営塾』（オーム社、2006年）他

受　賞　1984年　第9回中小企業研究奨励賞特賞
　　　　1994年　第34回エコノミスト賞
　　　　1997年　第19回サントリー学芸賞
　　　　1998年　第14回大平正芳記念賞特別賞

---

中国の産学連携　　　　　　　　　　　　　　　　（検印廃止）

2007年3月5日　初版第1刷発行

編　者　関　満　博

発行者　武　市　一　幸

発行所　株式会社　新　評　論

〒169-0051　東京都新宿区西早稲田3-16-28
http://www.shinhyoron.co.jp
電話　03（3202）7391
FAX　03（3202）5832
振替　00160-1-113487

落丁・乱丁本はお取り替えします
定価はカバーに表示してあります

印刷　新　栄　堂
製本　清水製本プラス紙工
装幀　山田英春

©国立大学法人　一橋大学　2007　　ISBN978-4-7948-0730-4
Printed in Japan

# アジアの未来を見つめる——関 満博の本

監修（社）経営労働協会／関 満博 編

## 中国自動車タウンの形成　　広東省広州市花都区の発展戦略

自動車産業・皮革製品・ジュエリーなどの巨大集散地市場（問屋街）、巨大国際空港を中心とした空港経済の発展、人材育成とノウハウの蓄積。「ヒト、モノ、カネ、情報」の交流拠点「花都区」の全貌を解明。(ISBN4-7948-0716-3　A5 上製　356 頁　4200 円)

監修（社）経営労働協会／関 満博 編

## 現代中国の民営中小企業

人びとの熱い思いに支えられた民営中小企業が今、中国産業社会を劇的に発展させている。大連、無錫、北京、広東珠江デルタの 5 地域のケース・スタディをもとに、民営中小企業の現状と課題を精査。(ISBN4-7948-0692-2　A5 上製　720 頁　8610 円)

監修（社）経営労働協会／関 満博 編

## 台湾ＩＴ産業の中国長江デルタ集積

"IBM=聯想ショック"の現場から、「世界の工場／市場」の新展開を徹底検証！IT 産業の拠点・長江に進出する台湾企業の詳細な現場報告を通して、日本企業の大陸展開の将来像を眺望する。(ISBN4-7948-0654-X　A5 上製　418 頁　4935 円)

監修（社）経営労働協会／関 満博・池部 亮 編

## ［増補版］ベトナム／市場経済化と日本企業

東アジア経済の要として大きく飛躍する新生ベトナムの産業展開・企業実態を内側から検証し、日本企業が担うべき役割と東アジアの新たな交流の時代を展望する。04 年初版以降の最新動向を緊急補遺！(ISBN4-7948-0699-X　A5 上製　422 頁　4725 円)

関 満博

## 世界の工場／中国華南と日本企業

90 年代以降目覚ましい飛躍を遂げた華南の現場からその発展と将来を報告する「同時代の証言」！華南経済特区で繰り広げられる「輸出生産拠点」での展開を徹底的に分析した在中企業人のバイブル。(ISBN4-7948-0558-6　A5 上製　580 頁　8400 円)

＊表示価格はすべて消費税 5％込みの定価です。